In bocca al lupo!
Silvia Bertoni

Sono molte le persone che hanno contribuito a questo progetto. Un particolare ringraziamento va al gruppo di lavoro irlandese per il sostegno e i preziosi suggerimenti nel corso della preparazione del libro: Paul Caffrey (Ispettore per l'italiano, Department of Education and Skills), Marie Devitt e Seán Devitt (Authentik) e Karen Ruddock (Coordinatrice nazionale della Post-Primary Languages Initiative). Desideriamo inoltre ringraziare Anne Clark per l'amicizia dimostrata e per i preziosi consigli così generosamente offerti; Máire O'Higgins (Larkin Community College, Dublino), Julie-Ann Somers (Mount Sackville Secondary School, Dublino) e Ruth Whelan (Santa Sabina, Dominican College, Dublino) per aver sperimentato alcune unità del libro e per i loro utilissimi commenti; Gar Duffy per l'ottimo lavoro di registrazione e di editing dei CD audio; Elena Castellari, Lorena Lampedecchia, Susanna Nocchi, Brian Ó Cuív, Ciarán Ó Cuív, Liam Ó Cuív, Irma Volpe Í Chuív e Carlo Voltolini per aver prestato la loro voce per i brani audio registrati in studio; la Professoressa Giuliana Mori, dirigente scolastica del Liceo Classico "Tacito" di Roma, per averci dato libero accesso a insegnanti studenti della scuola; il professor Celso Croce per averci messo in contatto con alcuni studenti; gli studenti della II B Marta Angelucci, Simone De Ioanna, Leonardo Masini e Francesca Olivero per le interviste rilasciate con tanta disponibilità e spontaneità; Maria Laura Murtas per aver trascritto le interviste; Alessandro Bertoni e Kieran Phillips aver scattato alcune delle fotografie contenute nel libro; Kieran Phillips per l'assistenza tecnica nelle interviste, così generosamente offerta; Irma Volpe Í Chuív per aver corretto le bozze; tutti coloro che ci hanno concesso di riprodurre i materiali autentici contenuti nel libro.

L'Editore è a disposizione degli aventi diritto per eventuali involontarie mancanze o inesattezze nella citazione delle fonti dei brani riprodotti nel presente volume.

I diritti di traduzione, di memorizzazione elettronica, di riproduzione e di adattamento totale o parziale, con qualsiasi mezzo, sono riservati per tutti i paesi.

Redazione: Silvia Bertoni
Coordinamento editoriale: Marie Devitt
Progetto grafico e impaginazione: Blanca Fons Vicedo
Foto e illustrazioni: Shutterstock.com se non altrimenti specificato
Produzione dei CD audio: Voicebox Productions Ltd. e All Write Media Ltd.
Stampa: GPS Colour Graphics Ltd.

Prima edizione: novembre 2010
La pubblicazione di questo libro è avvenuta sotto gli auspici
e con il sostegno della Post-Primary Languages Initiative
del Department of Education and Skills (Irlanda).

ISBN: 978-1-906104-03-0

© Department of Education and Skills
Marlborough Street, Dublin 1

Indice

p. 5 UNITÀ 1: PIACERE!

Funzioni comunicative: chiedere e dare informazioni personali su di sé e su altri; descrivere l'aspetto fisico e la personalità di qualcuno; parlare di numeri e statistiche.

Lessico: nazionalità; professioni; l'anno in italiano; le parti del corpo; nomi e aggettivi per descrivere l'aspetto fisico e la personalità; termini statistici.

Grammatica: il presente indicativo; l'accordo tra nome e aggettivo; alcuni interrogativi.

Aspetti socio-culturali: celebrità italiane; le regioni italiane e i loro capoluoghi; salutarsi in Italia e altrove; gli italiani e i social network.

p. 27 UNITÀ 2: GLI ITALIANI IN CASA E FUORI

Funzioni comunicative: descrivere un'abitazione e una stanza; descrivere il proprio quartiere; chiedere e dare direzioni; descrivere la routine quotidiana.

Lessico: le parti della casa; gli oggetti in una casa; i servizi presenti in un quartiere; il lessico delle direzioni; ampliamento del lessico per presentare dati statistici; le azioni quotidiane.

Grammatica: l'articolo determinativo e indeterminativo; le preposizioni articolate; il presente indicativo dei verbi riflessivi; c'è/ci sono.

Aspetti socio-culturali: le case degli italiani; gli orari in Italia; la piazza.

p. 39 UNITÀ 3: TENGO FAMIGLIA

Funzioni comunicative: parlare della propria famiglia e dei rapporti con i familiari; esporre un problema personale con la famiglia; parlare dei propri animali.

Lessico: i componenti di una famiglia; gli animali

Grammatica: l'aggettivo possessivo; i prefissi *auto-* e *mono-*

Aspetti socio-culturali: la famiglia italiana.

p. 61 UNITÀ 4: AMICIZIA E AMORE

Funzioni comunicative: parlare dei propri amici e del proprio ragazzo/a; raccontare eventi passati; dare istruzioni; dare consigli.

Lessico: il lessico relativo all'amicizia e all'amore.

Grammatica: il passato prossimo indicativo; l'imperativo di seconda persona singolare, affermativo e negativo; l'aggettivo indefinito "qualche"; i suffissi *-zione*, *-enza* e *-mento*.

Aspetti socio-culturali: lo speed dating in Italia.

p. 77 UNITÀ 5: I GUSTI SONO GUSTI

Funzioni comunicative: parlare del proprio tempo libero e dei propri gusti, interessi e preferenze; proporre a qualcuno di fare qualcosa e ricevere una proposta; accettare, rifiutare, prendere accordi, fare una proposta alternativa.

Lessico: gli sport e le altre attività del tempo libero; i luoghi del tempo libero; il lessico del cinema; i paragoni con gli animali; le squadre di calcio italiane.

Grammatica: i verbi *piacere* e *interessare*; il verbo *sapere* per esprimere abilità; gli avverbi di frequenza; i pronomi diretti di terza persona; i pronomi relativi.

Aspetti socio-culturali: il calcio in Italia; alcune squadre e calciatori italiani; alcuni eventi sportivi internazionali; alcuni film italiani.

p. 101 UNITÀ 6: SHOPPINGMANIA

Funzioni comunicative: descrivere l'abbigliamento; parlare dei propri gusti e abitudini riguardo allo shopping.

Lessico: lo shopping e i negozi; l'abbigliamento e gli accessori; i colori.

Grammatica: pratica dell'accordo tra nome e aggettivo; la formazione del plurale; la forma impersonale; gli aggettivi *bello* e *quello* davanti a un sostantivo; i prefissi *mega*, *maxi*, *multi* e *super*; ampliamento degli interrogativi.

Aspetti socio-culturali: occasioni speciali e ricorrenze in Italia; il *made in Italy*: marchi e prodotti; la cultura dei centri commerciali.

p. 117 UNITÀ 7: GLI ESAMI NON FINISCONO MAI

Funzioni comunicative: parlare della scuola e della propria vita scolastica; parlare delle lingue che si conoscono e dello studio delle lingue.

Lessico: la scuola: persone, ambienti, materie, azioni, oggetti nell'aula ecc.; gli esami di maturità.

Grammatica: il futuro per fare annunci; esprimere la durata di un'azione; introduzione al condizionale presente; la preposizione *da* dopo verbi come *andare*, *stare*, *essere*, ecc.; il *ci* locativo; la forma passiva.

Aspetti socio-culturali: il sistema scolastico italiano; alcuni tipi di scuole secondarie; la struttura dell'esame di maturità; le feste italiane; lo sciopero e l'autogestione.

p. 133 UNITÀ 8: IL NOSTRO FUTURO

Funzioni comunicative: chiedere e dire il segno zodiacale; parlare dei propri progetti e propositi; fare ipotesi reali.

Lessico: i segni zodiacali; il lessico delle superstizioni.

Grammatica: il futuro indicativo; i prefissi *s-* e *in-* per formare il contrario delle parole; i pronomi diretti; il periodo ipotetico della realtà.

Aspetti socio-culturali: le superstizioni; gli italiani e l'astrologia.

p. 149 UNITÀ 9: IL MONDO DEL LAVORO

Funzioni comunicative: parlare dei propri lavoretti e aspirazioni future; descrivere la giornata di un lavoratore; fare domanda per un lavoro; dare consigli.

Lessico: le professioni; i luoghi di lavoro; il lessico degli annunci e delle domande di lavoro.

Grammatica: l'imperativo di seconda persona plurale; il pronome *chi*; il verbo *volerci*; i pronomi indiretti.

Aspetti socio-culturali: i lavoretti dei giovani italiani e la loro retribuzione; l'arte di arrangiarsi; la mentalità degli italiani in relazione al lavoro.

p. 169 UNITÀ 10: UNO SGUARDO SULL'ITALIA

Funzioni comunicative: fare paragoni; descrivere il clima; descrivere la propria città e il proprio Paese.

Lessico: il lessico relativo alla geografia italiana; il lessico relativo al clima e alle previsioni del tempo; il lessico relativo alle località di mare;

Grammatica: il comparativo e il superlativo; il genere dei nomi di città; la parola *molto*; le parole alterate; i prestiti dall'inglese.

Aspetti socio-culturali: la geografia italiana; le città italiane più importanti; alcuni stereotipi sull'Italia; una regione e una città italiana.

p. 185 UNITÀ 11: GLI ITALIANI IN VACANZA

Funzioni comunicative: parlare del tipo di vacanza che si preferisce; descrivere una vacanza passata; chiedere informazioni e prenotare un alloggio; reclamare.

Lessico: il lessico relativo ai viaggi e alle vacanze; i mezzi di trasporto per viaggiare; i viaggi in aereo; i luoghi in cui alloggiare; i servizi.

Grammatica: il prefisso *stra-* per esprimere eccesso; il congiuntivo presente con i verbi di opinione, speranza e volontà, e con le congiunzioni *purché*, *a condizione che*, *a patto che*; esprimere un'opinione con il congiuntivo e con l'indicativo.

Aspetti socio-culturali: i gusti e le abitudini degli italiani riguardo alle vacanze; alcuni stereotipi sugli italiani in vacanza.

p. 201 UNITÀ 12: L'ITALIANO MEDIO IERI E OGGI

Funzioni comunicative: descrivere il cittadino medio della propria città o Paese; parlare delle proprie abitudini nel passato; descrivere nel passato.

Lessico: il lessico relativo alle caratteristiche e alle abitudini di un popolo.

Grammatica: l'imperfetto indicativo; il passato prossimo e l'imperfetto; il verbo *esserci* al passato; il trapassato prossimo indicativo.

Aspetti socio-culturali: i gusti e le abitudini dell'italiano medio; il milanese medio; una piazza di Roma ieri e oggi.

p. 217 UNITÀ 13: LA FAME VIENE MANGIANDO

Funzioni comunicative: descrivere le proprie abitudini alimentari; dare istruzioni per preparare un piatto tipico; comparare abitudini alimentari.

Lessico: il cibo e i luoghi in cui si compra e si consuma; i contenitori; le quantità; i pasti; gli aggettivi relativi alle parti della giornata.

Grammatica: la particella *ne*; il pronome relativo *cui*; la formazione degli avverbi in *-mente*; il congiuntivo per introdurre una frase concessiva.

Aspetti socio-culturali: una ricetta italiana; la cultura del cibo; i luoghi in cui si mangia in Italia; le abitudini alimentari degli italiani; come cuocere la pasta.

p. 231 UNITÀ 14: IL MONDO DELLA COMUNICAZIONE

Funzioni comunicative: parlare dell'uso dei mezzi di comunicazione e del computer.

Lessico: i mezzi di comunicazione; il lessico relativo alla pubblicità; gli usi del computer.

Grammatica: il congiuntivo passato; altri usi della particella *ne*.

Aspetti socio-culturali: il rapporto dei giovani italiani con i media.

p. 243 UNITÀ 15: C'ERA UNA VOLTA...

Funzioni comunicative: raccontare fatti di un passato lontano.

Lessico: alcuni termini relativi a eventi storici.

Grammatica: il passato remoto; il presente per raccontare eventi passati.

Aspetti socio-culturali: alcuni personaggi storici.

p. 255 UNITÀ 16: IL MONDO IN CUI VIVIAMO

Funzioni comunicative: parlare dell'immigrazione nel proprio Paese; presentare somiglianze e differenze; parlare di cosa si fa per salvaguardare l'ambiente.

Lessico: il lessico relativo all'ambiente; il lessico relativo alla criminalità

Grammatica: la preposizione *alla/all'* nel senso di "nello stile di"; l'accordo del participio passato con i pronomi diretti; i pronomi combinati; pratica sulla formazione delle parole.

Aspetti socio-culturali: l'immigrazione in Italia.

p. 273 UNITÀ 17: SALUTE E BENESSERE

Funzioni comunicative: parlare di ciò che fa bene o male alla salute; descrivere i sintomi delle malattie; dare consigli; esprimere ipotesi possibili e impossibili.

Lessico: il lessico relativo alla salute: luoghi, persone, malattie, medicine, azioni, malattie e dolori; il lessico relativo al corpo e alle malattie; espressioni idiomatiche con le parti del corpo.

Grammatica: l'imperativo di cortesia; il congiuntivo imperfetto; il congiuntivo trapassato; il periodo ipotetico della possibilità; il periodo ipotetico dell'impossibilità; pratica sull'accordo tra nome e aggettivo.

Aspetti socio-culturali: gli italiani e la salute.

p. 287 GRAMMATICA

Piacere!

Unità 1

In questa unità ...

- darai informazioni su di te e su altre persone
- farai domande per avere informazioni su qualcuno
- descriverai l'aspetto fisico e la personalità di qualcuno
- cercherai informazioni su qualcuno e le riferirai
- confronterai come la gente si saluta in Italia e in altri Paesi
- ripasserai le regioni e le principali città italiane
- dirai la tua opinione su qualcosa
- capirai dati statistici
- ripasserai e amplierai la formazione e l'uso del presente indicativo
- ripasserai e amplierai l'accordo tra nome e aggettivo
- ripasserai l'uso degli interrogativi

1 Celebrità

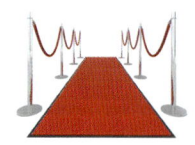

1a Lavora con un compagno/a. Guardate le fotografie di queste celebrità. Cosa sapete di loro? Potete usare le espressioni nel riquadro.

| 1 | 2 | 3 | 4 | 5 | 6 |

PER DOMANDARE
Chi è/Come si chiama questo/a?....................................È/ si chiama …
Chi è/Come si chiama il/la numero 2?

Di dov'è questo/a?..È francese
Di dov'è il/la numero 2? ....È americano/a, credo

Cosa fa questo/a? ....Secondo me è cantante
Cosa fa il/la numero 2? ....È attore

PER RISPONDERE

1b Hai altre informazioni su queste celebrità? Lavorate in gruppi di 3 e mettete insieme le vostre informazioni. Potete usare le indicazioni qui sotto. Poi, riportate le nuove informazioni alla classe. Potete usare le espressioni nel riquadro.

ETÀ   DATA DI NASCITA   LINGUA   LUOGO DI RESIDENZA   FAMIGLIA

È nato/a a New York   Abita a Londra/in Inghilterra   Parla inglese
Ha 34 anni   È sposato/a con …
Il suo compleanno è il 15 marzo   Ha due figli

COME SI DICE L'ANNO IN ITALIANO

In italiano l'anno si esprime come un numero.
1934: millenovecentotrentaquattro   2000: duemila
1990: millenovecentonovanta   2010: duemiladieci

1c Ora cerca informazioni sulle celebrità dell'attività 1a. Le informazioni date coincidono con le vostre?

1d

Conosci altri italiani famosi? Come si chiamano? Di dove sono? Per cosa sono famosi?

- Cerca informazioni sul lavoro e sulla provenienza in Italia di metà delle persone nella lista. Un tuo compagno/compagna cercherà informazioni sull'altra metà.
- Il giorno dopo, scambiatevi le informazioni completando la tabella.
- Attenzione: alcune celebrità sono famose in più di un campo.
- Quali delle professioni nel riquadro qui a lato avete trovato?

ALCUNE PROFESSIONI

dentista	cuoco, chef
giornalista	insegnante
medico	stilista di moda
scienziato	cantante
portiere della Nazionale di calcio	leader politico
	calciatore
architetto	inventore
attore/attrice	pittore
musicista	arbitro di calcio
scrittore/scrittrice	nuotatore/nuotatrice
sciatore	esploratore
industriale	regista

Dino Zoff
Leonardo da Vinci
Galileo Galilei
Enrico Piaggio
Nanni Moretti
Niccolò Ammaniti
Riccardo Scamarcio
Gianni Agnelli
Giorgio Armani
Alessandro del Piero
Margaret Mazzantini

Michelangelo
Fiorello
Dolce e Gabbana
Luciano Pavarotti
Renato Zero
Benito Mussolini
Federica Pellegrini
Enzo Ferrari
Cecilia Bartoli
Renzo Piano
Alberto Tomba

Cristoforo Colombo
Guglielmo Marconi
Giuseppe Garibaldi
Alessandro Volta
Gualtiero Marchesi
Roberto Benigni
Pierluigi Collina

Carmen Consoli
Rita Levi Montalcini
Giovanna Mezzogiorno
Giulio Andreotti

SPORT	MODA	ARTE	SCIENZA	POLITICA

SCOPERTE GEOGRAFICHE	LETTERATURA	MUSICA E OPERA	RADIO E TV

INDUSTRIA	CINEMA	CUCINA	ARCHITETTURA

1e

Quali sono le celebrità del tuo Paese? Per cosa sono famose? Crea una mappa simile a quella dell'attività 1d, poi confrontala con quella di un compagno.

1f

i. Guarda la mappa e ascolta la lista delle regioni italiane da Nord a Sud. Cosa noti nella pronuncia?

ii. Ascolta di nuovo il nome di ogni regione e della sua città principale. Scrivi il nome della città nella sua regione sulla mappa.

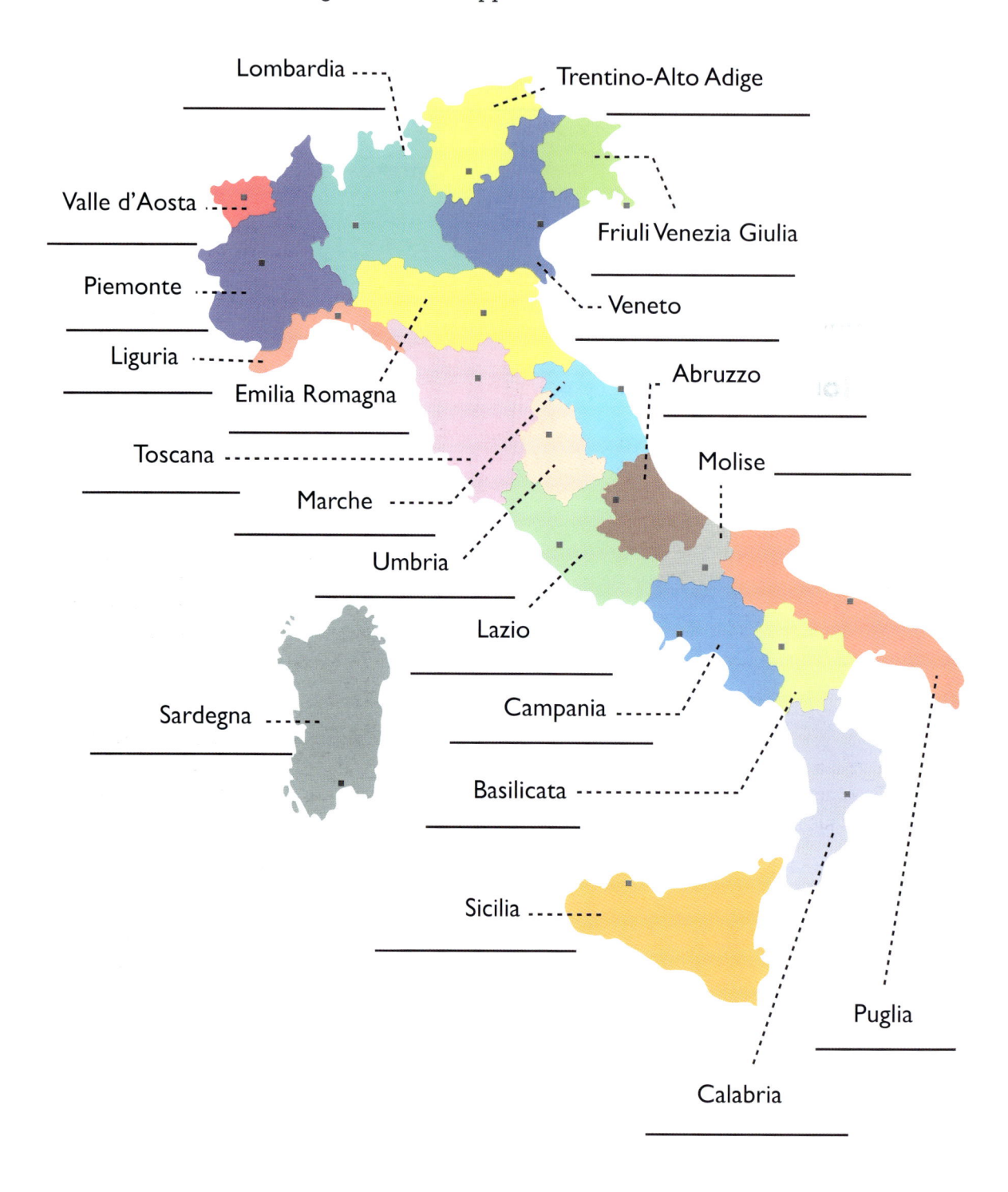

Lombardia ----
Trentino-Alto Adige
Valle d'Aosta
Friuli Venezia Giulia
Piemonte
Veneto
Liguria ----
Emilia Romagna
Abruzzo
Toscana ----
Molise
Marche ----
Umbria
Lazio
Sardegna ----
Campania ----
Basilicata ----
Sicilia ----
Puglia
Calabria

1g Scegli uno dei seguenti testi e svolgi le attività.

TESTO A

i. Leggi il titolo dell'articolo: quali parole pensi di trovare nel testo?

ii. Ora leggi il testo A e completalo con gli aggettivi che mancano, che trovi in disordine nel riquadro. Non dimenticare di fare attenzione se i nomi a cui si riferiscono sono maschili o femminili, singolari o plurali.

siberiana	russa	italiano	deserta
bellissime	bella	famoso	olimpico

---

www.gingergeneration.it

Miss Mondo [...] è Kseniya Sukhinova dalla Russia

Nata e vissuta al freddo della Siberia, la 21enne Kseniya studia ingegneria all'università, è un'ex atleta, adora gli ABBA e sogna di diventare una supermodel

di Valentina Mottana

Kseniya Sukhinova è la nuova Miss Mondo: la bionda 21enne è stata infatti incoronata sabato notte ragazza più _____ del mondo. Per ottenere il titolo Kseniya ha sfidato* 108 altre _____ ragazze tra i 17 e i 25 anni, provenienti da ogni parte del mondo. Dietro di lei si sono classificate l'indiana Parvathay Omanakuttan, arrivata seconda, e Gabriel Walcott di Trinidad e Tobago, la terza classificata.

Kseniya viene dalla regione _____ del Tyumen, dove vive con i genitori e studia per laurearsi* in ingegneria. La nuova Miss Mondo è una vera sportiva: pratica il nuoto, lo sci alpino, il pattinaggio a rotelle, il badminton e la ginnastica ritmica. La sua musica preferita è quella degli ABBA, ama ballare e leggere i classici della letteratura _____, mentre il suo cibo preferito è quello giapponese oppure* _____.

Il suo motto è " Rispetta le persone intorno a te e le persone rispetteranno te".

Kseniya ha risposto a tutte le domande dei giudici: da cosa porterebbe su un'isola _____ (una scatola di fiammiferi) a quale sia il suo idolo (il _____ atleta di biatlon e campione _____ Ole Einar Bjorndalen), fino a quale epoca vorrebbe vivere se potesse tornare nel passato (il tempo dei moschettieri, in Francia).

ginger generation — 15 dicembre 2008

GLOSSARIO – I verbi sono dati all'infinito

sfidare: competere contro qualcuno
laurearsi: completare un corso di studi all'università
oppure: o

TESTO B

i. Conosci il significato di questi aggettivi e nomi per descrivere il carattere di una persona? Se non li conosci, consulta il dizionario.

AGGETTIVI: allegro   sorridente   estroverso   disponibile   serio

NOMI: pasticcione   schiettezza   esuberanza   precisione   dedizione

ii. Leggi l'intervista e completa gli aggettivi con la terminazione giusta.

iii. Nell'intervista, trova l'equivalente delle seguenti parole ed espressioni.

   a. nel ruolo _____

   b. aperti, socievoli _____

   c. ho _____

   d. aveva molta paura _____

   e. non gli piace molto _____

LUDOVICO FREMONT
VADO AL MASSIMO

Dopo le vacanze natalizi____, Ludovico Fremont torna a casa **Cesaroni** nei panni di Walter Masetti, tra gli interpreti più amat____ della popolare serie televisiva. Lo abbiamo incontrato per scoprire [...] le sue passioni [...].

Identikit
Nome: Ludovico Fremont
Nato: a Roma
Il: 26/9/1982
Segno zodiacale: Bilancia
Esordio: nel 1999, in un episodio della serie "Lui e lei 2"

Curiosità
- Fremont è un appassionato di film gialli. [...]
- **High School Musical** non lo fa impazzire. "I musical non mi dispiacciono, ma preferisco quelli tipo **Mamma Mia** e **Chicago**".

È stato difficile entrare nel personaggio Walter Masetti?
Siamo entrambi estrovers____, disponibili e pensiamo positivo. Però Walter è il classico pasticcione a cui va quasi tutto storto. Io invece sono un tipo seri____, che ama fare bene il su____ lavoro.

La tua grande passione?
La velocità. Intesa come mezzo meccanic____, macchina e moto, ma anche come sport. Ne pratico molti: dalla barca a vela allo snowboard, dallo skysurf alla corsa. A parte farti star bene fisicamente, ti liberano la mente.

Quattro ruote o due?
Due, tutta la vita. Attualmente possiedo una Ducati, che adoro. [...]

Sei nato a Roma ma la tua famiglia è di origini milanesi, vero?
Sì, e la considero una fortuna. Nel senso che possiedo la schiettezza e l'esuberanza tipiche dei romani ma anche la precisione e la dedizione al lavoro caratteristiche dei milanesi.

Cosa hai fatto a Natale?
Come tutti gli anni, sono andato a trovare la nonna a Milano: uno dei momenti più bell____ in assoluto.

Una cosa di te che pochi sanno?
Sono un appassionato di storie di vampiri. **Twilight** mi è piaciuto molto e leggo i fumetti di **Dylan Dog** dal prim____ numero: mia madre all'inizio era spaventatissim____. [...]

febbraio 2009

1 h Fa' una delle seguenti attività, a tua scelta.

Per il testo A:

- Usa le informazioni nel testo per creare una breve intervista a Miss Mondo. Decidi se usare il *tu* o il *Lei*.

Esempio: *Da dove vieni/e, Kseniya; Di dove sei/Di dov'è, Kseniya?*
Vengo dalla Siberia/Sono siberiana.

- Un/a giornalista scrive un breve articolo su di te: cosa scrive?

- Usa le informazioni nel testo per compilare questa scheda personale su Miss Mondo.

Nome e cognome _____
Età nel 2008 _____
Nazionalità _____
Studi _____
Hobby e passatempi _____
_____
Sport praticati _____
_____
Ama il cibo … _____
Personaggio preferito _____
Vuole diventare … _____

Per il testo B:

- Trasforma l'intervista in un breve articolo su Ludovico Fremont: *Ludovico Fremont è estroverso e disponibile …*

- Il giornalista parla con Ludovico Fremont in modo formale o informale? Da cosa lo vedi? Trasforma le domande per parlare con lui nel modo opposto.

- Usa le informazioni nel testo per compilare questa scheda personale su Ludovico Fremont.

Nome e cognome _____
Età _____
Nazionalità _____
Personalità _____
_____
Sport praticati _____
_____
Mezzo di trasporto preferito _____
La sua passione segreta _____

L'insegnante ti darà una scheda per l'articolo che non hai letto. Fa' domande a un tuo compagno/a per scoprire le informazioni.

Puoi usare le espressioni nel riquadro.

> PER FARE DOMANDE
>
> Quanti ...   Di dove ...   Com'è ...   Quale ...
> Quali ...   Come ...   Cosa ...   Chi ...

Quali sono le tue celebrità preferite di tutti i tempi? Svolgi l'attività.

- Scrivi una lista con 8 nomi.

- Ora lavora con un compagno/a e confrontate le vostre liste. Insieme create una lista con 8 nomi. Dovete negoziare! Potete aiutarvi con le espressioni nel riquadro.

- Ora tu e il tuo compagno/a lavorate con un'altra coppia e di nuovo create una lista con solo 8 nomi.

- I diversi gruppi nella classe riferiscono la loro lista. Quali sono le celebrità più popolari nella classe?

> PER ESPRIMERE UN'OPINIONE E NEGOZIARE   ALTRE ESPRESSIONI
>
> Io preferisco ... perché ...   ...
> Secondo me dobbiamo includere perché ...
> Mi piace/non mi piace ... perché ...
> Cosa pensi di ...?
> Hai ragione

2 Molto piacere, mi presento

2a Immagina di chattare su Messenger con dei nuovi amici italiani. Come ti presenti?

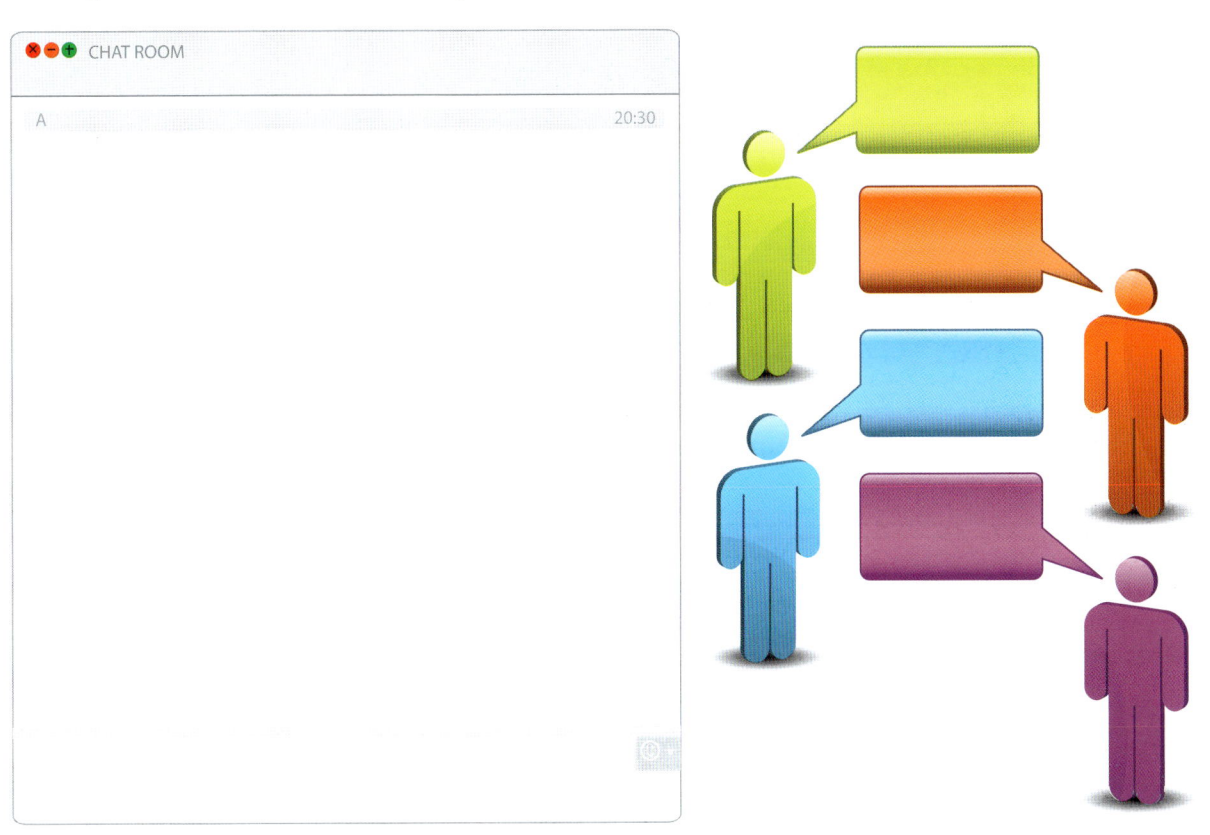

CHAT ROOM

A   20:30

2b i. Ora ascolta le interviste con due ragazzi italiani. A chi si riferiscono le affermazioni nella tabella?

	Marta	Simone
Frequenta il liceo classico		
Fa un corso di recitazione		
Fa pallavolo		
Ama leggere		
In futuro vuole viaggiare		
Pensa di studiare Lingue all'Università		
Pensa che sia giusto seguire le proprie passioni		

ii. Quali espressioni usano i due ragazzi per

- presentarsi
- dire in che scuola vanno
- parlare dei loro interessi e di quello che fanno nel tempo libero

Unità 1

2c Prima di leggere un articolo, rispondi a queste domande con un gruppo di compagni. Prima ciascuno di voi lavora su una domanda, poi discutete insieme le vostre risposte e riferitele a tutta la classe.

i. Quali altri modi di salutarsi in italiano conosci? Pensa sia alle parole che ai gesti.

ii. Perché le persone si salutano? Scegli una risposta:

☐ per educazione

☐ per abitudine

☐ per prevenire l'aggressività

iii. Conosci il significato di queste parole ed espressioni? Mimalo!

BACIO   STRETTA DI MANO   MOLTO PIACERE   BATTERE IL CINQUE   ABBRACCIO

iv. Nel tuo Paese le persone si baciano per salutarsi? Quanti baci si danno? Secondo te quanti baci si danno le persone in questi Paesi, per salutarsi? Associa il Paese al numero di baci.

	Russia	Francia	Olanda	Belgio	Italia	Brasile
Due baci						
Tre baci						

v. A quali parti del corpo corrispondono queste parole?

le labbra   la guancia   il palmo della mano   la spalla
il gomito   il braccio   il polso   il bacino

Attenzione: il bacino non è un piccolo bacio!

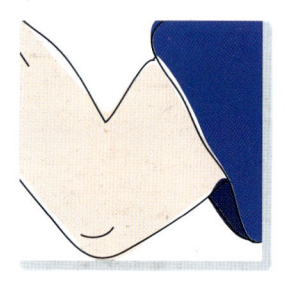

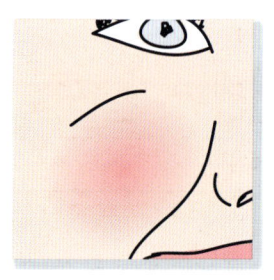

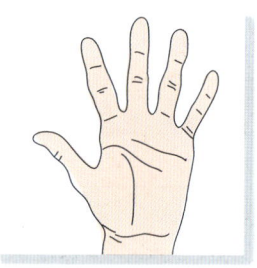

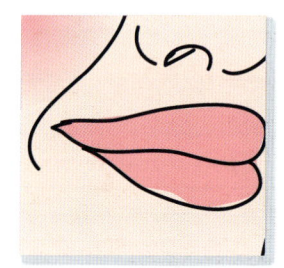

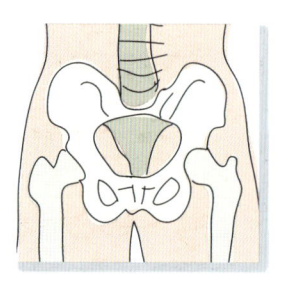

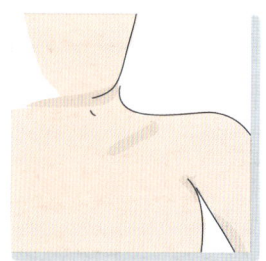

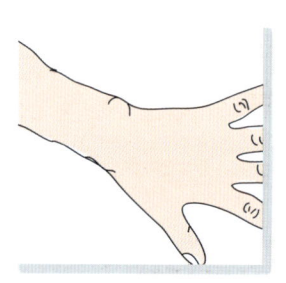

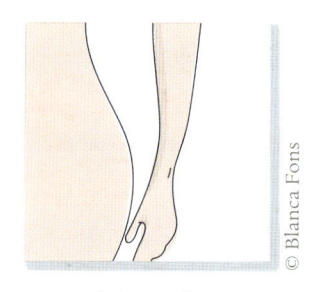

il braccio

2d Leggi l'articolo e verifica le tue risposte nell'attività 2c. Cosa hai imparato?

Baci, abbracci, strette di mano. Piccoli gesti quotidiani con i quali *riveliamo*, incosciamente, la nostra personalità

TANTI SALUTI A ...

Lo *facciamo* tutti i giorni, più volte al giorno. A casa, per la strada, in ufficio. E in un'infinità di modi diversi. Se, infatti, nell'arco della vita *pronunciamo* 345 mila "buongiorno", sono 103 i diversi saluti alla stazione, e 70 i modi di dire "benvenuto" a una festa.
Ma perché *salutiamo*? Secondo gli esperti, soprattutto per un motivo: prevenire l'aggressività nei nostri confronti. Quando incontriamo un estraneo*, l'impossibilità di prevedere le sue reazioni ci fa sentire minacciati. E ci rassicuriamo a vicenda*. [...]

BACIO E... BACINO

Uno, due o tre? E dati appoggiando le labbra sulla guancia o all'area vicino all'orecchio? Dipende dalle tradizioni dei diversi Paesi. In Francia, per esempio, ci si *dà* due baci, ma senza che le labbra tocchino la guancia. I Paesi "dei tre baci" *sono* Olanda, Belgio, Brasile e Russia. Come capire se il bacio è sincero? Guardate la distanza tra i corpi all'altezza del bacino: se sono solo le teste ad avvicinarsi, il bacio è puramente formale.

"MOLTO PIACERE"

Gli esperti hanno individuato almeno 10 tipi di strette di mano (il saluto più comune). [...]

SALUTO RINFORZATO

La "stretta rafforzata". Si effettua appoggiando il palmo della mano sinistra sulla spalla destra dell'interlocutore* o stringendogli il gomito, il braccio o il polso. Questa stretta comporta* un'invasione dello spazio personale. Per questo è comune tra amici e parenti. È una di quelle preferite da politici e uomini d'affari, che la *usano* per esibire la loro superiorità.

BASTA INCHINO, OGGI SI DÀ "IL 5"

[...] Il saluto più frequente è ora la stretta di mano. Soprattutto tra i maschi: due terzi delle strette di mano *avvengono* tra uomini. E quelle "miste" sono tre volte più frequenti di quelle tra due donne. In compenso, quasi tutti i nuovi segni da saluto sono ispirati allo sport. Come "battere il cinque": è il modo per congratularsi dopo aver segnato un punto. O alzare le braccia in segno di trionfo, ispirato al pugilato. Gesti che *vogliono* esibire soprattutto un legame di appartenenza a un gruppo.

di Claudia Giammatteo
FOCUS Extra n. 9

GLOSSARIO – I verbi sono dati all'infinito

un estraneo: una persona che non conosciamo

a vicenda: l'uno con l'altro

l'interlocutore: la persona con cui parliamo

comportare: implicare

2e Nell'articolo ci sono alcuni verbi al presente indicativo scritti in corsivo. Indica qual è l'infinito di ciascun verbo e in quale persona è coniugato, come nell'esempio. Quali verbi sono irregolari?

VERBO NELL'ARTICOLO	INFINITO	PERSONA
riveliamo	rivelare	1a persona plurale (noi)

3 Non è bello ciò che è bello, è bello ciò che piace

3a Ora vediamo come tre ragazze italiane descrivono il loro ragazzo ideale. Prima di ascoltare, svolgi le seguenti attività.

i. Decidi se gli aggettivi nel riquadro descrivono l'aspetto fisico o la personalità.

moro	alto	bello	magro
simpatico	educato	generoso	chiaro
affettuoso	dolce	estroverso	allegro

ii. Qual è il contrario degli aggettivi nell'attività precedente? Lavora con un compagno/a, ma potete chiedere aiuto ad altri compagni se non ricordate tutte le parole.

iii. Ora aggiungete altri aggettivi nelle due categorie. Quanti aggettivi avete in totale?

iv. Ascolta le tre brevi descrizioni del ragazzo ideale. Quali aggettivi sono menzionati per descrivere l'aspetto fisico del ragazzo ideale e la sua personalità?

3b Uno scrittore italiano descrive così alcuni personaggi dei suoi racconti. Prima di leggere, svolgi le attività.

i. Guarda le parole nel riquadro, che si riferiscono al corpo. Scrivi ogni parola sulla riga appropriata nel disegno.

il collo	i capelli	la guancia	la gamba
la testa	il viso	la riga in mezzo	la spalla
l'occhio	la faccia	il petto	la mano
la bocca	la fronte	il fianco	il naso
il polso	la tempia	il braccio	

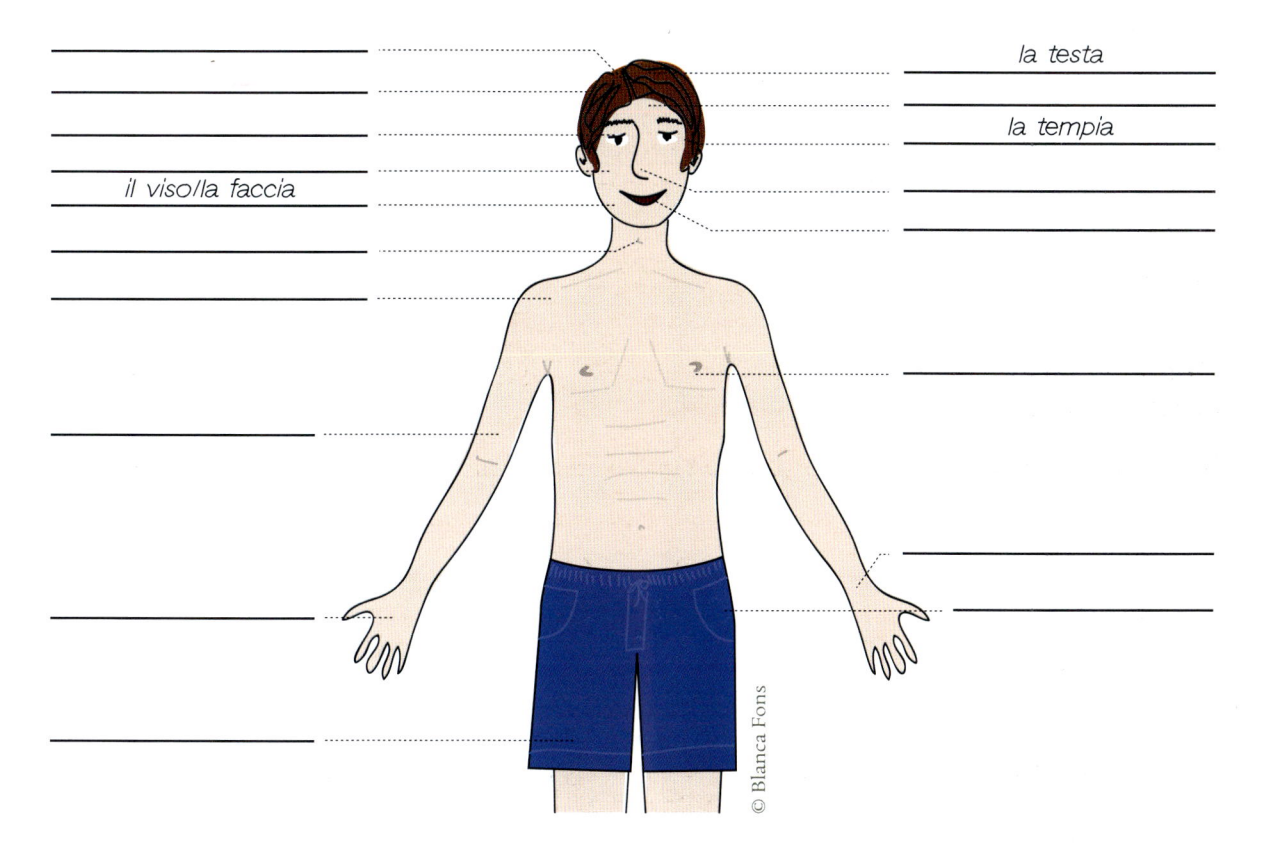

_____   la testa _____
_____   la tempia _____
_____   _____
il viso/la faccia   _____
_____   _____
_____   _____
_____   _____
_____   _____

ii. Ora leggi alcune brevi descrizioni dello scrittore Alberto Moravia. Trova gli aggettivi per descrivere una persona o una parte del corpo. Quali sono positivi, quali negativi e quali neutri?

POSITIVI	NEGATIVI	NEUTRI

1.
Grande, alta, maestosa, formata come una statua, aveva il collo lungo e la testa piccola, tutt'occhi* e bocca, e le caviglie e i polsi fini, e una voce dolce, proprio da angelo.

2.
[...] una ragazza robusta, non tanto alta, coi* capelli rossi, il viso largo e fresco [...] e gli occhiali da miope*.

3.
Piccoletta, bruna, [...] con una faccia da maschietto e i capelli tagliati da uomo.

4.
[...] già pelato sulla fronte e alle tempie, gli occhi azzurri come di vetro, le guance smunte e senza colori, la bocca troppo rossa [...]

5.
Allora era una ragazza scialba, con i capelli lisci e la riga in mezzo, con un viso senza espressione, né colori, pallido e regolare. Di bello aveva gli occhi, grandi, un po' smorti, ma dolci. [...] con il petto forte, i fianchi larghi e per il resto, braccia, gambe, spalle esili come di bambina.

6.
Ha le gambe storte e cammina male ... ha le mani brutte [...], ha la testa troppo grossa ... di passabile non ha che gli occhi e la bocca: ma è pallida, anzi gialla di carnagione*, coi capelli crespi e opachi e il naso in forma di manico di bricco, all'insù e largo alla base.

Alberto Moravia, *Racconti romani*, © R.C.S. Libri S.p.A., Milano, Bompiani 1954-2009

GLOSSARIO

tutt': tutta

coi: con i

miope: persona che non vede bene a distanza

carnagione: pelle

iii. Nei brevi testi che hai letto alcune parole che indicano parti del corpo sono al plurale. Lavora con un compagno/a: trovate le parole e osservate la formazione del plurale. Cosa notate? Provate a creare delle regole!

3d Svolgi una delle seguenti attività, a scelta:

- Descrivi il tuo ragazzo/a ideale.

- Descrivi una delle celebrità di cui abbiamo parlato, immaginando anche la sua personalità.

4 Facebook

4a Conosci Facebook? Prima di leggere rispondi a queste domande:

i. Facebook è un network mondiale che ha (nel gennaio 2009)

☐ 50 milioni di iscritti

☐ 100 milioni di iscritti

☐ più di 100 milioni di iscritti

ii. In Italia ci sono (nel gennaio 2009)

☐ 3 milioni di iscritti

☐ 12 milioni di iscritti

☐ 20 milioni di iscritti

iii. È stato creato nel 2004 da

☐ Un ex studente universitario

☐ Un professore universitario

☐ Uno scrittore di software

iv. Secondo te per cosa è perfetto un social network come Facebook? Completa le frasi.

Serve a conoscere _____

Serve a contattare _____

Serve a vedere _____

v. Secondo te quali sono gli aspetti negativi di un social network come Facebook?

4b Ora leggi un breve testo che l'insegnante ti darà e svolgi le attività.

i. Controlla se le risposte alle domande i-iii nell'attività 4a sono corrette. Per le domande iv e v, sei d'accordo con l'autrice dell'articolo?

ii. Nel testo che hai letto, trova le parole che significano ...

i fan _____   trovare _____

più di _____   è sufficiente _____

4c Ora leggi l'inizio di un altro articolo su Facebook. Come vedi nel riquadro, ci sono alcune espressioni che si usano spesso quando si parla di numeri e di statistiche.

Facebook. L'Italia (in ritardo) ci mette la faccia.

Amicizie virtuali Dalla scorsa estate i contatti italiani sono più che raddoppiati [...] Non c'è solo voglia di socialità, ma anche una sorta di «sindrome da reality».

di Alessandro Calderoni

[...] Il social network numero uno al mondo, con oltre 130 milioni di utenti, ha conquistato 1.342.600 persone nel nostro Paese, equamente ripartite tra maschi e femmine. È la moda del momento: l'Italia è in testa alla classifica dei paesi con il tasso più alto di crescita di iscrizioni, più 468 per cento dall'inizio dell'anno, più 135 per cento negli ultimi 3 mesi.

PER PARLARE DI NUMERI E STATISTICHE

oltre 130 milioni: più di 130 milioni

utenti: le persone che usano un servizio

equamente: in misura uguale, nella stessa misura

ripartito: diviso, distribuito

classifica: lista che segue un ordine, dalla cosa più importante a quella meno importante in una certa categoria

in testa alla classifica: il/la primo/a nella classifica

tasso: livello, quantità, percentuale

crescita: aumento

C'è un dato numerico che è particolarmente diverso da quello che hai letto nel testo 4b: quale? Secondo te cosa indica questa diversità? Scegli una di queste opzioni.

☐ Un errore di uno dei due giornalisti

☐ La rapidità con cui aumenta l'uso di Facebook

☐ I giornalisti hanno ricevuto i dati statistici da due fonti diverse

4d Prima di continuare a leggere, indica se secondo te queste affermazioni sono vere o false.

	Vero	Falso
a. Gli iscritti su Facebook sono solo teenager	☐	☐
b. L'Italia è al decimo posto per numero di utenti	☐	☐
c. Gli iscritti scrivono sempre in prima persona	☐	☐
d. È permesso includere commenti	☐	☐
e. È possibile avere solo un numero limitato di amici su Facebook	☐	☐
f. È il sito più visitato al mondo	☐	☐

4e Quali delle parole nel riquadro pensi di trovare in un testo su Facebook? Scegli 18 parole.

anni	internazionale	famiglia	socializzazione	online
studio	sito	parole	forum	gruppo
fotografie	internet	video	vita	illegale
computer	mondo	aprire	comunità	schermo
commenti	globale	scrivere	virtuale	indiscreto
contatti	amicizia	leggere	reale	network
rete	amici	pubblico	intimità	utente
indirizzo	scambio	privacy	persone	

4f Leggi la continuazione dell'articolo e completala con i verbi al presente indicativo, che ti diamo in disordine nel riquadro. Che cosa hanno in comune questi verbi, oltre al fatto che sono tutti al presente?

comincia	occupa	indica	diventa
inventa	coincide	può	

Soltanto sei utenti* su 100 hanno meno di 19 anni. A stupire è soprattutto l'esplosione fra i trentenni (21 per cento), tra chi supera i 36 anni (10 per cento). Un tempo mettere online fotografie, commenti e stati umorali era un'attività da teenager, adesso lo fanno anche gli adulti.

La storia di Facebook *(a)* _____ nel 2004, quando uno studente diciannovenne dell'Università di Harvard, Mark Zuckerberg, *(b)* _____ un modo per mantenere facilmente i contatti tra ragazzi iscritti allo stesso ateneo*. In 2 anni la rete si estende a un contesto accademico internazionale, infine si apre a tutti i maggiori di 13 anni. Oggi Facebook è il quinto sito più visitato al mondo, vale 16 miliardi di dollari e la Sony gli dedicherà presto un film.

L'Italia *(c)* _____ il decimo posto per numero di utenti, lontana dai 33 milioni degli Usa ma inferiore anche a Turchia, Cile, Colombia, Venezuela. [...]

Facebook sta modificando le abitudini di vita di chi ne fa parte, a cominciare dal lessico. Intanto in Italia è Feisbuc o Faccialibro, o semplicemente Fb. Stringere una nuova amicizia oggi si dice «aggiungere», in riferimento alla lista dei contatti. Inoltre non si chiede più a una persona come sta o cosa fa, perché ogni utente *(d)* _____ già in poche parole il proprio stato, rigorosamente scritto in terza persona singolare. [...]

Su Facebook tutto ciò che è pubblico *(e)* _____ essere liberamente commentato. [...]

Insomma, ogni utente si confronta in modo attivo con il suo pubblico, che *(f)* _____ con la rete di amici: se ne possono avere poche decine o diverse migliaia, secondo l'utilizzo che si fa di Fb e delle capacità di socializzazione personali. Il network *(g)* _____ come una comunità fisica di persone che si raccontano attraverso i più piccoli gesti quotidiani: è la narrazione online della vita vissuta, esibita e condivisa. [...]

Panorama 23 ottobre 2008 - Riproduzione vietata

ANCORA NUMERI

L'ETÀ

A stupire è soprattutto l'esplosione fra i **trentenni**.

I "trentenni" ("trentenne" al singolare) sono le persone che hanno 30 anni.

Osserva la parola: come si forma?

E come si chiamano le persone che hanno

15 anni? _____
18 anni? _____
20 anni? _____
27 anni? _____
40 anni? _____

I NUMERI ORDINALI

L'Italia è al **decimo** (10°) posto. Decimo è un **numero ordinale**, cioè che indica un ordine. Guarda la lista e completala:

1° primo/a   11° undicesimo/a
2° secondo/a   12° dodicesimo/a
3° terzo/a   13° _____
4° quarto/a   14° _____
5° quinto/a   15° _____
6° sesto/a   16° _____
7° settimo/a   17° _____
8° ottavo/a   18° _____
9° nono/a   19° _____
10° decimo/a   20° _____

GLOSSARIO

utenti: persone che usano un servizio   *ateneo:* università

Unità 1

4g Rileggi il testo e verifica le tue risposte alle domande negli esercizi 4d. e 4e.

4h Leggiamo ora un testo con le diverse opinioni di due psichiatri sui social network, una negativa e una positiva. Lavorando con un compagno/a, svolgete le attività.

i. Uno di voi legge l'opinione negativa (testo A), l'altro quella positiva (testo B). Completate il vostro testo riempiendo ciascuno spazio con uno degli aggettivi nel riquadro.

Attenzione: gli aggettivi sono tutti insieme e voi dovete trovare quelli per il vostro testo. Ricordate di fare attenzione se le parole che gli aggettivi accompagnano sono maschili o femminili, singolari o plurali.

| scientifici | nuova | assoluta | mia | differente | favorevole |
| grandi | tuo | eccessivi | veloce | noioso | |

I rischi mentali della «generazione-Facebook»

TESTO A

I bambini che stanno crescendo nell'età del "social networking" potrebbero avere "un danno" nella loro visione del mondo. È questa la denuncia dello psichiatra Himanshu Tyagi fatta durante il convegno* annuale del Royal College of Psychiatrists. Il dottor Tyagi ha evidenziato come i ragazzi nati dopo il 1990 non conoscono un mondo senza l'onnicompresivo* uso di internet. [...]

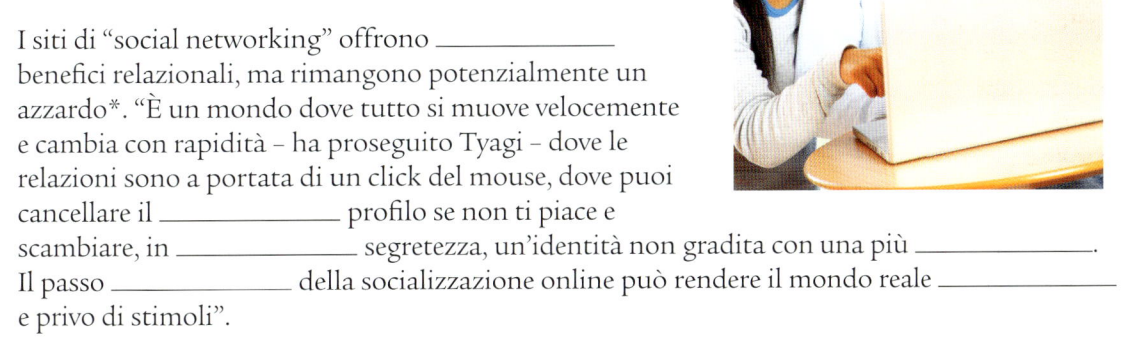

I siti di "social networking" offrono _____ benefici relazionali, ma rimangono potenzialmente un azzardo*. "È un mondo dove tutto si muove velocemente e cambia con rapidità – ha proseguito Tyagi – dove le relazioni sono a portata di un click del mouse, dove puoi cancellare il _____ profilo se non ti piace e scambiare, in _____ segretezza, un'identità non gradita con una più _____. Il passo _____ della socializzazione online può rendere il mondo reale _____ e privo di stimoli".

TESTO B

Di tutt'altro avviso* è Graham Jones, uno psichiatra con interessi _____ sull'impatto di internet nella vita dei ragazzi. Per il dottor Jones, è vero che un ricorso eccessivo dei siti di social networking potrebbe creare problemi; i rischi evidenziati da Tyagi sembrano però essere _____. "Per ogni _____ generazione – argomenta* Jones – l'esperienza che si ha del mondo è _____. [...] Nella _____ esperienza, le persone che sono più attive su siti come Facebook o Bebo sono quello che lo sono anche normalmente – si tratta solo di un'estensione di ciò che fanno già".

Salute24 13 luglio 2008

GLOSSARIO – I verbi sono dati all'infinito

convegno: congresso, riunione di persone in un luogo stabilito
onnicomprensivo: che comprende/include tutto
azzardo: rischio
avviso: opinione
argomentare: portare argomenti, ragionare

ii. Confrontate il vostro lavoro con quello del compagno/a. Se avete usato gli stessi aggettivi ci sono problemi! Correggeteli insieme se necessario.

iii. Riassumete, in una frase, qual è l'opinione negativa o positiva sui social network, e ditela al vostro compagno/a.

iv. Con quale opinione siete d'accordo? Discutete usando, se volete, le espressioni nel riquadro.

PER COMMENTARE L'OPINIONE DI UN ALTRO

Secondo me/per me ha ragione X perché …
Sono/Non sono d'accordo con X perché …
(Anche) secondo me i social network sono …
Secondo me/forse è giusto/esagerato/sbagliato dire che i social network/i ragazzi …
Non ho un'opinione perché …
Non sono sicuro/a

Unità 1

A che punto sono?

In questa unità

mi è piaciuto …   non mi è piaciuto …

Dopo questa unità …

So …

parlare di me ○○

parlare di un'altra persona ○○

fare domande per avere informazioni su qualcuno ○○

descrivere l'aspetto fisico e la personalità di qualcuno ○○

dire la mia opinione ○○

scrivere correttamente i nomi delle regioni italiane e delle principali città ○○

trovare informazioni su internet in italiano ○○

trovare le informazioni più importanti in un testo scritto ○○

capire le informazioni più importanti in un testo orale ○○

creare una breve intervista a un personaggio famoso ○○

come si salutano gli italiani ○○

capire i dati statistici ○○

formare e usare il presente indicativo dei verbi regolari ○○

formare e usare il presente indicativo dei principali verbi irregolari ○○

accordare nomi e aggettivi ○○

Conosco …

celebrità italiane che prima non conoscevo ○○

i nomi di tutte le regioni italiane ○○

i nomi delle principali città italiane ○○

Per migliorare posso …. ○

Per migliorare posso … ○

Gli italiani in casa e fuori

Unità 2

In questa unità ...

- descriverai un'abitazione e una stanza
- discuterai gli aspetti positivi e negativi di un'abitazione e di una stanza
- troverai informazioni sulle case degli italiani
- paragonerai le abitazioni in Italia e nel tuo Paese
- descriverai il tuo quartiere
- farai domande sul quartiere di qualcuno
- chiederai e darai direzioni per arrivare in un posto
- descriverai la tua routine quotidiana e quella di altri
- paragonerai gli orari in Italia e nel tuo Paese

- ripasserai l'articolo determinativo e l'articolo indeterminativo
- ripasserai la formazione e l'uso delle preposizioni articolate
- ripasserai il presente indicativo dei verbi riflessivi
- ripasserai l'uso di *c'è* e *ci sono*

1 La mia casa

1a Quali parole associ alla parola "casa"? Scrivile nelle categorie.

Casa
- Parti della casa
- Mobili e oggetti
- Aggettivi
- Persone

1b Leggi come una ragazza, Sara, descrive la sua casa. Poi, svolgi le attività.

> Che noia! Solitudine. Grande. A volte divertente. La parte più bella: la mia stanza, luogo che mi protegge dai tiranni (genitori). Luogo in cui mi rifugio nei momenti più difficili. Pensiero. Rosa. Bellissimo luogo. Stereo, televisione. Computer. Finestra che dà sul giardino. Tetto spiovente. Grande salone. Io mi sento chiusa nella mia casa. Cani. Gatti. Cancello. Allarme. La mia casa a volte diventa un luogo vivibile. Finestre molto grandi, bianche. Cucina marrone, lavastoviglie. Balcone molto ampio. Vorrei una casa tutta mia. Bagno grande, verde, vasca ampia. La casa è uno dei luoghi dove purtroppo passo la maggior parte del mio tempo. Genitori invadenti, nonna invadente. Non riesco ad avere una mia privacy. Padre impiccione, legge le mie lettere. Voglio un mondo tutto mio, non riesco a stare tranquilla. Non posso pensare. È meglio dormire. Stanza dei genitori, luogo inaccessibile, troppi segreti.
>
> Sandro Onofri, *Registro di classe*, © 2000, Giulio Einaudi editore s.p.a., Torino

i. Secondo te Sara ...

☐ Ama la sua casa

☐ Odia la sua casa

☐ Ama e odia la sua casa allo stesso tempo

ii. Quali sono gli **aspetti positivi** e gli **aspetti negativi** della casa di Sara, secondo la sua descrizione?

ASPETTI POSITIVI	ASPETTI NEGATIVI
grande	*noia*

iii. Trova le parole nel testo che appartengono alle categorie dell'attività 1a.

iv. Sara scrive con frasi molto brevi. Completa questa parte più "elaborata" della descrizione della sua casa, inserendo **l'articolo determinativo** appropriato negli spazi davanti alle parole. Gli articoli che mancano sono *il, lo, l', la, i*.

> [...] la mia stanza, luogo che mi protegge dai tiranni (_____ genitori). Luogo in cui mi rifugio nei momenti più difficili. [...] _____ stereo, _____ televisione. _____ computer. _____ finestra che dà sul giardino. _____ tetto spiovente. Grande salone. Io mi sento chiusa nella mia casa. _____ cani. _____ gatti. _____ cancello. _____ allarme. [...] _____ cucina marrone, _____ lavastoviglie.

v. Pensa alla tua camera: che mobili e oggetti ci sono? Se non ricordi il nome di una cosa in italiano, consulta il dizionario. Scrivi le parole e disegna un piccolo riquadro (☐) accanto a ogni parola. Nel caso delle parole singolari, non dimenticare di usare l'**articolo indeterminativo** (*un, uno, una, un'*) davanti al nome (es. *un letto*).

1c Ora ascolta come due giovani italiani, un ragazzo e una ragazza, descrivono la loro camera da letto e svolgi le attività.

i. Nella lista che hai preparato nell'attività 1b.v, metti una crocetta nei riquadri accanto alle parole che senti (☒).

ii. Riascolta la descrizione della camera di Marta e disegnala. Poi confronta il tuo disegno con quello di un compagno/a. Sono simili?

1d Lavora con un compagno/a. Conoscete il significato delle parole nel riquadro? Fate ipotesi, ma per il momento non consultate il dizionario. Poi unitevi a un'altra coppia e mettete insieme le vostre ipotesi, sempre senza consultare il dizionario.

salotto	idromassaggio	terrazzo/terrazzino	appartamento
divano	villa	campagna	cucina
cuscino	ultimo	piscina	grattacielo
tavolo	impianto stereo	parete	mansarda
vasca	camino/caminetto	bagno	soffitta

1e Ora leggete come alcuni giovani italiani rispondono alla domanda *Com'è la tua casa ideale?* e svolgete le attività.

i. Osservate le parole dell'esercizio 1d nel loro contesto: confermate la vostra ipotesi sul loro significato? Se non siete ancora sicuri su alcune parole, consultate il dizionario.

---

1. Ampia, luminosa e spaziosa ... possibilmente con un bel caminetto x* l'inverno e un terrazzino per l'estate.
2. nn* troppo grande, confortevole, con tanti colori e tante foto.
3. Col* caminetto e un bagno e una cucina enormi.
4. Una casa in campagna, con il caminetto, un grande giardino, la piscina, il camino, magari a 2 piani.
5. Appartamento piccolo, facile da pulire, all'ultimo piano di un grattacielo, possibilmente con mansarda!
6. Due stanze, poco da pulire e da scaldare, poche tasse, poco da arredare, poco da spendere.
7. Grande o piccola non importa. Accogliente. Piena di quadri e fotografie alle pareti e con grandi librerie per le mie collezioni. Con il camino, una grandissima finestra che dà su un giardino.
8. Una casa singola, a 2 piani, nn troppo lontana dal centro città.
9. Con sole dalle finestre tutto il giorno.
10. A 2 piani, con un giardino molto grande, in centro. Dentro molte stanze grandi [...], possibilmente idromassaggio e tv con sky.!!!!!

GLOSSARIO

x: per   *nn:* non   *col:* con il

ii. Com'è la tua casa ideale? Ora tocca a te rispondere alla domanda.

1f Rispondete a queste domande in piccoli gruppi:
- Dove abitate?
- Quali negozi e servizi ci sono?
- Vi piace la vostra zona?
- Cosa c'è da fare per i giovani?

ALCUNI SERVIZI IN UN QUARTIERE

la biblioteca	il cinema	la scuola
il bar	la discoteca	il supermercato
il barbiere	l'enoteca	il teatro
il benzinaio	la farmacia	l'ufficio postale/la posta
il negozio	il mercato	
il centro commerciale	la palestra	
	il parrucchiere	
il centro sportivo	il ristorante	

1 g Ora ascolta l'insegnante che descrive la sua zona e dà le direzioni per arrivarci, partendo dalla scuola. Disegna una mappa su un foglio A4 e segna l'itinerario. Alla fine l'insegnante distribuirà una mappa e potrai controllare se le due mappe coincidono!

1 h Ascolta le direzioni che due ragazzi danno per arrivare a casa loro e svolgi le attività.

i. L'insegnante ti darà una mappa della zona di Roma in cui abita Marta. Ascolta le direzioni e segui l'itinerario per arrivare a casa sua.

ii. L'insegnante ti darà una trascrizione del testo di Simone, che contiene alcuni errori. Ascolta il testo e correggi gli errori. Poi confrontati con un compagno/a: siete d'accordo?

Le case degli italiani

2 Prima di leggere i risultati di un'indagine sulle case degli italiani, rispondi a un questionario.

2 a Prima di rispondere, leggi le alternative proposte e se ci sono parole che non conosci chiedi aiuto a un compagno o consulta il dizionario.

1. Per te la casa è
   - ☐ il luogo in cui vivi
   - ☐ lo specchio della tua personalità
   - ☐ il luogo in cui ti rilassi
   - ☐ altro (specifica) _____

2. Per te il mondo esterno, fuori casa, è
   - ☐ socialità
   - ☐ impegni
   - ☐ divertimento
   - ☐ altro (specifica) _____

3. Inviti persone a casa tua
   - ☐ una volta alla settimana
   - ☐ una o due volte al mese
   - ☐ ogni giorno
   - ☐ altro (specifica) _____

4. Secondo te la persona che legge di più una rivista sulla casa è
   - ☐ una donna che non lavora fuori casa (casalinga o studentessa)
   - ☐ un uomo che lavora
   - ☐ una donna che lavora
   - ☐ altro (specifica) _____

2b Leggi rapidamente l'articolo *Casaviva indaga le case degli italiani* e svolgi le attività.

i. Dall'articolo abbiamo eliminato alcune preposizioni articolate, che ti diamo in disordine nel riquadro: rimettile a posto! Ti diamo un esempio.

| al | alla | ai | agli | del | della | ~~dell'~~ | delle | degli | nell' | negli |

---

www.pubblicitalia.it

Casaviva, il mensile Mondadori diretto da Marina Carrara, che da 36 anni racconta l'evoluzione ____*dell'*____ arredamento e _____ case degli italiani, ha proposto _____ suoi lettori un questionario, lanciato _____ ottobre 2007, per sapere come e quanto sono cambiate _____ ultimi anni le case _____ italiani. [...]. Dai risultati emerge che i lettori di Casaviva considerano la propria casa prima di tutto lo specchio della propria personalità (lo dichiara il 46% _____ campione [...]. Tutto ciò che riguarda il mondo esterno è sinonimo di socialità (per il 41%), ma anche di impegni (per il 34%) e divertimento (29%). Se dunque la casa è lo specchio _____ personalità di chi la abita, non stupisce che gli italiani dedichino molto tempo all'abbellimento e _____ cura di essa (il 40%), quasi come se fosse un prolungamento della persona fisica. I partecipanti dichiarano di aprire la propria casa _____ ospiti una volta alla settimana (il 24%) o una o due volte _____ mese (il 61%). È emerso inoltre che la lettrice di Casaviva (per il 78% si tratta infatti di donne) vive soprattutto al Nord Italia (nel 65% dei casi), ha un'età compresa fra i 25 e i 54 anni, è laureata (32%) o almeno diplomata (52%), ed è soprattutto una donna che lavora (72%): impiegata, insegnante, libero professionista. [...]

ANCORA VOCABOLARIO PER PRESENTARE DATI STATISTICI

il 46%: in italiano si mette l'articolo determinativo davanti a una percentuale. È possibile non usare l'articolo solo quando la percentuale è tra parentesi.

il campione: il gruppo di persone intervistate e usate per un'indagine.

---

ii. Trova le risposte degli italiani al questionario. Sono molto diverse dalle tue?

3 La routine quotidiana

3a Prima di ascoltare, descrivi la tua giornata tipica di studente. Puoi usare i verbi e i nomi nel riquadro.

studiare	alzarsi	arrivare	pranzo	fare i compiti
ritornare	vestirsi	lavare i piatti	andare a lavorare	studiare
cena	colazione	finire	cucinare	fare sport
svegliarsi	uscire	mensa	andare a letto	telefonare

PER DIRE A CHE ORA FACCIAMO QUALCOSA

La domenica gioco a calcio **a mezzogiorno**

Pranzo **all'una**

Vado in palestra **alle sei**

Ceno **alle otto**

Mi addormento **a mezzanotte**

Cosa noti?

3b Ascolta come tre studenti universitari descrivono la loro giornata tipica e svolgi le attività.

i. Metti una crocetta nelle caselle corrispondenti alle parole che senti nella prima registrazione.

letto ☐	sveglia ☐	colazione ☐	sabato ☐	lunedì ☐	biblioteca ☐
classe ☐	mensa ☐	studiare ☐	pranzo ☐	cena ☐	università ☐
laurea ☐					

ii. Riempi la pagina dell'agenda della studentessa che senti nella seconda registrazione. Usa la terza persona, come nell'esempio.

8:00 si sveglia
8.30
8.45
9.00
14.00 circa
pomeriggio

iii. Ascolta il terzo studente e associa le attività della sua giornata tipica con l'ora in cui le fa, come nell'esempio. Attenzione: le ore sono in ordine, ma non le attività.

prende un aperitivo — 8.00
gioca a calcio — 11.00
si sveglia — 14.00
va al bar — 15.00
cena — 18.00
va alla mensa — 20.00
va a lavorare — 21.00

iv. Riascolta i tre studenti e riempi la griglia mettendo una crocetta (x) nelle caselle corrispondenti agli studenti che svolgono le seguenti attività.

	1	2	3
Si sveglia alle 7.00			
Fa colazione con brioche e cappuccino			
Ha cinque ore di lezione			
Studia in biblioteca			
Mangia alla mensa			
Le piace l'università			
Lavora per l'università			

3c La piazza ha sempre avuto un ruolo fondamentale nella vita degli italiani. Leggerai un testo su una giornata tipica a piazza delle Erbe a Mantova, una bellissima città della Lombardia. Prima di leggere, svolgi la seguente attività.

i. Nel testo sono menzionati negozi, edifici e professioni. Cosa si vende nei negozi? Cosa si fa negli altri edifici? Cosa fanno le persone che svolgono le professioni menzionate? Parla con un compagno/a.

Negozi ed edifici

edicola	mercato	scuola	portici
basilica	bar-pasticceria	ristorante	palazzo
tabaccaio	pescheria	conservatorio	

Professioni

operatrore ecologico/operatrice ecologica	guida	metronotte
postino	fioraio	

5:00
Susanna Signoretto e Laura Leoni, operatrici ecologiche, iniziano la pulizia.

6:00

7:00
A messa nella basilica
Don Ulisse Bresciani, parroco della basilica S. Andrea, mentre celebra _____ prima messa del mattino.

8:00

da Focus

Unità 2

3d Leggi il testo e svolgi le attività.

9:00
I primi turisti con la guida Caterina Cipriano.

10:00
Tra lettere, cartoline e telegrammi
Nel corso della mattinata avviene anche la distribuzione _____ posta. Ecco _____ postino Gianni Anselmi.

@ A. B.

11:00
Un mazzo di gladioli al mercato
Piazza delle Erbe è sede _____ mercato settimanale. Tra le bancarelle, quella del fioraio Luca Cattafesta.

11:30
Un chilo di mandarini ...
_____ proprietaria di una delle tante bancarelle di frutta e verdura _____ mercato mentre serve una cliente.

22:00
Lezioni di musica serali
Cinzia e Daria, due studentesse _____ conservatorio di Mantova

13:00
Spuntino a base di pesce di lago
Angelo Buniotti, titolare _____ pescheria sotto i portici del Palazzo della Ragione.

23:45
Il giro di controllo di Fabio Nizzola, metronotte.

12:00 ☐

16:00 ☐

20:00 ☐

Focus Extra n.2 primavera 2000 (Testi e un'immagine)

i. Alcune delle ore sono in bianco: metti i seguenti brevi testi al posto giusto scrivendo la lettera corretta nel riquadro accanto all'ora.

a. L'uscita dall'asilo
Una madre riporta a casa da scuola _____ figli e alcuni loro compagni di classe.

b. Arrivano i giornali
Aldo Tosi, titolare _____ edicola sotto i portici _____ piazza, riceve _____ giornali.

c. Aprono i negozi
Roberta Manzoli alla cassa del tabaccaio vicino alla basilica.

d. Andiamo tutti a cena fuori?
Elisa Pavesi, proprietaria _____ ristorante Pavesi, seduta a _____ tavolo del locale.

e. È l'ora dell'aperitivo al bar
Luigi Grassi, uno dei gestori del bar pasticceria, ed Elisa Beccari prendono un aperitivo.

ii. Alcuni testi non sono completi: riempi ogni spazio con una delle parole nel riquadro (articoli e preposizioni articolate):

la	della	del	del	al	i	il
della	della	del	dell'	la	i	un

3e Lavora con un piccolo gruppo di compagni. Preparate il profilo di una giornata tipica, come la conoscete o immaginate. Scegliete una delle seguenti situazioni:

- il vostro/a insegnante di italiano
- una famiglia la domenica
- una strada o una piazza della vostra città
- un DJ
- un calciatore

Unità 2

A che punto sono?

In questa unità

mi è piaciuto …   non mi è piaciuto …

Dopo questa unità …

So …

descrivere un'abitazione ○

descrivere una stanza ○

localizzare una cosa nello spazio ○

fare domande per avere informazioni su un'abitazione ○

descrivere il mio quartiere ○

fare domande su un altro quartiere ○

dare direzioni per arrivare in un posto ○

chiedere direzioni per arrivare in un posto ○

descrivere la mia routine quotidiana e quella di altri ○

associare un nome all'articolo determinativo e indeterminativo corretto ○

formare e usare il presente indicativo dei verbi riflessivi ○

formare e usare le preposizioni articolate ○

usare le espressioni *c'è/ci sono* ○

Conosco …

alcune tendenze italiane riguardo alle abitazioni ○

la giornata tipica in una piazza italiana ○

gli orari degli italiani ○

Per migliorare posso … ○

Per migliorare posso … ○

Tengo famiglia

Unità 3

In questa unità ...

- parlerai della tua famiglia
- parlerai del tuo rapporto con i tuoi familiari
- creerai un albero genealogico
- paragonerai la famiglia in Italia e nel tuo Paese
- scriverai una breve e-mail a una rivista
- ripasserai e amplierai il lessico relativo alla famiglia e agli animali
- parlerai degli animali
- ripasserai e amplierai come esprimere il possesso
- lavorerai sulla formazione delle parole i prefissi *auto-* e *mono-*

Entriamo nel tema

Lavora con un compagno/a. Inserite le parole nel riquadro nel diagramma seguente. Nella parte sinistra mettete le parole che si riferiscono solo agli esseri umani, nella parte destra quelle che si riferiscono solo agli animali e, nel centro, quelle che si riferiscono a tutti e due. Se ci sono parole che non conoscete, chiedete aiuto a un'altra coppia di compagni o consultate il dizionario

nascere	bere	camminare	genitori	coppia	amicizia
morire	convivere	studiare	figli	matrimonio	capo
vivere	volare	parlare	cuccioli	divorzio	abitudine
crescere	lavorare	sentire	maschio	uova	casa
invecchiare	dormire	toccare	femmina	letargo	zoo
mangiare	nuotare	vedere	allattare	gruppo	circo

1 Famiglie

1a Ascolta Simone e Marta che parlano della loro famiglia e indica se le informazioni nella tabella si riferiscono a Simone, a Marta, a tutti e due o a nessuno dei due, come nell'esempio.

	SIMONE	MARTA	NESSUNO DEI DUE
In famiglia sono quattro	✓	✓	
Ha tre sorelle			✓
Ha due fratellastri			
Ha una sorella più piccola	✓	✓	
Il padre è architetto		✓	
Il padre è impiegato statale			✓
La madre ha dei bed&breakfast		✓	
La madre è insegnante			
Ha un cane	✓		
Ha un gatto			
Ha un coniglio		✓	

1b Ascolta quello che dice Francesca e completa la scheda sulla sua famiglia.

PROFESSIONE DEI GENITORI	Medici
NOME DELLA MADRE	
NOME DEL PADRE	Giuseppe
ETÀ DEI GENITORI	_____ e 50 anni
ETÀ DELLA PRIMA SORELLA	
ETÀ DELLA SECONDA SORELLA	20
ETÀ DEL FRATELLO	
COSA STUDIA LA PRIMA SORELLA	Giurisprudenza
COSA STUDIA LA SECONDA SORELLA	

1c Leggi la trascrizione di come Leonardo presenta la sua famiglia e completala con le parole mancanti.

Allora, noi _____ quattro in famiglia: mio _____, Enrico che, diciamo, fa le elementari, le _____ elementari; mio _____ Giovanni che ha 42 anni e che _____ come impiegato in una ... in una nota industria di computer, e mia madre invece _____ casalinga.

Avete _____ **in casa?**

Sì, un cane.

Come _____?

Freddie.

Ah, Freddie. E quanti anni ha il cane?

Eh, 11. È anzianotto.

1d Ora ascolta Leonardo e controlla le tue risposte.

1e E ora tocca a te parlare della tua famiglia! Puoi usare le espressioni nel riquadro.

1f Guarda le seguenti espressioni tratte dai testi che hai ascoltato. Cosa noti?

PER PARLARE DELLA FAMIGLIA

In famiglia siamo quattro

Ho tre fratelli

Ho due sorelle più grandi

Ho un fratello più piccolo

Mio fratello/mia sorella ha 15 anni

Mia madre è casalinga

I miei genitori sono medici

Mio padre lavora come impiegato

Mio padre fa l'architetto

Mia madre si occupa di traduzioni

Mia sorella/mio fratello fa le elementari/ fa il liceo/fa l'università; studia ...

Ho/Abbiamo un cane

| Mio padre | I miei genitori | Mia madre | I loro nomi | Mio fratello | Mia sorella |

Unità 3

1g Completa la tabella con il vocabolario relativo alla famiglia.

MASCHILE	FEMMINILE
il bisnonno	_____
_____	la nonna
il suocero	_____
_____	la madre
_____	la moglie
il genero	la nuora
il figlio	_____
_____	la sorella
_____	la zia
il cugino	_____
il cognato	la cognata
_____	la nipote

1h Ci sono parole nuove per te? Prova a spiegare il loro significato in italiano.

Es.: il nonno è il padre del padre o della madre.

2 La famiglia italiana

2a Leggerai un testo su come la famiglia italiana è cambiata negli ultimi anni.

i. Prima di leggere, rispondi alle seguenti domande. Come è cambiata la famiglia italiana secondo te? Metti una crocetta nelle caselle corrispondenti alle affermazioni che secondo te sono vere.

a. La famiglia italiana non è cambiata rispetto al passato ☐

b. La polazione italiana è composta principalmente da giovani ☐

c. Il tasso di invecchiamento è il più rapido d'Europa ☐

d. In Italia nascono più bambini che in altri Paesi ☐

e. Gli stranieri in Italia contribuiscono all'aumento delle nascite ☐

f. Sono aumentate le donne che lavorano ☐

g. Il livello di istruzione è aumentato ☐

h. Le persone lasciano la famiglia d'origine più tardi di prima ☐

i. I matrimoni sono aumentati ☐

l. Le donne cominciano ad avere figli in età più avanzata che in passato ☐

m. Non ci sono molte famiglie con un solo genitore ☐

ii. Lavora con un compagno/a. Leggete il titolo dell'articolo: quali parole pensate di trovare nel testo? Scrivete una lista.

2b Leggi l'articolo e controlla le risposte.

http://www.ilsole24ore.com/

Cambia la famiglia italiana: più anziani, meno figli, molti single

di Nicoletta Cottone

La famiglia italiana cambia: si riduce la dimensione media, [...] cresce la speranza di vita, aumentano le persone sole e senza figli. [...]

1. **Le novità demografiche.** Risultano in crescita le coppie di anziani che vivono ancora insieme: quelle con persone fra i 74 e gli 85 anni sono passate dal 45,5% al 50,2 per cento. La famiglia italiana invecchia e nasce, così, il problema dell'assistenza agli over 85 anni con problemi di autosufficienza*. Cresce, dunque, la domanda di servizi assistenziali. Il tasso di invecchiamento nel nostro Paese, infatti, è il più rapido d'Europa e del mondo: c'è un grande squilibrio* fra generazioni, nascono pochi bambini e la popolazione invecchia [...]. Risulta in lieve* crescita anche la natalità: negli ultimi tre anni è aumentata dall'1,22% al 1,31% [...]. Su questo fenomeno incidono* una serie di fattori, dall'insufficienza di sostegni* ai costi da affrontare, dalla conciliazione tra lavoro e famiglia al sistema fiscale sfavorevole ai nuclei con figli. Nella crescita della natalità conta molto la componente straniera: le nascite da genitori stranieri sono aumentate dal 6% del 1995 al 12% del 2004.

2. **I modelli familiari.** L'ingresso delle donne nel mondo del lavoro ha comportato nuovi modelli di relazioni familiari. [...] Aumenta l'istruzione, si assiste a un progressivo aumento dell'età del matrimonio e dell'uscita dalla famiglia d'origine. Quest'ultimo fenomeno è legato alle difficoltà di ingresso nel mondo del lavoro, alla diffusa precarietà [...]. In Italia, inoltre, ci si sposa più tardi, aumentano i figli nati fuori dal matrimonio e si registra uno spostamento in avanti dell'età in cui si ha il primo figlio [...]: in Italia nel 2004, secondo dati Istat*, il primo figlio nasce da madri che hanno un'età media di 30,8 anni, in Europa tra i 26 anni e mezzo e i trenta.

3. **Crescono i nuclei monogenitoriali*.** Secondo l'indagine [...] ammonterebbero* a circa 2 milioni, di cui l'83,6 per cento è costituito da donne. Emergono nuove forme familiari, comprendenti* i single non vedovi, le coppie non coniugate* o ricostituite e i genitori soli: complessivamente* [...] queste nuove famiglie ammonterebbero a circa 5 milioni e 200 mila nel 2005 (23%) [...]

Il Sole 24 ORE.com   25 gennaio 2009

GLOSSARIO - I verbi sono dati all'infinito

autosufficienza: capacità di pensare a se stessi senza l'aiuto di altri
squilibrio: differenza
lieve: piccola, limitata
incidere: influire, avere un effetto su
sostegni: aiuti
Istat: Istituto Nazionale di Statistica
monogenitoriali: con un solo genitore
ammontare: arrivare alla cifra di
comprendenti: che includono
coniugate: sposate
complessivamente: in totale

AUTO- E MONO-

La parola *autosufficenza* viene da *auto* + *sufficienza*

- Conosci altre parole che si formano con il prefisso *auto* (= da solo, di sé)?
- Secondo te cosa significano queste parole? Se hai difficoltà, consulta il dizionario: **autostima, autoaccusa, autogol**

La parola *monogenitoriale* viene da *mono* + *genitoriale* (da *genitore*)

- Conosci altre parole che si formano con il prefisso *mono* (= unico, uno)?
- Secondo te cosa significano queste parole? Se hai difficoltà, consulta il dizionario: **monouso, monolocale, monoposto**

2c Rileggi l'articolo e svolgi le attività.

i. Nel testo, trova le parole che si riferiscono al tema "famiglia".

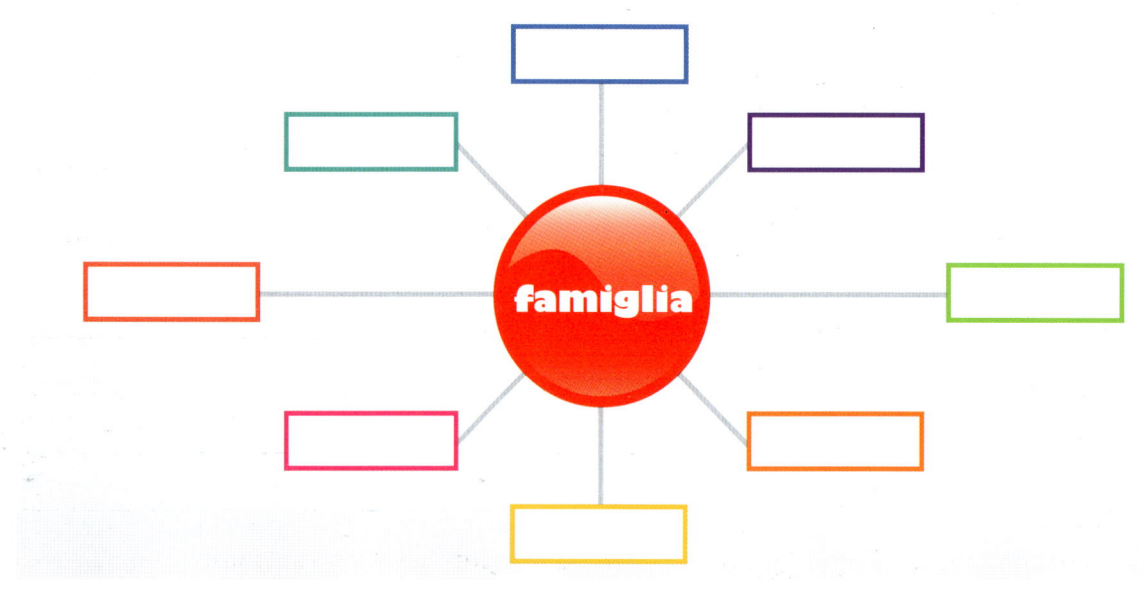

ii. Completa la seguente tabella con i numeri o percentuali corretti.

Le coppie con persone fra i 74 e gli 85 anni	
L'aumento della natalità negli ultimi anni	
Le nascite da genitori stranieri nel 2004	
L'età media in cui una donna ha il primo figlio	
Le famiglie con un solo genitore	

iii. Completa il riassunto dei paragrafi dell'articolo con le parole nel riquadro.

1. La _____ italiana invecchia più rapidamente di quella del resto del mondo. Infatti il 50,2% degli italiani hanno fra i 74 e gli 85 _____. La natalità è in leggera crescita, ma nascono ancora pochi _____.
Le ragioni sono tante: gli alti costi, l'insufficienza di aiuti alle _____ con figli, la conciliazione tra lavoro e famiglia, ecc.

| bambini |
| popolazione |
| famiglie |
| anni |

2. L'ingresso delle donne nel mondo del lavoro ha determinato nuovi modelli di famiglie con un più alto livello d'istruzione. Gli italiani si sposano e _____ la famiglia di origine più tardi. La _____ principale di questo fenomeno è la difficoltà di trovare un _____. Aumentano i figli nati fuori dal matrimonio e il primo _____ si ha in età più avanzata.

| lavoro |
| causa |
| figlio |
| lasciano |

3. Secondo l'indagine le famiglie con un solo _____ sono circa 2 _____, di cui l'83,6 per cento è costituito da _____. Ci sono nuove forme di famiglia, che comprendono i single non vedovi, le _____ non sposate o ricostituite e i genitori soli.

| coppie |
| milioni |
| donne |
| genitore |

iv. Nell'articolo ci sono quattro coppie verbo/nome. Trova i nomi relativi ai seguenti verbi:

invecchiare _____

crescere _____

aumentare _____

nascere _____

v. Nell'articolo, trova l'equivalente delle seguenti parole ed espressioni:

a. abitano (par. 1) _____

b. cause (par. 1) _____

c. famiglie (par. 1) _____

d. entrata (par. 2) _____

e. ha dato origine a (par. 2) _____

f. rapporti (par. 2) _____

Unità 3

2d Cerca un articolo, una notizia, ecc. sulla famiglia nel tuo Paese. Portalo in classe e confrontalo con il materiale trovato da un piccolo gruppo di compagni.

- Quali informazioni importanti emergono sulla famiglia nel vostro Paese?
- Quali sono le differenze tra la famiglia in Italia e nel vostro Paese?

2e Leggi un brano della scrittrice Lia Levi e svolgi le attività.

Intanto a casa discutono, decidono e poi cambiano idea. Ce ne accorgiamo* perché mentre parlano possiamo uscire di corsa e scappare a giocare in cortile con i figli della portinaia. C'è anche mia zia nella nostra vita ... Mia zia è un po' troppo piccolina, ma ha due occhi verdi di prato. Quando sta ancora nella casa grande con mia nonna, la zia suona il pianoforte e insieme ai suoi fratelli ci prende sempre in giro*. «Vieni, ti suono qualcosa ... cosa ti piacerebbe?». Io annaspo in cerca di una risposta*, ma la mia mente si smarrisce*. «Non ... non so ... suonami *Giovinezza*». E tutti ridono come pazzi e cantano *Giovinezza*. [...] Comunque lei poi se ne va* in Francia e compra una villa a Mentone.

Francia ... Francia. Io non capisco bene, ma sento che a casa nostra la parola più importante è «Francia». Mio padre va per primo: solo per fare visita alla zia, dice. La trova insieme ai suoi nuovi amici, tutti allegri e scatenati [...]

Lia Levi, *Una bambina e basta*, © 1994 by Edizioni e/o, Roma

GLOSSARIO

ce ne accorgiamo: lo capiamo

ci prende in giro: ci fa scherzi, ride di noi

annaspo in cerca di una risposta: cerco una risposta con fatica e senza successo

si smarrisce: si perde

se ne va: va via

i. Completa la tabella con le espressioni nel testo che indicano possesso, come nell'esempio.

SINGOLARE	PLURALE
mia zia	

ii. Confronta la tabella con quella di un compagno/a. Guardando gli esempi, secondo voi come si forma il possessivo in italiano?

iii. Confrontate le vostre idee con tutta la classe.

Unità 3

2f Completa queste vignette con una delle espressioni nel riquadro, che ti diamo in disordine.

1. _____ figlio sta cambiando una lampadina. È meraviglioso quello che insegnano all'università, al giorno d'oggi ...

2. Devo assolutamente tornare in ufficio: è un'ora che _____ si stanno girando i pollici [*non stanno facendo niente*].

3. Ho dovuto girare un sacco di negozi per trovare _____ calzini ...

4. Scusa ma devo andare: devo pensare a _____ che ha un leggero raffreddore.

5. Ecco la prova che le disgrazie non vengono mai sole: mia moglie insieme con _____ !

6. Sono costretto a dare le dimissioni: il mio lavoro interferisce con _____ !

7. Sarò da te tra un minuto, Claudia: lasciami il tempo di rassettare [*mettere in ordine*] la camera di _____.

Per gentile concessione de "La Settimana Enigmistica" - Copyright riservato

| mio figlio | nostro | i miei collaboratori | mio marito |
| i tuoi | mia suocera | il mio tempo libero | |

3 Genitori e figli

3a
i. Cerca la parola 'rudere' sul dizionario: cosa significa?

ii. Ora leggi la seguente vignetta. Secondo te a chi si riferisce il ragazzo?

iii. Nella tua lingua e nel tuo Paese quali espressioni usano i giovani per riferirsi ai genitori?

Per gentile concessione de **La Settimana Enigmistica** - Copyright riservato

I ruderi? Stanno bene, grazie!

3b
i. E i genitori come vedono i figli?

ii. Leggi la vignetta. Poi lavora con un compagno/a e, insieme, spiegatela con le vostre parole.

Vedo che hai un adolescente in famiglia ...

La Settimana Enigmistica
Per gentile concessione de "La Settimana Enigmistica" - Copyright riservato

3c Prima di leggere una lettera a una rivista per adolescenti, svolgi la seguente attività.

i. Nella lettera, una ragazza parla della madre. Lavorando con un compagno/a, provate a descrivere il carattere della madre a partire dalle parole nel riquadro, che sono nel testo. Quali aggettivi usereste?

capo	rigida tabella di marcia	forza
agenzia di viaggi	spiare	leader
la vita di tutti	direttive	

3d Ora leggi la lettera e completala con i possessivi. Quando la riga è continua (_____), riempi lo spazio con uno dei possessivi che ti diamo in disordine nel riquadro. Quando la riga è tratteggiata (..............), decidi quale possessivo usare.

Chi è: Federica   Età: 15 anni

le sue	mia
le mie	sue
sua	la sua

"_____ madre è il capo al lavoro e lo è anche a casa. Durante il giorno fa la manager in un'agenzia di viaggi. Poi di sera organizza la vita di tutti secondo una rigida tabella di marcia*. Inclusa quella di .... padre, che è un fotografo e quindi un artista, poco incline a occuparsi di cose pratiche. Mi metto al computer per chattare con .... amici? Ecco che piomba come un falco* sulla .... spalla e spia _____ conversazioni [...]. Cerco di farle capire che preferirei sentirmi meno "braccata"*, ma discutere con lei è difficile perché non ama essere contraddetta. Se esprimo un'opinione diversa dalla _____ ascolta .... punto di vista, ma alla fine devo comunque comportarmi secondo _____ direttive. Ad esempio se stabilisce* che abbia usato il computer per troppo tempo mi tocca* spegnerlo, anche se sono immersa in una discussione con .... amiche, altrimenti sono guai: non se ne va finché lo schermo non è nero! Cerco di ribellarmi alle _____ regole così severe, come la rigidità delle pulizie settimanali, l'obbligo assoluto di sincerità e le uscite con le amiche centellinate*, ma ammetto che invidio _____ forza anche nei momenti critici, come una vera leader".

TOPGIRL febbraio 2009

GLOSSARIO

tabella di marcia: programma

piomba come un falco: arriva improvvisamente come un uccello rapace

braccata: inseguita

stabilisce: decide

mi tocca: devo

centellinate: dosate con molta moderazione, pochissime

3e Ora scrivi un'e-mail a una rivista per parlare di un tuo problema. Puoi usare le espressioni nel riquadro.

Ho un grande/piccolo problema con ...	I miei genitori non mi permettono di ...
Ho bisogno di aiuto	I miei genitori non mi capiscono
Non so cosa fare	A casa mi sento ...
Non capisco perché	Mio padre/mia madre è ...; I miei genitori sono ...
Voglio ...	
Il mio rapporto con ... è	Mio fratello/mia sorella ...
Io e ... abbiamo un rapporto ...	Sempre/non ... mai/ogni volta che/spesso/quando
Mio padre/mia madre non mi permette di	

Unità 3

4 Il mondo degli animali

4a Prima di leggere, svolgi le seguenti attività.

i. Lavora con un piccolo gruppo di compagni e rispondete alle seguenti domande. Potete usare le espressioni nel riquadro.

   a. Quali sono i vostri animali preferiti? E quali animali non vi piacciono?

   b. Avete animali? Quali?

   c. Come si chiamano, e quanti anni hanno?

   d. Com'è il loro carattere?

   e. Come sono fisicamente? (grandezza, colore, ecc.)

   f. Se non avete animali, perché non li avete?

   g. Dove vanno i vostri animali quando voi siete in vacanza?

   h. C'è uno zoo nella vostra città? Quali animali ci sono?

PER PARLARE DEI NOSTRI ANIMALI

Ho un cane che si chiama ... ; è un ...

Ha 4 anni

Il mio cane è simpatico, socievole, ecc.

È un cane piccolo, con il pelo bianco e nero ...

Non ho animali perché non mi piacciono/ la mia casa è piccola/ i miei genitori non vogliono, ecc.

Quando vado in vacanza il cane viene con me/va in una pensione per cani/ lo lascio a un amico/resta a casa con ..., ecc.

---

ii. Conoscete film e storie che hanno animali per protagonisti? Quali? E quali sono gli animali?

GLI ANIMALI

l'anatra	il criceto	il lupo	il pinguino	la zanzara
l'aquila	la farfalla	il maiale	il pony	la zebra
l'asino	la formica	la mosca	il ragno	
il bue	la gallina	la mucca	la scimmia	
il cammello	il gallo	il mulo	lo scimpanzé	
il canarino	il gatto	l'oca	il serpente	
il cane	la giraffa	l'orso	la tartaruga	
la capra	l'ippopotamo	il pappagallo	il topo	
il cavallo	il leone	la pecora	l'uccello	
il coniglio	la lumaca	il pesce	la volpe	

iii. Lavora con un compagno/a. Create delle famiglie di animali con gli animali della lista. Non dovete usare tutti gli animali, ma dovete spiegare perché mettete degli animali nella stessa famiglia.

iv. Lavora con un compagno/a e rispondete alle seguenti domande.

   a. Conoscete le razze di cane nel riquadro? Se necessario, consultate il dizionario.

   b. Com'è il loro carattere?

   c. Qual è la vostra razza preferita tra queste e perché?

   d. Conoscete dei film che hanno per protagonisti questi cani?

pastore tedesco	setter inglese	dalmata	San Bernardo
bassotto tedesco	boxer	collie	labrador retriever

v. Quali degli aggettivi nel riquadro pensi di trovare in un testo che descrive la personalità dei cani?

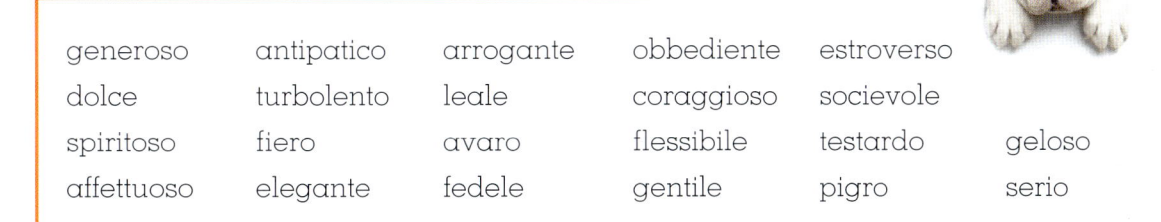

generoso	antipatico	arrogante	obbediente	estroverso	
dolce	turbolento	leale	coraggioso	socievole	
spiritoso	fiero	avaro	flessibile	testardo	geloso
affettuoso	elegante	fedele	gentile	pigro	serio

4b Ora leggi il breve profilo di alcune di queste razze: bassotto tedesco, pastore tedesco, setter inglese e labrador retriever. A quale cane si riferiscono? Scrivi il nome nello spazio.

1. _____

Di carattere dolcissimo e affettuoso, ama la compagnia e la vita famigliare. L'importante è che abbia a disposizione dello spazio (è pur sempre di grossa taglia) e che riceva la giusta educazione: da cucciolo è turbolento. [...]

RISPETTO DELLA CASA ■ ■
RAPPORTO CON I BAMBINI ■ ■ ■
ADDESTRAMENTO ■ ■

2. _____

L'aspetto fiero ed elegante nasconde un cuore tenero e infatti il _____, leale e fedele, è l'ideale per la vita di famiglia. Meglio però se la famiglia in questione è sportiva: ha infatti bisogno di correre e fare molto esercizio, perciò, se chi lo sceglie abita in città, [...] lo deve portare al parco tutti i giorni, dove comunque va d'accordo con gli altri animali. Obbediente e coraggioso, è molto indicato anche come animale da guardia.

RISPETTO DELLA CASA ■ ■
RAPPORTO CON I BAMBINI ■ ■
ADDESTRAMENTO ■ ■ ■

3. _____

Come il Golden è un ottimo cane da lavoro e da compagnia ed è infatti uno dei più diffusi nelle famiglie. Ha bisogno di tanto esercizio e non va mai lasciato solo: potrebbe diventare distruttivo. Non è il cane più pulito del mondo [...]. Però è gentile con tutti [...]

RISPETTO DELLA CASA ■
RAPPORTO CON I BAMBINI ■ ■ ■ ■
ADDESTRAMENTO ■ ■ ■

4. _____

È socievole e di grande compagnia, ma solitamente lo si definisce anche "di grande personalità", per far capire che è un po' testardo e geloso. Ama essere coccolato e viziato ed è più adatto agli adulti che ai bambini piccoli [...]. Non ha bisogno di grande esercizio fisico ma di un paio di passeggiatine al giorno, il che lo rende adatto alla vita di città.

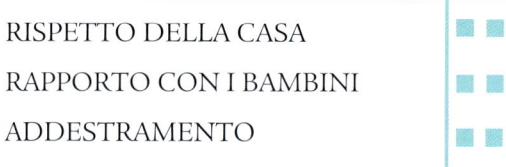

RISPETTO DELLA CASA ■ ■
RAPPORTO CON I BAMBINI ■ ■
ADDESTRAMENTO ■ ■

IL VENERDÌ di Repubblica — 27 marzo 2009

4c Ora svolgi una delle seguenti attività, a tua scelta.

  i. Scrivi un breve profilo di un tuo animale.

  ii. Cerca informazioni su un'altra delle razze nell'attività 4a. iv. e scrivi un suo breve profilo.

4d Lavora con un compagno/a. Prima di leggere l'articolo, svolgete le seguenti attività.

  i. Ricordi il significato del verbo "coccolare"? Se non lo ricordi, torna al testo 4b.iv, oppure cercalo sul dizionario.

  ii. L'articolo si intitola *Ora nei bar di Tokyo con il tè portano il gatto (da coccolare)*. Lavora con un compagno/a: quali parole vi aspettate di trovare nel testo?

4e Ora leggi l'articolo e svolgi le attività che lo accompagnano.

  i. I paragrafi dell'articolo sono in disordine: rimettili in ordine scrivendo il numero nella casella, come nell'esempio.

Ora nei bar di Tokyo con il tè portano il gatto (da coccolare)

Dilagano, in Giappone, i Cat Café dove i clienti, insieme alla consumazione, ricevono un animale a noleggio: per cinque euro l'ora.

di Micol Passariello

[1] [...] L'ultima mania nipponica: la nascita dei cosiddetti Cat Café, ovvero locali dove l'avventore beve qualcosa e, intanto, noleggia un gatto. Un modo per andare incontro ai desideri* di chi vorrebbe accudire un piccolo animale domestico, ma non ha lo spazio per ospitarlo in casa.

☐ Nei Cat Café oggi entrano in media cento clienti al giorno. La tariffa è di poco più di cinque euro l'ora per giocare con un gatto. Più, naturalmente, il costo della consumazione.

☐ Fukui ha aperto così il Cat Café Calico, un bar atipico, in cui quindici gatti [...] accolgono i clienti con le loro fusa*. Al bar o ai tavolini si può sorseggiare una tazza di tè e, al tempo stesso, giocare con gli animali che [...] sono tranquilli, sani e si lasciano coccolare.

☐ L'idea è venuta a Takafumi Fukui, giovane amante dei felini, che ha lasciato il suo impiego in una società di giochi televisivi per unire l'utile al dilettevole: trovarsi una nuova attività e assecondare finalmente la sua grande passione.

☐ Funziona così: dopo essersi lavati le mani, ci si accomoda al bar, si ordina da bere e un gatto per il tempo che si desidera. E altri caffè stanno ora sperimentando l'iniziativa: uno dei più famosi è il Ja La Café nel quartiere di Akihabara.

IL VENERDÌ di Repubblica — 27 marzo 2009

GLOSSARIO

andare incontro ai desideri: soddisfare i desideri

le fusa: il suono caratteristico del gatto quando è coccolato e contento

ii. Ora guarda le parole sottolineate nel testo e associa la parola nella colonna di sinistra al suo significato nella colonna di destra, come nell'esempio.

1. nipponica   a. cliente
2. avventore   b. accontentare, soddisfare
3. intanto   c. giapponese
4. accolgono   d. gatti
5. sorseggiare   e. allo stesso tempo
6. felini   f. ricevono
7. impiego   g. bere lentamente
8. assecondare   h. lavoro

1. _____; 2. _____; 3. _____; 4. _____; 5. _____;
6. ___d___; 7. _____; 8. _____.

iii. Svolgi una delle seguenti attività, a tua scelta:

a. Con un gruppo di compagni, assegnatevi un ruolo (barista/cameriere, clienti, gatto) e drammatizzate il contenuto dell'articolo scrivendo anche il dialogo. Poi rappresentatelo davanti alla classe.

b. Lavora con un compagno/a. Rappresentate il contenuto dell'articolo con una sequenza di disegni, che poi un altro gruppo di compagni dovrà descrivere.

c. Immagina di aprire un locale atipico come il Cat Café e indica:
- come si chiama
- dov'è
- quale servizio particolare offre
- cosa si fa
- quanto costa

d. Cerca informazioni sul Cat Café su Internet: quali informazioni puoi aggiungere all'articolo?

e. Scrivi la "carta d'identità" del Cat Café.

CAT CAFÉ					
DOVE	INVENTORE	SERVIZIO	PERCHÉ	CLIENTI	COSTI

Unità 3

4f Secondo te che cosa è un gattaro/una gattara? Scegli il significato giusto.

☐ Una persona allergica ai gatti

☐ Una persona che ha gatti in casa

☐ Una persona che dà da mangiare ai gatti randagi per la strada

☐ Una persona che ha una pensione per gatti

4g Ora leggi un breve brano e completalo con le parole che secondo te mancano. Alla fine, confrontati con un compagno.

Il signor Rosso _____ un unico passatempo di tipo sociale: _____ un gattaro. Usa la _____ cospicua eredità e la generosa pensione da invalido civile _____ sfamare i gatti randagi _____ quartiere con scatole di Whiskas che _____ al discount vicino casa.

Laila Wadia, Amiche per la pelle, © 2007 by Edizioni e/o, Roma

4h Prima di leggere, svolgi le seguenti attività.

i. Guarda questa immagine presa dal film *Madagascar* e la sua descrizione e associa i personaggi nella descrizione a quelli nel disegno.

ii. Secondo te perché gli animali lasciano lo zoo per andare in Africa? Come immagini la loro vita in uno zoo? Cosa fanno in Africa?

Protagonisti a 4 zampe

I protagonisti del cartoon "Madagascar": Marty (zebra), Alex (leone), Gloria (ippopotamo) e Melman (giraffa). Il film racconta il loro viaggio dallo zoo di New York all'Africa.

FOCUS febbraio 2009

4i Leggi l'articolo e svolgi le attività.

i. Completa il testo con le parole nel riquadro.

| natura | nave | isola |
| selvaggia | zoo | aria |

www.romasette.it

«Madagascar», cartoon dinamico e ben riuscito

Una zebra, un leone, una giraffa e un ippopotamo. Sono i protagonisti di *Madagascar*, il nuovo film d'animazione della Dreamworks di Massimo Giraldi

Un cartone animato "vecchio stile", con gli animali che parlano. [...] Si tratta di «Madagascar». Ecco la zebra Marty che, desiderosa di lasciare lo _____ di New York per andare a conoscere la _____ selvaggia, coinvolge Alex il leone, Melman la giraffa e Gloria l'ippopotamo a intraprendere un viaggio verso un mondo mai visto. I quattro si ritrovano così sull' _____ di Madagascar. Costretto a inventarsi un modo per sopravvivere, il gruppetto incontra i nativi, fa amicizia con loro, ma dopo molte disavventure, decide di riprendere la _____ e tornare a New York. Non sanno che il carburante è finito e che dovranno restare lì per sempre. [...] Gli animali parlanti (inventati dalla Disney) risultano tutti simpatici e ben motivati. In maniera semplice, ma sostanziale, è condotto il tema portante* dell'incontro/scontro tra la "civiltà" della metropoli* con le sue giuste attrattive e la "inciviltà" dell'isola _____, della vita all' _____ aperta. [...]

ROMASETTE.it 11 settembre 2005
L'informazione on-line della Diocesi di Roma

GLOSSARIO

il tema portante: il tema centrale, più importante

la metropoli: la grande città

ii. Indica se queste affermazioni sono vere o false.

	Vero	Falso
a. Il leone organizza il viaggio	☐	☐
b. Gli animali conoscono l'Africa prima di partire	☐	☐
c. A un certo punto decidono di tornare a New York	☐	☐
d. Incontrano la gente del posto	☐	☐

41 Il film ha avuto un seguito, *Madagascar 2 – Via dall'isola*. Lavorate in gruppi e leggete uno dei seguenti testi. Poi, svolgete le attività.

TESTO A e B

i. Nel testo che avete letto, trovate tutte le parole che si riferiscono al tema "viaggio". Poi condividete le vostre parole con quelle degli altri gruppi.

TESTO A

i. Create una sequenza di eventi lungo questa linea temporale

ii. Provate a rispondere alla domanda che conclude il testo.

TESTO B

i. Completate il testo riempiendo ogni spazio con una delle seguenti preposizioni, semplici e articolate: *in, in, a, dei, nelle, con, di, dello*.

ii. Quali parole associate alle seguenti categorie? Usate le parole che conoscete, e consultate il dizionario per quelle che non conoscete.

LA GIUNGLA DI CEMENTO (LA METROPOLI)	IL CUORE DELL'AFRICA (LA NATURA SELVAGGIA)

www.mymovies.it

TESTO A

Nel tanto atteso sequel di "Madagascar" [...] ritroviamo Alex (Ben Stiller), Marty (Chris Rock), Melman (David Schwimmer), Gloria (Jada Pinkett Smith), Re Julien (Sacha Baron Cohen), Maurice (Cedric The Entertainer), i pinguini (Tom McGrath, Christopher Knights, Chris Miller) e lo scimpanzè (Conrad Vernon) alla deriva nelle remote spiagge del Madagascar. Per risolvere l'annoso* problema, i quattro newyorkesi architettano un piano talmente folle da rischiare di potere funzionare. Con precisione militare, i pinguini riparano - o, almeno, tentano di riparare - un vecchio aereo fracassato*. Una volta decollato, l'aereo su cui viaggia lo stravagante equipaggio della "Air Penguin" resta in volo giusto il tempo necessario per raggiungere uno dei luoghi più selvaggi della Terra*: le vaste pianure africane. Qui, i membri dell'improbabile ciurma*, tutti cresciuti nello zoo di New York, s'imbattono* per la prima volta in alcuni esemplari della loro specie. L'Africa sembra un posto straordinario…ma siamo sicuri che sia meglio della vecchia casa in Central Park? [...]

Per gentile concessione di NBC Universal — MYmovies.it

GLOSSARIO - I verbi sono dati all'infinito

annoso: antico, vecchio
fracassato: rotto, in cattivo stato
la Terra: il nostro pianeta
ciurma: equipaggio
imbattersi: incontrano

www.tiscali.it

TESTO B

Gli animali di Madagascar sono tornati

Erano scappati dallo zoo di Central Park per arrivare _____ Madagascar, ora devono lasciare l'isola e cercare di tornare _____ New York. Ritornano tutti i simpatici personaggi _____ Madagascar, cartoon di successo del 2005. _____ Madagascar 2 - Via dall'isola Alex il leone, Marty la zebra, Melman la giraffa e Gloria l'ippopotamo si affideranno al progetto _____ pinguini per abbandonare l'Africa. L'aereo per tornare a casa - I pinguini, _____ la loro precisione militare, hanno riparato un vecchio aereo guasto e convincono i quattro simpatici protagonisti _____ zoo a partire con loro. Il viaggio però ha durata breve e così Alex, Marty, Melman e Gloria si ritrovano _____ pianure dell'Africa. Qui riscoprono le loro radici e realizzano le differenze fra la giungla di cemento e il cuore dell'Africa. [...]

tiscali: 26 giugno 2008

Unità 3

A che punto sono?

In questa unità

mi è piaciuto …   non mi è piaciuto …

Dopo questa unità …

So …

descrivere la mia famiglia in generale ○○

dare informazioni su ogni membro della mia famiglia ○○

parlare del mio rapporto con i miei familiari ○○

scrivere una breve e-mail per parlare di un problema ○○

parlare dei miei animali ○○

parlare degli animali in genere (quali mi piacciono, dove li vedo, ecc.) ○○

esprimere il possesso con le cose ○○

esprimere il possesso con i membri della famiglia ○○

Conosco …

le caratteristiche della famiglia italiana ○○

Per migliorare posso … ○

Per migliorare posso … ○

Amicizia e amore

Unità 4

In questa unità ...

- parlerai dei tuoi amici
- amplierai il lessico relativo all'amicizia e all'amore
- racconterai eventi passati
- farai il resoconto di una giornata particolare
- darai istruzioni
- darai consigli

- ripasserai e amplierai la formazione e l'uso del passato prossimo
- imparerai l'imperativo affermativo con il "tu"
- imparerai l'imperativo negativo con il "tu"
- imparerai a usare l'aggettivo indefinito *qualche*
- imparerai a riconoscere e usare alcuni suffissi per formare parole

1 In cerca dell'anima gemella: lo speed dating

1a Prima di leggere un articolo sullo *speed dating*, svolgi le seguenti attività.

i. Cosa è lo *speed dating*? Lavora con un compagno/a e rispondete considerando le seguenti categorie:

CHI   DOVE   PERCHÉ

ii. Quali verbi ti aspetti di trovare in un testo sullo *speed dating*? Scrivili nel riquadro.

incontrare

iii. Come funziona lo *speed dating*? Metti in ordine questa sequenza, scrivendo il numero giusto nella casella accanto a ogni frase.

- a. I partecipanti arrivano al locale — 1
- b. I partecipanti indicano se l'incontro è positivo o negativo — ☐
- c. Un uomo e una donna si siedono uno di fronte all'altra — ☐
- d. I partecipanti ricevono un numero e una scheda — ☐
- e. Se l'incontro è positivo per due persone, ricevono il numero di cellulare dell'altro — ☐
- f. Parlano per 200 secondi — ☐
- g. Un suono indica che l'uomo deve cambiare posto — ☐
- h. Gi organizzatori incrociano i dati alla fine della serata — ☐

1 b Leggi l'articolo sullo *speed dating*. Controlla le tue risposte alle domande 1a.i, ii e iii e svolgi le attività che seguono il testo.

È un modo di incontrare nuove persone che deriva dall'idea avuta nel 1999 da un rabbino* di Los Angeles (Usa), che voleva far socializzare uomini e donne della sua sinagoga*. Diffusosi in Europa, oggi lo *speed dating* (letteralmente, appuntamento veloce) si concretizza sotto forma di evento organizzato presso un locale pubblico (bar o discoteca). A ogni partecipante viene richiesta una prenotazione e il pagamento di una quota. All'arrivo al locale, a ciascun partecipante vengono assegnati un numero identificativo, una "scheda di godimento" e un buono del locale per la consumazione. Uomini e donne siedono, in una lunga serie di tavolini da due, l'uno di fronte l'altra, per parlare, scambiarsi battute, cogliere la prima impressione. Ma per fare conoscenza hanno un tempo molto limitato: 200 secondi. Allo scadere del tempo, un suono indica che tutti gli uomini devono cambiare posto, spostandosi al tavolo a fianco. Le donne invece restano al loro posto, e un nuovo incontro ha inizio.

Votazioni. Dopo ogni "faccia a faccia", i partecipanti devono segnare sulla scheda di gradimento un Sì o un No in corrispondenza del numero identificativo della persona appena incontrata, segnalando così la loro disponibilità a incontrarla di nuovo. Al termine della serata, gli organizzatori raccolgono le schede e incrociano i dati di gradimento dei partecipanti. Se l'incontro è stato positivo per entrambi, alle persone "abbinate" viene inviato un messaggio (e-mail o sms) con nome e numero di cellulare dell'altro.

Focus Extra D&R n. 41

GLOSSARIO

rabbino: ministro del culto della religione ebraica
sinagoga: edificio destinato al culto della religione ebraica

i. Scegli tra le seguenti due attività.

1. Riempi la griglia con le informazioni rilevanti.

Cosa è	
Chi l'ha inventato	
Perché	
Dove ha luogo	
Cosa si riceve quando si arriva	
Chi partecipa	
Quanto tempo hanno	
Cosa devono fare dopo ogni contatto	
Quali informazioni personali ricevo sulla persona che mi piace	

2. Rispondi alle seguenti domande sull'articolo che hai letto, usando le tue parole il più possibile.

   a. Come è nato lo *speed dating*? _____

   b. Cosa si deve fare per partecipare? _____

   c. Cosa fanno uomini e donne alla fine dei 200 secondi? _____

   d. Che ruolo hanno gli organizzatori alla fine della serata? _____

ii. Nel testo, trova i nomi che derivano da questi verbi:

   prenotare _____   consumare _____

   pagare _____   conoscere _____

   arrivare _____   suonare _____

   gradire _____   incontrare _____

iii. Nell'esercizio a. i suffissi usati per formare i nomi sono –zione, -enza, -o, -mento. Ora forma altri nomi a partire da questi verbi: quale suffisso usi in ciascun caso?

   Abbinare _____

   Contattare _____

   Innamorarsi _____

   Informare _____

   Inviare _____

   Invitare _____

   Scadere _____

   Socializzare _____

> **I SUFFISSI**
>
> I suffissi sono elementi che non hanno un loro significato. Se li mettiamo dopo la radice di una parola, formiamo un'altra parola.
>
> Esempio:
>
> Se al verbo *cambiare* aggiungiamo il suffisso *–mento*, otteniamo il nome *cambiamento*.

1c Ora leggi un altro breve brano sullo *speed dating* in Italia e svolgi le attività.

i. Quali sono le differenze tra questo e l'articolo precedente?

Oggi, per partecipare a uno speed date in Italia bisogna* prenotare sul sito con un mese di anticipo. «Affittiamo un locale e lo riserviamo a 25 uomini e 25 donne: se alla fine della serata è scattata qualche scintilla reciproca, allora forniamo agli interessati i rispettivi indirizzi email. Da noi non passano cellulari, indirizzi di casa o altre informazioni: possono essere comunicate solo direttamente da chi partecipa agli incontri» spiega Gambardella*. Funzionano? «Difficile dirlo. Ma vista la partecipazione, pensiamo di essere apprezzati. E se c'è il passaparola*...»

Focus Extra, agosto 2008

da Focus Extra

GLOSSARIO

bisogna: si deve, è necessario

Giuseppe Gambardella: è il fondatore dello *speed date* italiano.

passaparola: comunicazione spontanea tra persone su un'informazione utile o sulla buona qualità di qualcosa

---

L'AGGETTIVO INDEFINITO "QUALCHE"

L'aggettivo indefinito *qualche* è sempre seguito da un nome singolare, ma il significato è plurale.

Esempio:

Vediamo qualche esempio: vediamo alcuni esempi, un po' di esempi (più di uno, ma non sappiamo esattamente quanti)

Ho conosciuto qualche ragazza interessante: ho conosciuto alcune ragazze interessanti, un po' di ragazze interessanti (più di una, ma non so esattamente quante)

Ora crea i tuoi esempi!

---

ii. Cerca sul dizionario il significato delle parole *scattare* e *scintilla*. Secondo te cosa significa l'espressione "se alla fine della serata è scattata qualche scintilla reciproca"? Scegli la risposta corretta.

Se alla fine della serata ...

☐ Le persone sono stanche e vanno a dormire

☐ È nato l'amore tra due persone

☐ C'è un incendio nel locale

2 L'amore al tempo della chat

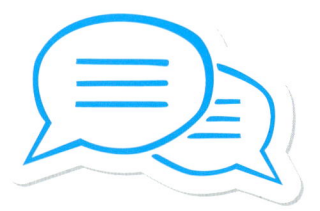

2a Prima di leggere l'articolo, svolgi le seguenti attività.

i. Lavora con un compagno/a. Leggete il titolo dell'articolo e guardate la fotografia che lo accompagna: secondo voi di cosa parla? Scrivete le vostre idee su un foglio.

ii. Associa i seguenti verbi e nomi che sono nell'articolo, come nell'esempio:

1. condividere
2. incontrarsi
3. inserire
4. inventare
5. mettere in contatto
6. completare
7. contattare
8. offrire
9. prendere

a. una foto personale
b. servizi a pagamento
c. persone sconosciute
d. in chat
e. un nickname
f. una sbandata
g. interessi
h. l'iscrizione on line
i. profili compatibili

1. ___ 2. ___ 3. ___ 4. ___ 5. ___ 6. ___ 7. ___ 8. ___ 9. _f_

iii. Nell'articolo troverai le espressioni nel riquadro. Lavora con lo stesso compagno con cui hai lavorato nell'attività 2a.i. Potete fare altre ipotesi e aggiungere altre idee?

spazio in rete	vetrina on line	nuovi amici
incontro sentimentale	agenzia di dating on line	scheda d'iscrizione
informazione personale	incontrare persone nuove	fantasticare

2b Ora leggi l'articolo e svolgi le attività.

i. Leggi l'articolo rapidamente una prima volta. Mancano i titoli dei paragrafi: mettili al posto giusto, scrivendo i numeri nelle caselle.

   1. COSA TROVI   2. COSA RISCHI   3. COME FUNZIONA

ii. Leggi l'articolo una seconda volta più lentamente e controlla le tue risposte nell'attività 2b.i.

iii. Nell'articolo ci sono alcune parole inglesi. Qualche volta queste parole hanno anche un equivalente italiano. Associa la parola inglese nella colonna di sinistra al suo equivalente italiano nella colonna di destra. È importante vedere le parole nel loro contesto.

1. database
2. nickname
3. chance
4. meeting
5. mail
6. monitor

a. incontri
b. banca dati
c. schermo
d. soprannome
e. opportunità
f. messaggi di posta elettronica

CERCHI L'AMORE? ACCENDI IL PC!

Si chiamano social network e sono il nuovo fenomeno mondiale: si tratta di piattaforme virtuali che mettono a disposizione uno spazio per dire chi sei e cosa ami, insomma, una sorta di vetrina online che ti permette di essere contattata da nuovi amici che condividono i tuoi interessi. L'obiettivo non è necessariamente un incontro sentimentale anche se sono sempre di più le coppie che si sono incontrate in chat.

☐ Ogni agenzia di dating on line (così si definiscono in gergo i siti specializzati in affari di cuore) propone un'approfondita scheda d'iscrizione, nella quale bisogna specificare qualsiasi informazione personale rilevante [...]. Spesso, per attirare più corteggiatori, accanto al proprio profilo si inserisce anche una foto personale e si inventano i nickname più accattivanti. I dati inseriti indirizzano il database che metterà in contatto profili compatibili [...]

☐ **Più chance:** Iscrivendoti ad uno dei siti di meeting hai molte più occasioni che nella vita reale di incontrare persone nuove, infatti basta completare l'iscrizione on line perché tu venga sommersa da numerose mail di potenziali corteggiatori il più vicino possibile alle tue aspettative. [...]
Niente complicazioni: uno dei vantaggi di internet è sicuramente quello di poter contattare persone sconosciute in tutta sicurezza dal divano di casa tua, decidendo in piena libertà con chi approfondire la conoscenza [...]
Massima sicurezza: se scegli uno dei portali più noti o uno di quelli che offrono servizi a pagamento, avrai la tranquillità di contare su un customer care (servizio clienti) che vigila* sui contenuti dei messaggi, censurando* volgarità [...]

☐ **Che ti raccontino bugie:** l'anonimato della rete permette agli utenti di mentire*. [...] Tieni gli occhi aperti e segnala subito abusi e utenti ambigui!
Di rimanere delusa: protetti dal filtro dello schermo, è più facile abbassare le difese* e fantasticare su chi c'è dall'altra parte del monitor. Risultato: rischi di prenderti una sbandata* per un tipo che nella realtà è molto diverso da come appariva in chat!
Di incontrare persone troppo insistenti: il rischio è minimo perché all'inizio nessuno dei due conosce i contatti personali dell'altro. Se però vieni bombardata da mail o messaggi privati avverti* subito il customer care.

da Ragazza Moderna

febbraio 2009

GLOSSARIO – I verbi sono dati all'infinito

vigilare: controllare

censurare: eliminare (quello che va contro la pubblica morale)

mentire: dire, raccontare bugie

abbassare le difese: mostrarsi per quello che si è

prendere una sbandata: innamorarsi in modo forte e improvviso

avvertire: informare

iv. Lavora con un compagno/a. Rileggete l'articolo e trovate gli aspetti positivi e negativi degli incontri in chat.

ASPETTI POSITIVI	ASPETTI NEGATIVI

v. Secondo voi ci sono altri aspetti positivi e negativi? Discutete in piccoli gruppi e scrivete le vostre idee nella tabella dell'attività iv.

3 L'amicizia

3a Per entrare nel tema, svolgi le seguenti attività.

i. Con un gruppo di compagni, rispondete alle seguenti domande.

- Chi è il vostro migliore amico/a?

- Da quanto tempo lo/la conoscete?

- Dove vi siete conosciuti?

- Descrivete il suo aspetto fisico e la sua personalità

- Quali sono le sue qualità e i suoi difetti?

ii. Quali delle parole nel riquadro associ all'amicizia? Se non le conosci, chiedi il loro significato a un compagno o all'insegnante, o consulta il dizionario.

allegria	lavoro	divertimento	complicità	disponibilità
fedeltà	intimità	umorismo	solidarietà	comprensione
giovinezza	gentilezza	dipendenza	egoismo	entusiasmo
onestà	compagnia			

iii. Com'è un vero amico/una vera amica per te?

Il vero amico/la vera amica è la persona che ....

3b Leggi il seguente testo sulla giornata di un gruppo di ragazzi durante una vacanza in Grecia e svolgi le attività.

i. Completa il testo con le parole che mancano, che ti diamo in disordine nel riquadro.

| formaggio | mare | persona | spiaggia | libro |
| leggere | paese | ballare | tre | musica |

Quando ha cominciato a fare molto caldo abbiamo deciso di andare al _____. La spiaggia più bella era a due o tre chilometri dal paese, così il gruppo si *è avviato** a piedi per una strada sterrata, io sono andato avanti e indietro con la moto portando una _____ alla volta. [...]

Verso le due abbiamo mangiato pane e _____ di capra che ci eravamo portati dal paese, pomodori sciacquati* in mare. Willie *si è arrampicato* tra le rocce dietro la _____ ed è tornato con il suo berretto da baseball pieno di fichi [...]

Guido *si è messo* a leggere ad alta voce da un _____ inglese sulla fine degli Incas. Quando è arrivato alla descrizione di un massacro organizzato da Pizarro alle porte di Cuzco ha cominciato a interrompersi per la rabbia ogni poche frasi [...]

[...] Nick e Theo sono andati a tirare sassi piatti in mare [...]. Siamo rimasti a parlare e sentir _____ e tuffarci in acqua finché il sole non ha cominciato a scendere e l'aria a rinfrescarsi; ho ripreso la mia staffetta* in moto e riportato tutti al _____, due per volta adesso.

La sera abbiamo cenato insieme come la sera prima, poi siamo andati a _____ in un posto [...] dove suonavano a volume più alto la stessa _____ orientale che usciva da ogni bar e ristorantino di Mythimna [...]

Quando siamo risaliti al paese erano le _____ passate e facevamo fatica* a reggerci in piedi*; *ci siamo salutati* senza quasi più forze.

Andrea De Carlo, *Due di due*, © Arnoldo Mondadori Editore S.p.A., Milano

GLOSSARIO – I verbi sono dati all'infinito

avviarsi: andare in una certa direzione, dirigersi

sciacquare: lavare

staffetta: nello sport è una gara di corsa in cui la lunghezza totale della corsa è divisa in diversi tratti.

fare fatica: avere difficoltà

reggersi in piedi: stare in piedi

ii. Ascolta il testo e controlla le tue risposte.

iii. Lavora con un compagno/a e svolgete le attività.

- Il brano è scritto nel passato. Trovate tutti i verbi al *passato prossimo*, il tempo che si usa per esprimere azioni concluse nel passato, e indicate qual è l'infinito come nell'esempio: *abbiamo deciso/decidere; si è avviato/avviarsi*, ecc.

- Discutete come si forma il passato prossimo

- Quali verbi formano il passato prossimo in modo regolare, quali in modo irregolare.

- A che tipi di espressioni di tempo si accompagna?

- Che tipo di verbi sono i verbi in corsivo nel testo? Come formano il passato prossimo?

iv. Fai il resoconto di una giornata che hai passato con un gruppo di amici:

- Dove siete andati?
- Quando?
- Cosa avete fatto?
- Cosa avete mangiato e bevuto?
- Come avete finito la giornata?

v. Scrivi la cronaca di una tua giornata. Per esempio puoi scrivere:

- La tua giornata di ieri, dalla mattina alla sera
- Il tuo ultimo compleanno
- Una festa a cui sei andato/a
- Altro (specifica) _____

vi. Lavora con un compagno/a. Nel brano, trovate le parole che si riferiscono all'ambientazione della giornata del gruppo di ragazzi (es. *mare*). Poi, dividete queste parole in categorie secondo criteri decisi da voi. Le parole nella stessa categoria devono avere qualcosa di specifico in comune (es. parole maschili, parole femminili, ecc.)

3c Prima di leggere un articolo su Habbo svolgi le attività.

i. Sai cosa è Habbo? Esiste nel tuo Paese?

ii. Dove possiamo incontrare nuovi amici? Fa' una lista di posti. Poi condividi le tue idee con la classe.

iii. Quali degli aggettivi nel riquadro associ a un sito per incontrare nuovi amici?

lento	complicato	divertente	sicuro	gratuito
giovane	allegro	interessante	colorato	privato

3d Leggi *Incontra nuovi amici su Habbo!* e svolgi le attività.

www.gingergeneration.it

Incontra nuovi amici su Habbo!

Migliaia di teenager da tutta Italia vogliono conoscerti!

di Camilla Comi

Giovane, divertente, sicuro e coloratissimo: Habbo è lo spazio teenager più amato nel mondo!

Entrare in Habbo è semplice e gratuito. *Vai* su www.habbo.it e *clicca* su 'Registrati!'. *Crea* il tuo personaggio Habbo, *vestilo* come preferisci e *dagli* un nome che ti piace.

Terminata la registrazione, potrai accedere ad Habbo Hotel, un hotel virtuale dotato di ogni comfort. *Scegli* una delle coloratissime stanze già arredate che lo Staff ha messo a tua disposizione o creane una nuova e personalizzala come vuoi: ci sono mobili e accessori di ogni tipo! *Visita* le Aree Pubbliche dell'Hotel: ci sono parchi, piscine, discoteche, ristoranti e salotti dove puoi divertirti, fare nuove conoscenze e tutte le consumazioni gratuite che desideri.

Vuoi rimanere in contatto con i tuoi nuovi amici? *Usa* l'Habbo Console! Ogni Habbo ne ha una. Si tratta di un dispositivo virtuale per messaggiare in Hotel e vedere dove si trovano i tuoi amici. Grazie all'Habbo Console potrai contattare in ogni momento i tuoi nuovi amici in tutta sicurezza.

In Habbo, c'è sempre qualcosa di divertente da fare! Nell'homepage potrai consultare la lista degli eventi organizzati dagli altri utenti e le news per essere sempre aggiornata sui giochi e le competizioni organizzate dallo Staff e sulle visite VIP [...] Sei ancora lì? Dai subito inizio alla tua nuova vita in Habbo!

ginger generation 24 aprile 2008

i. Nel testo ci sono alcune parole inglesi. Trova le parole che hanno i seguenti significati in italiano:

a. adolescenti _____

b. albergo _____

c. comodità _____

d. notizie _____

e. personale _____

ii. Crea il tuo personaggio Habbo. Descrivilo nei dettagli dando informazioni sulla sua identità, età e data di nascita, nazionalità e residenza, aspetto fisico e personalità, cosa fa, ecc.

iii. Cerca un personaggio Habbo compatibile con il tuo. Prepara una serie di domande per scoprire se una persona è compatibile come amico/a del tuo personaggio immaginario Poi, gira per la classe cercando amici compatibili.

iv. Nel testo ci sono dei verbi in corsivo. Secondo te per cosa si usano in questo caso? Scegli la risposta corretta.

☐ Per dare consigli

☐ Per dare ordini

☐ Per dare istruzioni

v. I verbi in corsivo sono all'**imperativo** (con il "tu"), che si usa per dare consigli, ordini e istruzioni. Completa la tabella.

VERBO NEL TESTO	INFINITO
incontra	incontrare
vai	andare
clicca	
crea	
vesti	
dà	dare
scegli	
visita	
usa	

vi. Ora che hai completato la tabella, confrontati con un compagno. Come si forma l'imperativo con il "tu"?

vii. Ora lavora con un gruppo di compagni. Scegliete qualcosa su cui sapete dare istruzioni e scrivete insieme queste istruzioni per un vostro amico. Per esempio, potete dare istruzioni per andare in un posto, giocare a un gioco che conoscete, iscriversi a un'associazione, club, social network, ecc.

L'IMPERATIVO CON IL "TU" DI ALCUNI VERBI IRREGOLARI

Andare	vai/va'
Avere	abbi
Dare	dai/da'
Dire	di'
Essere	sii
Fare	fai/fa'
Stare	stai/sta'
Uscire	esci
Venire	vieni

3e Leggi questo decalogo dell'amicizia e svolgi le attività.

i. In queste regole dell'amicizia mancano i verbi all'imperativo, che ti diamo in disordine: rimettili in ordine!

Piangi   Sii   Fa'   Aiuta   Sii

1. _____ felice dei successi di un amico
2. _____ gli amici nel momento del bisogno
3. Non ferire i suoi sentimenti
4. _____ tranquillamente sulla sua spalla
5. _____ generoso e disponibile
6. Non essere invidioso
7. Non tradire la sua fiducia
8. Fa' sempre uno sforzo per capirlo
9. _____
10. _____

ii. Alcune regole sono scritte nell'imperativo negativo (con il "tu"). Come si forma?

iii. Il decalogo non è completo: lavora con un compagno/a e aggiungete due regole, una affermativa e una negativa. Poi, condividete le vostre idee con la classe.

iv. Scrivi un decalogo per una delle seguenti categorie, a scelta:

- il buon figlio/la buona figlia
- il buon padre/la buona madre
- il padrone di un cane
- lo studente/la studentessa
- un'altra categoria (specifica) _____

3f Lavorate in piccoli gruppi. Leggete le seguenti lettere a una rivista e rispondete con i vostri consigli.

> Il rapporto con mia mamma è assurdo. Siamo simili e allo stesso tempo diversissime. Ci scontriamo sempre. Lei ha una mentalità chiusa, bigotta, antica, pur essendo* ancora giovane. Il mio ragazzo per lei è "l'amichetto". [...] Mia mamma è testarda, forte, non ha bisogno di nessuno, va contro tutto e tutti, è un muro contro cui sbatto ogni giorno. Io sono l'opposto, fragile, sensibile, bisognosa di confrontarmi e parlare sempre con qualcuno, e sognatrice, forse troppo.
>
> **TOPGIRL** febbraio 2009

GLOSSARIO

pur essendo: anche se è

Io e mia madre abbiamo un rapporto normale. Anche se alcune volte è assente, pensa solo al lavoro, no ha mai tempo per parlare con me dei miei problemi, delle "cottarelle" che mi prendo* ... Io la vedo solo la sera, perché la mattina io sono a scuola e lei al lavoro. Quando torno da scuola lei è ancora al lavoro e torna a casa verso le 21, o anche più tardi. Altre volte, invece, torna alle 15 ma, stanca dal lavoro, si riposa. Anche se mia madre non ha sempre tutto questo tempo per parlare con me, le voglio lo stesso molto bene* e la considero la mamma migliore del mondo [...]

TOPGIRL febbraio 2009

GLOSSARIO - I verbi sono dati all'infinito

prendersi una cotta: innamorarsi in modo forte e passeggero, tipico dei giovani
volere bene a qualcuno: amare qualcuno

3g Dai consigli a un amico/a che ... Scegli una situazione.

- ha litigato con il ragazzo/a
- deve avere un primo appuntamento con un ragazzo/a
- ha difficoltà a incontrare nuovi amici
- cerca l'anima gemella
- ha un animale per la prima volta
- arriva sempre in ritardo
- vuole fare uno sport (es. calcio, nuoto, tennis, ecc.)
- vuole il motorino ma i genitori non vogliono
- altro (specifica) _____

A che punto sono?

In questa unità

mi è piaciuto ...   non mi è piaciuto ...

Dopo questa unità ...

So ...

parlare dei miei amici e del mio ragazzo/a

dire cosa faccio con i miei amici e con il mio ragazzo/a

fare domande per scoprire se una persona è compatibile

raccontare fatti passati

fare il resoconto di una giornata particolare

raccontare dove, come e quando ho conosciuto qualcuno

raccontare dove, come e quando due persone si sono conosciute

dare istruzioni

dare consigli

rispondere a domande su un testo usando il più possibile le mie parole

preparare domande per la comprensione di un brano

formare il passato prossimo dei verbi regolari

formare il passato prossimo dei verbi irregolari più importanti

formare il passato prossimo dei verbi riflessivi

formare l'imperativo affermativo con il "tu"

formare l'imperativo negativo con il "tu"

usare l'aggettivo indefinito *qualche*

riconoscere e usare alcuni suffissi per formare parole

Conosco ...

la tendenza dell'italiano moderno a usare parole straniere

modi tradizionali e moderni di trovare l'amore e l'amicizia

Per migliorare posso ... ○

Per migliorare posso ... ○

I gusti sono gusti

Unità 5

In questa unità ...

- amplierai il lessico relativo al tempo libero in generale
- parlerai dei tuoi hobby e di quello che fai nel tempo libero
- parlerai dei tuoi gusti e preferenze
- proporrai a qualcuno di fare qualcosa
- accetterai e rifiuterai un invito e ti scuserai quando rifiuti
- prenderai accordi per fare qualcosa con qualcuno
- amplierai il lessico relativo allo sport e parlerai di eventi sportivi
- amplierai il lessico relativo al cinema
- parlerai delle tue abitudini riguardo al cinema
- scriverai la scheda di un film

- ripasserai la formazione e l'uso dei verbi *piacere* e *interessare*
- ripasserai l'uso del verbo *sapere* per esprimere abilità
- ripasserai come si esprime la frequenza
- imparerai a usare i pronomi diretti di terza persona *lo, la, li, le*
- imparerai a usare i pronomi relativi

1 Nel mio tempo libero ...

1a Completa questa mappa del tempo libero. Quante espressioni conosci?

- LEGGERE
- ASCOLTARE
- COLLEZIONARE
- FARE
- SUONARE
- ANDARE
- GIOCARE A
- USCIRE
- ALTRO

TEMPO LIBERO

1b Ora lavora con un compagno/a. Confrontate le vostre mappe e aggiungete parole nuove in modo da avere una sola mappa.

1c Ora tu e il tuo compagno/a lavorate con un'altra coppia. Confrontate le vostre mappe e aggiungete parole nuove in modo da avere una sola mappa. Alla fine, condividete la vostra mappa con il resto della classe.

1d In quali luoghi puoi fare le attività del tempo libero? Scrivili nel riquadro.

1e Ascolta Simone e Marta che parlano del loro tempo libero e svolgi le attività.

i. Quali delle seguenti attività del tempo libero vengono menzionate da Simone e Marta? Barra le caselle giuste.

calcio	☐	piscina	☐	andare a teatro	☐
pallavolo	☐	corso di recitazione	☐	andare al pub	☐
corso per la patente	☐	dipingere	☐	correre nel parco	☐
vela	☐	ascoltare musica	☐	andare in bicicletta	☐
leggere	☐	palestra	☐	organizzare feste	☐
uscire con gli amici	☐	aerobica	☐	ballare	☐
suonare la chitarra	☐	ginnastica	☐	tennis	☐
prendere un aperitivo	☐	andare al cinema	☐	andare in giro	☐

ii. Riascolta Simone e Marta e indica a chi si riferiscono le affermazioni nella tabella, come nell'esempio.

	SIMONE	MARTA
Fa sport	✓	✓
Fa uno sport a livello agonistico		
Sta imparando a guidare		
Esce con gli amici il sabato		
Molto del suo tempo è preso dallo studio		
Ama il cinema		
Gira per la città la sera		

iii. Riascolta una parte di quello che dice Marta e completa il testo on le parole che mancano:

Vai al cinema spesso?

Mi piacerebbe farlo, però sono costretta a perdere moltissimi film di quelli che vorrei vedere che sono troppi per gli impegni che ho. Ultima cosa... Il _____ sera ovviamente esco con gli _____ per allentare un po' la _____ che è sempre dura.

E dove andate?

Andiamo in un pub oppure a casa di amici per stare un po' insieme; o si organizza una _____ oppure si fa qualcosa di tranquillo, come andare in un _____, andare al _____ o semplicemente andare in _____.

1 f Lavora con un gruppo di compagni. Scoprite tutto quello che avete in comune in relazione al tempo libero. Potete usare le espressioni nel riquadro.

ESPRESSIONI PER PARLARE DEL TEMPO LIBERO

Cosa fai nel tempo libero?	Vado ..., suono ..., ecc.
	Frequento un corso ...
	Ho iniziato/cominciato un corso ...
Hai un hobby particolare?	Mi piace/Mi piacciono ...
	Mi interessa/mi interessano
	Sono appassionato/a di
	Ho una grande passione per
Fai sport?/Che sport fai?	Sì/No/Faccio nuoto, gioco a calcio, ecc.
Ti piace andare al cinema?	Sì, moltissimo/No, per niente, ecc.

ESPRIMERE GUSTI E INTERESSI: *PIACERE E INTERESSARE*

Mi piace andare al cinema

Mi piace la musica pop

Mi piacciono i fumetti

Mi piace molto /moltissimo andare al cinema/la musica pop

Mi piacciono molto/moltissimo i fumetti

Non mi piace andare al cinema/la musica pop

Non mi piace per niente andare al cinema/la musica pop

Non mi piacciono per niente i fumetti

Mi interessa il cinema

Mi interessa la musica pop

Mi interessano i fumetti

Mi interessa molto /moltissimo il cinema/la musica pop

Mi interessano molto/moltissimo i fumetti

Non mi interessa il cinema/la musica pop

Non mi interessa per niente il cinema/la musica pop

Non mi interessano per niente i fumetti

Quando usiamo *piace* e *interessa*?

Quando usiamo *piacciono* e *interessano*?

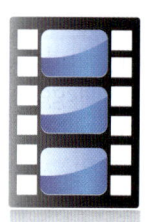

Unità 5

1g Leggi un brano dal racconto "Lui e io" di Natalia Ginzburg e svolgi le attività. Il racconto parla di un marito e di una moglie che non hanno gli stessi gusti su come passare il tempo libero.

Lui ha sempre caldo; io sempre freddo. D'estate, quando è veramente caldo, non fa che lamentarsi* del gran caldo che ha. Si sdegna* se vede che m'infilo, la sera, un golf.
Lui sa parlare bene alcune lingue; io non ne parlo bene nessuna. Lui riesce a parlare, in qualche suo modo, anche le lingue che non sa.
Lui ha un grande senso dell'orientamento; io nessuno. Nelle città straniere, dopo un giorno, lui si muove leggero come una farfalla. Io mi sperdo* nella mia propria città; devo chiedere indicazioni per ritornare alla mia propria casa. Lui odia chiedere indicazioni e mi ordina di guardare la pianta topografica. Io non so guardare le piante topografiche, m'imbroglio* su quei cerchiolini* rossi, e si arrabbia.
Lui ama il teatro, la pittura, e la musica: soprattutto la musica. Io non capisco niente di musica, m'importa molto poco della pittura, e m'annoio a teatro. Amo e capisco una cosa sola al mondo, ed è la poesia.
Lui ama i musei, e io ci vado con sforzo, con uno spiacevole senso di dovere e fatica. Lui ama le biblioteche, e io le odio.
Lui ama i viaggi, le città straniere e sconosciute, i ristoranti. Io resterei sempre a casa, non mi muoverei mai.
Lo seguo, tuttavia, in molti viaggi. Lo seguo nei musei, nelle chiese, all'opera. Lo seguo anche ai concerti, e mi addormento. […]
Non è timido; e io sono timida […]
A lui piacciono le tagliatelle, l'abbacchio, le ciliege, il vino rosso. A me piace il minestrone, il pancotto, la frittata, gli erbaggi. […] Al ristorante, s'informa a lungo sui vini; se ne fa portare due o tre bottiglie, le osserva e riflette, carezzandosi la barba pian piano. […]
Io non so amministrare il tempo. Lui sa.[…]
Io non so ballare e lui sa.
Non so scrivere a macchina; e lui sa.
Non so guidare l'automobile. […]
Io non so cantare, e lui sa. […] Soffro di non amare la musica, perché mi sembra che il mio spirito soffra per la privazione di questo amore. Pure non c'è niente da fare; non capirò mai la musica, non l'amerò mai. Se a volte sento una musica che mi piace, non so ricordarla. […]
[…] gli piace pensare di aver speso poco, e d'avere fatto un buon affare*. […] Ha comprato, anni fa, allo Standard, dodici scendiletti*. Li ha comprati perché costavano poco […]. Questi scendiletti, di stuoia color vinaccia, sono diventati, in poco tempo, repellenti […]; e io li odiavo […]

Natalia Ginzburg, "Lui e io", in *Le piccole virtù*, © 1962 Giulio Einaudi editore s.p.a., Torino

GLOSSARIO - I verbi sono dati all'infinito

non fare che lamentarsi: lamentarsi continuamente
sdegnarsi: arrabbiarsi
sperdersi: perdersi
imbrogliarsi: confondersi
cerchiolini: piccoli cerchi
fare un buon affare: comprare una cosa a buon prezzo
scendiletti: piccoli tappeti sul pavimento accanto al letto

i. Quali sono le differenze tra lui e lei? Completa la tabella.

	LUI	LEI
ABILITÀ		
INTERESSI		
GUSTI		

ii. Ora pensa a quello che ami e che odi. Poi parla con un compagno/a: quali sono le differenze tra di voi?

iii. L'autrice dice che suo marito è "leggero come una farfalla": cosa significa? In italiano ci sono molte espressioni per descrivere le persone usando paragoni con gli animali. Associa gli aggettivi nella colonna di sinistra con gli animali nella colonna di destra. Poi scrivi il nome dell'animale sulla riga accanto al disegno, come nell'esempio.

testardo/a   una _____

muto/a   un _____

grasso/a   COME   un _____

lento/a   un _____

coraggioso/a   un _____mulo_____

furbo/a   una _____

curioso/a   una _____

h Lavora con un compagno/a. Svolgete le seguenti attività.

i. Rileggete queste frasi che sono nel racconto.

a. Lui ama i viaggi, le città straniere e sconosciute, i ristoranti. Io resterei sempre a casa, non mi muoverei mai. **Lo** seguo, tuttavia, in molti viaggi.

b. non capirò mai la musica, non **l'**amerò mai. Se a volte sento una musica che mi piace, non so ricordar**la**.

c. Questi scendiletti, di stuoia color vinaccia, sono diventati, in poco tempo, repellenti [...]; e io **li** odiavo [...]

d. Lui ama le biblioteche, e io **le** odio.

ii. Le piccole parole in neretto sono pronomi, e si usano al posto di un nome di cosa, animale o persona che si è già menzionato, per non ripeterlo. Al posto di quale parola sono usati in questo caso? *L'* nella frase b sta per *la*.

Lo _____

La _____

Li _____

Le _____

iii. Guardate di nuovo le frasi: qual è la posizione dei pronomi nella frase? Fate ipotesi, poi condividete le vostre idee con la classe.

iv. Cosa succede quando la parola dopo *lo* e *la* comincia per vocale?

v. Ora completa le seguenti frasi, basate sul racconto.

   a. Io metto sempre un golf d'estate, lui non _____ mette mai.

   b. Lui parla le lingue, io non _____ parlo.

   c. Io chiedo sempre indicazioni, lui odia chieder_____.

   d. Io non amo i musei, invece lui _____ ama.

   e. Lui ama la musica, io non _____ capisco.

   f. Lui ama la pittura, io non _____ amo.

   g. Lui ama i viaggi, io non _____ amo.

   h. Lui ama il teatro, io _____ trovo noioso.

   i. Lui guida l'automobile, io non _____ so guidare

11 Rileggi queste frasi prese dal testo e svolgi le attività.

   a. Io non so amministrare il tempo. Lui sa.

   b. Non so scrivere a macchina; e lui sa.

   c. Non so guidare l'automobile.

   d. Io non so cantare, e lui sa.

   i. Che cosa esprime il verbo *sapere*? Scegli la risposta giusta.

   a. abilità di fare qualcosa ☐

   b. piacere di fare qualcosa ☐

   c. coraggio di fare qualcosa ☐

   ii. Lavora con un compagno/a. Create altre frasi con il verbo *sapere* basate sulle abilità di lui e di lei. E voi cosa sapete fare bene? Cosa non sapete fare?

1 l Ascolta due conversazioni tra persone che fanno progetti per il fine settimana e svolgi le attività.

    i. Ascolta le due conversazioni. Quali espressioni sono usate per...

    Proporre di fare qualcosa _____

    Accettare _____

    Rifiutare _____

    Giustificare il rifiuto _____

    Prendere accordi : Luogo _____

                         Tempo _____

    Proporre un'alternativa _____

1 m Ora scrivi un'e-mail o un sms a un compagno/a per invitarlo/la a fare qualcosa con te questo fine settimana. Se vuoi puoi usare una delle situazioni nel riquadro.

| una festa a casa tua | un film al cinema | un pic nic |
| una partita allo stadio | un concerto | una serata in discoteca ... |

1 n Pensa a quello che ti piacerebbe fare questo fine settimana. Poi va' in giro per la classe e chiedi ai tuoi compagni quali sono i loro progetti. Se trovi qualcuno che vuole fare quello che vuoi fare tu, prendete accordi.

2 A tutto sport

2a Quanti eventi sportivi internazionali conosci? Lavora con un compagno/a e completate la tabella. Poi aggiungete altri eventi sportivi che conoscete. Potete usare gli sport nel riquadro come riferimento. Alla fine, confrontate le vostre risposte con tutta la classe.

EVENTO	SPORT	PAESE	PERIODICITÀ
Il Tour de France			ogni anno
	tennis		
		un Paese diverso ogni volta	ogni quattro anni
	calcio		
	ciclismo	Italia	
	maratona	Stati Uniti	
Gran Premio di Formula 1			
Major League Baseball	baseball	Stati Uniti	
Ryder Cup			
Campionati Mondiali di nuoto	nuoto		
Moto GP			

GLI SPORT E ALTRE ATTIVITÀ FISICHE

- l'acquagym
- l'atletica
- l'automobilismo
- il badminton
- il baseball
- il basket/la pallacanestro
- la boxe/il pugilato
- il calcio
- il ciclismo
- il canottaggio
- la corsa
- l'equitazione
- la fitbox
- la ginnastica
- il golf
- l'hockey (su prato o su ghiaccio)
- il jogging
- il judo
- il karate
- la lotta
- la maratona
- la marcia
- il motociclismo
- il nuoto
- il nuoto sincronizzato
- la pallanuoto
- la pallavolo
- il paracadutismo
- il pattinaggio (su ghiaccio)
- il pilates
- il ping-pong
- il rugby
- la scherma
- lo sci
- il sollevamento pesi
- lo spinning
- il taekwondo
- il tennis
- i tuffi
- la vela
- il windsurf
- lo yoga

2b Lavora in un gruppo di 4. Dividete gli sport nel riquadro in categorie a vostra scelta. Poi date un nome a ciascuna categoria, indicando cosa hanno in comune gli sport che le appartengono. Infine passate le vostre categorie a un altro gruppo, che deve indovinare i vostri criteri di raggruppamento.

2c In piccoli gruppi discutete

- quali sport avete praticato in passato
- quali sport praticate ora
- date dettagli sugli sport che praticate: perché, da quanto tempo, dove, quando, con che frequenza, con chi, ecc.
- quali sport desiderate praticare in futuro

PER ESPRIMERE LA FREQUENZA

Non gioco **mai** a calcio
Non gioco **quasi mai** a calcio
Ogni tanto gioco a calcio
Gioco **abbastanza spesso** a calcio
Gioco **spesso** a calcio
Gioco **molto spesso/spessissimo** a calcio
Gioco **sempre** a calcio

Gioco a calcio **il fine settimana**
Gioco a calcio **ogni domenica** ...

2d Prima di leggere un testo su alcuni sport, svolgi le seguenti attività.

i. Quali parole associ a queste quattro attività fisiche? Associa le parole nel riquadro a una o più di loro.

PILATES	ACQUAGYM	FITBOX	SPINNING

respirazione   dimagrire   aerobico   antistress
efficace   fluidità   musica   stretching
concentrazione   precisione   grintoso
controllo   divertente   liberatorio

ii. Lavora con un compagno/a. Cos'altro sapete su questi sport?

- Dove si praticano?
- Per chi sono ideali?
- Quali sono gli effetti positivi?
- Quali vi piacciono o non vi piacciono? Perché?

iii. Associa i verbi nella colonna di sinistra con i nomi nella colonna di destra, come negli esempi. Se non conosci il significato di tutti i verbi e nomi, chiedi aiuto a un compagno o all'insegnante, oppure consulta il dizionario.

1. alleviare
2. utilizzare
3. vedere
4. perdere
5. soffrire
6. eseguire
7. ottenere
8. potenziare
9. tonificare
10. bruciare
11. indossare
12. allenare

a. i primi risultati
b. di disturbi/di dolori
c. ottimi risultati
d. il mal di schiena
e. i muscoli
f. le gambe/i muscoli
g. i glutei
h. peso
i. attrezzi
l. un abbigliamento comodo
m. gli esercizi
n. calorie/i grassi

1. __d__   2. _____   3. _____   4. _____
5. _____ 6. _____   7. _____   8. _____
9. __g__   10. _____ 11. _____ 12. _____

2e Ora leggi il testo e svolgi le attività.

i. Lavora in un gruppo di 4 studenti. Ciascuno di voi legge uno dei testi e controlla le risposte nell'attività 2d. Poi riferite agli altri membri del gruppo.

IL MOTO DEGLI ELEMENTI

ZOOM SU: PILATES

I principi del metodo pilates sono la concentrazione, la precisione, il controllo, la respirazione, la fluidità e la scioltezza utilizzando attrezzi specifici, molto particolari ma soprattutto molto divertenti.
I vantaggi: allevia il mal di schiena, scioglie le contratture*, tonifica e rinforza tutto l'organismo.
Meglio evitare se: hai avuto traumi di recente.
Quanto tempo? Basta appena un'ora, o al massimo due alla settimana, per vedere i primi risultati.
Una dritta*: se vuoi dimagrire, sappi che il pilates non fa perdere peso, quindi va abbinato* ad uno sport più specifico.

ZOOM SU: ACQUAGYM

Nell'acquagym gli esercizi devono essere eseguiti a tempo di musica, coniugando* benessere e allenamento in un mix spumeggiante* e divertente.
I vantaggi: lo sforzo sembra leggero ma in realtà è molto efficace. Rassoda, aiuta a perdere peso e agisce su addominali, pettorali e interno coscia.
Meglio evitare se: soffri di disturbi reumatici e infiammazioni ai legamenti.
Quanto tempo? Basta eseguire gli esercizi per 30 minuti, almeno 3 volte a settimana, per ottenere ottimi risultati.
Una dritta: inizia in modo graduale, con una camminata in acqua per 10 minuti, andando poi ad aumentare il tuo percorso di acqua gym.

ZOOM SU: FITBOX

Esplosiva, divertente, addirittura liberatoria: la fitbox si pratica con un sacco molto pesante da prendere a calci e pugni, il tutto con una base musicale grintosa che dia ritmo.
I vantaggi: potenzia i muscoli, tonifica i glutei, favorisce la perdita di peso ed è un eccezionale antistress.
Meglio evitare se: soffri di dolori alle articolazioni.
Quanto tempo? In tre quarti d'ora di lezione si bruciano circa 600 calorie.
Una dritta: indossa un abbigliamento comodo e non utilizzare le gambe prima di avere fatto lo stretching.

ZOOM SU: SPINNING

Pedalare è un esercizio divertente, inoltre la bicicletta è stata definita un vero elisir di giovinezza.
I vantaggi: permette di tonificare i muscoli, bruciare i grassi e perdere peso. In più, pedalando non si allenano solo le gambe ma anche i muscoli della schiena e delle braccia.
Meglio evitare se: sei debole di ginocchia.
Quanto tempo? Un programma di dimagrimento corretto prevede 30/40 minuti di lavoro aerobico.
Una dritta: non dimenticare il riscaldamento e il defaticamento* prima e dopo la pedalata.

GLOSSARIO - I verbi sono dati all'infinito

contratture: contrazioni dei muscoli
una dritta: un consiglio
va abbinato: deve essere abbinato
coniugare: unire, conciliare
spumeggiante: vivace
defaticamento: rilassamento, eliminazione della fatica

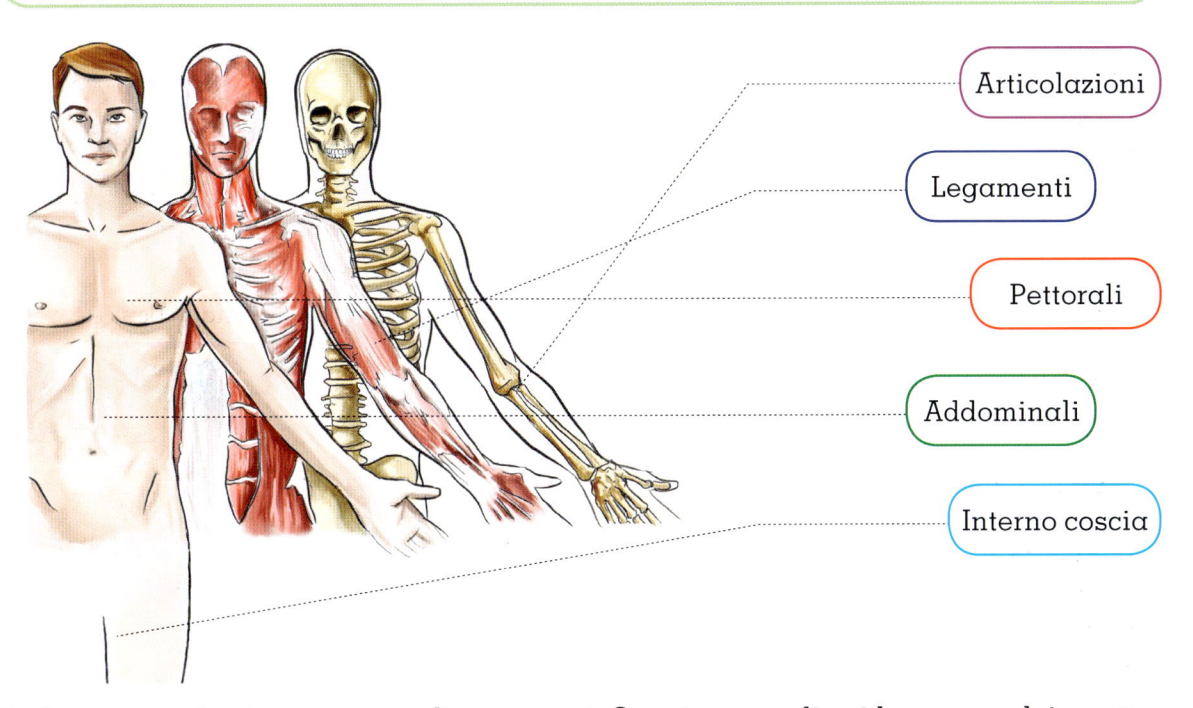

- Articolazioni
- Legamenti
- Pettorali
- Addominali
- Interno coscia

ii. Lavora con lo stesso gruppo di compagni. Ora ciascuno di voi legge uno dei quattro brani, ma diverso da quello precedente. Quali altre parole sono utili secondo voi per parlare di sport? Preparate una lista.

iii. Lavora con un compagno/a che ha un'attività sportiva in comune con te. Preparate una scheda su questo sport simile a quelle che avete letto.

2f Lavora in un gruppo di 3. Prima di leggere un testo che si intitola *Inter-Juve*, rispondete a queste domande. Cercate le informazioni su internet quando non siete sicuri.

a. Quali squadre di calcio italiane conoscete?
b. A quali città appartengono le squadre italiane Inter e Juventus?
c. Quali sono i colori dell'Inter e della Juventus?
d. Come si chiamano i tifosi dell'Inter e della Juventus?
e. Quale squadra ha vinto più scudetti? (Lo scudetto è il titolo che una squadra vince alla fine del campionato di calcio)
f. E voi per che squadra tifate? Da quanto tempo?

2g Leggi il testo e svolgi le attività.

i. Leggi il testo velocemente una prima volta e sottolinea tutte le parole che secondo te hanno a che fare con lo sport e con il calcio in particolare.

Inter-Juve

1.
Tempo fa ho scritto che il mondo si divide in due. Ci sono quelli che amano i gatti, Londra e l'Inter. E quelli cui piacciono i cani, Parigi e la Juventus.

Da allora continuo a ricevere proteste. Si lamentano milanisti slavofili, laziali innamorati dell'Argentina, romanisti con un'amica in Germania. Non posso negarne l'esistenza, ma [...] la dicotomia è una sola: Inter-Juve. L'Inter (come i gatti e Londra) è fascinosa e imprevedibile*. La Juventus (come i cani e Parigi) è solida e rassicurante.

[...] Non si tratta di stabilire chi è meglio e chi è peggio. [...] Inter e Juve sono pianeti distanti, che entrano in contatto solo in occasione di una partita, di un'amicizia o di un matrimonio. [...]

2.
Ci sono interisti che sembrano considerare il Milan un rivale, e non riesco a capire perché. Il Milan è una squadra allegra, in fondo. Ha un centravanti che fa pubblicità allo shampoo, e vince gli scudetti senza neanche accorgersene. [...] Il Milan non è un rivale: è un fenomeno naturale. La rivale è, e sarà sempre, la Juventus. [...]

3.
La generazione che ha sofferto di più è quella nata tra il 1955 e il 1960: la mia. Molti coetanei* sono interisti per banali motivi anagrafici. Intorno ai sette anni, l'età dell'*imprinting* calcistico, furoreggiava* la Grande Inter di Helenio Herrera, e i bambini – come gli italiani – tifano per il vincitore. [...]

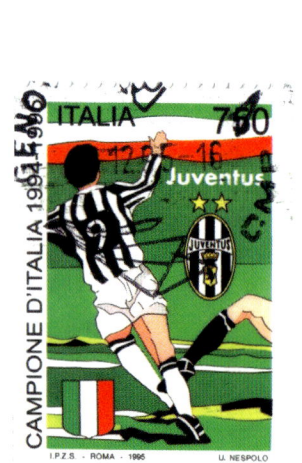

4.
[...] Non ho fatto in tempo a gustare il piacere infantile del trionfo [...] che è accaduto qualcosa: l'Inter ha smesso di stupire*. [...] Da quel momento, l'Inter ha smesso di vincere, e la Juventus ha preso a convincere*. [...] Così, ai mondiali d'Argentina del 1978 (dove l'Italia ha giocato il suo miglior calcio di sempre), mi sono accorto con orrore di tifare per gli juventini. La maglia azzurra era una copertura: sapevo che erano loro. [...]. A Buenos Aires, l'Inter mandava Bordon, portiere di riserva. La Juve contribuiva con Zoff, Cabrini, Gentile, Cuccureddu, Scirea, Benetti, Causio, Tardelli e e Bettega. [...]

Beppe Severgnini, "Inter-Juve" in *Italiani si diventa*, © 1998 RCS Libri S.p.A - Milano

---

GLOSSARIO – I verbi sono dati all'infinito

imprevedibile: che non si può prevedere

coetanei: persone che hanno la stessa età

furoreggiare: essere molto di moda

ha smesso (da smettere) di stupire: non sorprende più. *Smettere di fare qualcosa* significa non fare più questa cosa: *smettere di fumare, smettere di lavorare,* ecc.

ha preso (da prendere) a convincere: ha cominciato a convincere

2h Leggi il testo una seconda volta più in dettaglio e svolgi 3 delle seguenti attività, a tua scelta.

i. Completa la tabella con il nome dei tifosi. Aggiungi anche altre squadre italiane che conosci.

SQUADRA	TIFOSI
Milan	
Lazio	
Roma	
Inter	
Juventus	

ii. Le squadre menzionate nel testo sono maschili o femminili? E le altre che conosci? Se non sei sicuro/a, consulta internet o altre fonti di informazione.

iii. Trova 5 verbi al passato prossimo nel testo e completa la tabella con il verbo e il suo infinito. Quali sono irregolari? Poi, forma delle frasi con i verbi che hai trovato.

VERBO AL PASSATO PROSSIMO	INFINITO

iv. Riassumi il contenuto dell'articolo con una sola frase che secondo te comunica l'informazione più importante.

v. Nel paragrafo 4 l'autore menziona alcuni calciatori. Cerca informazioni e materiale audiovisivo su uno di loro, poi condividi le tue informazione con i compagni.

3 Ciak, si gira! Il cinema

3a Lavora in un gruppo di 4. Rispondete alle seguenti domande.

a. Vi piace andare al cinema?
b. Ci andate spesso?
c. Quali sono i film più popolari in questo momento?
d. Guardate i titoli di questi film. Se non li conoscete, di cosa parlano secondo voi? Per aiutarvi, vi diamo tre parole chiave per ogni film:

Io & Marley   **The Millionnaire**   **Generazione mille euro**   **Two lovers**

Io & Marley: coppia, Labrador, distruggere
The Millionnaire: India, show, ragazzo
Generazione mille euro: laureato, marketing, cambiare vita
Two lovers: uomo, due donne, relazione

3b Ora leggete uno dei seguenti testi ciascuno, a vostra scelta, e controllate la vostra risposta alla domanda 3a.d Quali sono le parole chiave del testo, considerando la trama?

Io & Marley

Una commedia "bestiale" per Owen Wilson e Jennifer Aniston, genitori sull'orlo di una crisi di nervi

Regia di David Frankel con Owen Wilson, Jennifer Aniston, Eric Dane, Kathleen Turner, Alan Arkin.

Genere Commedia. Produzione USA, 2008. Durata 120 minuti circa.

Poiché la loro prima notte di nozze* è rovinata da una nevicata, i neo sposini* John e Jenny Grogan decidono di lasciare il freddo Michigan e di trasferirsi al Sud per cominciare la loro nuova vita a West Palm Beach, in Florida. Ottengono entrambi un lavoro da giornalisti in due quotidiani concorrenti*, comprano una casa e cominciano a muoversi tra le difficoltà di un nuovo matrimonio, di nuove carriere e la possibilità di allargare la famiglia...[...] Perplesso sul fatto di essere preparato a diventare padre, John confessa le sue paure al suo amico Sebastian, che gli fornisce una soluzione perfetta: John dovrebbe regalare a Jenny un cucciolo*. E così arriva Marley. Nel giro di poco tempo, i Grogans si ritrovano per casa un enorme labrador pieno di energia che distrugge tutto...

The Millionaire

Scalata al milione di un ragazzo innamorato nel melodramma bollywoodiano di Danny Boyle

Regia di Danny Boyle con Mia Drake, Imran Hasnee, Faezeh Jalali, Anil Kapoor, Irfan Khan.

Genere Commedia. Produzione Gran Bretagna, USA, 2008. Durata 120 minuti circa.

È il momento della verità negli studi dello show televisivo in India "Chi vuol esser milionario?". Davanti ad un pubblico sbalordito*, e sotto le abbaglianti* luci dello studio, il giovane Jamal Malik, che viene dagli slum di Mumbai (Bombay), affronta l'ultima domanda, quella che potrebbe fargli vincere la somma di 20 milioni di rupie. Il conduttore dello show, Prem Kumar, non ha molta simpatia per questo concorrente* venuto dal nulla. Avendo faticosamente risalito la scala sociale*, [...] Prem non ama l'idea di dover dividere la ribalta* del Milionario con qualcuno come lui, e rifiuta di credere che un ragazzo dei quartieri poveri possa sapere tutte le risposte. Arrestato perché sospettato di imbrogliare, Jamal viene interrogato dalla polizia. Mentre ripassa le domande una per una, inizia ad emergere la storia straordinaria della sua vita vissuta per le strade, e della ragazza che ama e che ha perduto.

Unità 5

Generazione mille euro

Dopo 'Tutta la vita davanti', una nuova pellicola dedicata ai giovani precari

Regia di Massimo Venier con Alessandro Tiberi, Valentina Lodovini, Carolina Crescentini, Paolo Villaggio, Francesco Mandelli.

Genere Commedia. Produzione Italia, 2008. Durata 101 minuti circa.

Matteo, 30 anni, brillante* laureato con la passione per la matematica, lavora nel marketing di un'azienda in fase di "riorganizzazione". Divide la vita e la casa con Francesco, il suo migliore amico, un genio della playstation con la passione per il cinema. L'arrivo in ufficio di un nuovo vice direttore marketing, Angelica, e quello, in casa, di una nuova coinquilina*, Beatrice, daranno vita ad una serie infinita di peripezie*. Con tante novità e grandi scelte da compiere, Matteo, riuscirà in poco tempo a cambiare completamente la sua vita.

Two lovers

James Gray abbandona le crime story per la love story

Regia di James Gray con Gwyneth Paltrow, Joaquin Phoenix, Vanessa Shaw, Isabella Rossellini, Elias Koteas.

Genere Drammatico. Produzione USA, 2008. Durata 100 minuti circa.

Brighton Beach, Brooklyn. Leonard, un uomo attraente quanto dal carattere complesso, torna alla casa che gli ha dato i natali*[...]. Mentre si trova sotto lo stesso tetto degli accoglienti genitori, i quali lo aiutano con amore ma faticano a comprenderlo, Leonard conosce due donne in breve tempo. Una è Michelle, una vicina di casa tanto bella quanto misteriosa, la quale cela* a sua volta problemi profondi. Ma i genitori cercano di spingere Leonard ad avere una relazione con Sandra, la figlia dell'acquirente della tintoria di famiglia. Inizialmente sulla difensiva, Leonard scopre* in lei una profondità inattesa. Ma la possibile relazione con Sandra finisce per essere ostacolata da Michelle che gli chiede aiuto per risolvere una relazione negativa che la vede legata a un altro uomo. Ora così Michelle sembra essere attratta da Leonard, il quale si trova tra due fuochi* [...]

Mymovies.it

GLOSSARIO - I verbi sono dati all'infinito

nozze: matrimonio

i neo sposini: due persone giovani che si sono sposate da poco tempo

concorrenti: rivali, antagonisti

cucciolo: piccolo di animale

sbalordito: molto sorpreso

abbaglianti: accecanti, molto forti (della luce)

concorrente: partecipante (a una gara, a una competizione)

risalire la scala sociale: migliorare il proprio stato sociale

dividere la ribalta: dividere il successo

brillante: molto bravo

coinquilina: donna che vive nella stessa abitazione

peripezie: avventure

la casa che gli ha dato i natali: la casa dove è nato

celare: nascondere

scoprire: trovare

trovarsi tra due fuochi: essere indecisi, attratti da due cose diverse

3c Svolgi l'attività che l'insegnante ti darà.

3d Rileggi queste frasi tratte dalle presentazioni dei film: a cosa si riferiscono le parole in neretto?

a. John confessa le sue paure al suo amico Sebastian, **che** gli fornisce una soluzione perfetta: John dovrebbe regalare a Jenny un cucciolo.

b. Davanti ad un pubblico sbalordito [...] il giovane Jamal Malik, **che** viene dagli slum di Mumbai (Bombay), affronta l'ultima domanda.

c. Mentre ripassa le domande una per una, inizia ad emergere la storia straordinaria della sua vita vissuta per le strade, e della ragazza **che** ama e **che** ha perduto.

d. Leonard, un uomo attraente quanto dal carattere complesso, torna alla casa **che** gli ha dato i natali.

e. Mentre si trova sotto lo stesso tetto degli accoglienti genitori, **i quali** lo aiutano con amore ma faticano a comprenderlo, Leonard conosce due donne in breve tempo.

f. Una è Michelle, una vicina di casa tanto bella quanto misteriosa, **la quale** cela a sua volta problemi profondi.

g. La possibile relazione con Sandra finisce per essere ostacolata da Michelle **che** gli chiede aiuto per risolvere una relazione negativa **che** la vede legata a un altro uomo.

h. Michelle sembra essere attratta da Leonard, **il quale** si trova tra due fuochi.

I PRONOMI RELATIVI

I pronomi relativi hanno la funzione di unire due frasi che hanno un elemento in comune.

Abbiamo la forma invariabile **che**, che si usa per nomi maschili e femminili, singolari e plurali.

La forma **che** può essere sostituita dalle forme variabili

il quale (maschile singolare)

la quale (femminile singolare)

i quali (maschile plurale)

le quali (femmininile plurale)

È importante riconoscere *il quale, la quale, i quali, le quali*, ma nell'italiano parlato *che* si usa molto di più.

Vediamo qualche esempio:

Ho parlato con Giulia, **che / la quale** mi ha raccontato cosa è successo.

Hai letto il libro **che** ti ho prestato?

Il preside, **che / il quale** è severissimo, ha sospeso tutta la classe

Ecco la chitarra **che** ho comprato

Paolo e Andrea, **che / i quali** sono i miei cugini, verranno con noi

Giulia e Anna, **che / le quali** sono in classe con me, giocano nella squadra di pallavolo della scuola

3e Uno dei quattro film di cui hai letto la trama è un film drammatico, mentre gli altri tre sono commedie. Le parole "drammatico" e "commedia" indicano due generi di film. Ora ti diamo una lista di generi. Lavora con un compagno/a e discutete.

a. Conoscete questi generi?

b. Vi piacciono? Perché?

c. Quali film conoscete che appartengono a questi generi?

d. Dividete i generi in categorie mettendo insieme quelli che secondo voi hanno qualcosa in comune. Alla fine condividete le vostre idee con la classe.

Animazione
Avventura
Azione
Biografico
Catastrofico
Comico
Commedia
Commedia rosa
Documentario
Drammatico
Epico
Fantascienza
Fantastico
Giallo
Guerra
Horror
Musical
Politico
Poliziesco
Satirico
Sentimentale
Spionaggio
Storico
Thriller
Western

3f Leggi la schede di due film italiani, che l'insegnante ti darà. *Tre metri sopra il cielo* è basato su un romanzo che ha avuto molto successo tra gli adolescenti italiani. Lavora con un compagno e create una lista di cose che secondo voi i due film hanno in comune.

3g Ora scrivi la scheda di un un film che hai visto, e aggiungi un tuo breve commento. Puoi usare le parole nel riquadro.

SCHEDA DI UN FILM

Titolo	
Genere/generi	
Nazione	
Anno	
Regista	
Attori principali	
Ambientazione: luogo e tempo	
Trama	
Commento: mi è piaciuto/ non mi è piaciuto perché …	

AGGETTIVI E ALTRE ESPRESSIONI PER DESCRIVERE UN FILM

l'ambientazione/la fotografia è	un capolavoro	(troppo) lungo
avvincente	divertente	meraviglioso
bello	gli effetti speciali	mediocre
ben fatto	un fiasco	noioso
la bravura degli attori	inquietante	i personaggi sono …
brutto	interessante	pieno di suspense
	lento	sdolcinato

3h Prima di leggere un articolo, svolgi le seguenti attività.

i. Il titolo dell'articolo è *Come si sceglie una sala cinematografica?* Lavora in un gruppo di 3 e insieme scrivete tutte le parole che pensate di trovare nel testo. Avete tre minuti! Alla fine unite le vostre parole a quelle dei compagni.

ii. Metti queste ragioni per la scelta di un cinema in ordine di importanza per te (dalla più importante alla meno importante). Se vuoi puoi aggiungere un'altra ragione che per te è importante quando scegli una sala cinematografica.

   a. la qualità audio-video ☐
   b. l'offerta di film ☐
   c. la vicinanza a casa ☐
   d. la disponibilità di parcheggio ☐
   e. la comodità delle poltrone ☐
   f. i servizi aggiuntivi ☐
   g. la presenza all'interno di un centro commerciale ☐
   h. l'ambiente gradevole ☐
   i. le dimensioni dello schermo ☐
   l. _____ ☐

iii. Considera queste tre categorie di spettatori. Secondo te quali sono le ragioni più importanti per loro?

I TECNOLOGICI   **I GLI INDECISI**   **I PRATICI**

iv. Che differenza c'è tra un **multiplex** e una **monosala**? Tu quale preferisci? Quali sono i vantaggi e gli svantaggi di tutti e due? Discuti con l'insegnante e con i compagni.

3i Leggi l'articolo alla pagina seguente e controlla le tue risposte nelle attività 3h.i e 3h.ii Poi svolgi le attività che seguono l'articolo.

www.giornaledellospettacolo.it

Come si sceglie una sala cinematografica?

di Andrea Barcariol

1. (30 giugno)- I più tecnologici si basano sulla qualità audio-video, gli indecisi sulla possibilità di scelta offerta, i più pratici sulla vicinanza da casa o sulla disponibilità del parcheggio. Un dato è certo: i criteri per scegliere una sala cinematografica sono molteplici e, con il passare degli anni, le priorità per il pubblico sono decisamente cambiate.

2. Da una ricerca condotta dalla Sipra nel 2003 […] emerge che al primo posto tra i motivi nella scelta di un cinema ci sia la comodità delle poltrone che il 52,9% degli intervistati giudica molto importante. A completare il podio* la presenza di sistemi tecnologici avanzati (46,6%) e l'ampia offerta di film (45,4%). Un fattore, quest'ultimo, che sta decretando il successo dei multiplex rispetto alle monosala.

3. Nell'indagine della Ipsos del 2004 si evidenziava come il 56% del campione avesse indicato una preferenza per le multisala contro un 32% rimasto legato alla sala tradizionale (il 12% non si è espresso*). Alla base di questa differenza il 73% degli intervistati indicava la possibilità di avere a disposizione una rosa di film* tra cui scegliere.

4. L'ultima conferma arriva dalla ricerca del 2008 "I giovani e il cinema" commissionata alla Doxa dall'Anica per studiare le abitudini di consumo nella fascia* di spettatori compresa tra i 15 e i 24 anni. Per quanto riguarda la scelta della sala i risultati sono stati inequivocabili*: il 63% dei giovani ha dichiarato di frequentare abitualmente i multiplex, percentuale che scende al 19% per la monosala (il 18% non ha espresso preferenze). […] Maggiore* scelta (42%), maggiore spaziosità (33%), ambiente gradevole (25,5%), qualità superiore (22,5%), possibilità di parcheggio (17,4%), servizi aggiuntivi (13,8%), presenza all'interno di un centro commerciale (11%), luogo di aggregazione* (7,5%): questi i motivi di preferenza indicati dagli 896 intervistati.

GIORNALE dello SPETTACOLO

GLOSSARIO

podio: piano rialzato a due o tre livelli, su cui salgono i vincitori di una gara per ricevere la medaglia

non si è espresso: non ha dato/espresso un'opinione

una rosa di film: una gamma, una selezione di film

fascia: gruppo di persone che hanno qualcosa in comune

inequivocabili: che non lasciano dubbi; evidenti.

maggiore: più grande

luogo di aggregazione: luogo dove riunirsi, incontrarsi

i. Rileggi il paragrafo 4 e indica cosa rappresentano i seguenti numeri e percentuali, come negli esempi.

   a. 15-24 _____

   b. 63% *La percentuale di giovani che frequenta abitualmente i multiplex*

   c. 19% _____

   d. 25,5% *La percentuale di giovani che ha indicato l'ambiente gradevole come motivo di preferenza*

   e. 11% _____

   f. 896 _____

ii. Nell'articolo ci sono parole che si usano parlando di statistiche. Associa la parola di sinistra, che è nell'articolo, al suo significato nella colonna di destra.

   1. dato (par. 1)   a. persone che rispondono a domande
   2. condurre una ricerca (par. 2)   b. quantità numerica in rapporto a 100
   3. intervistati (par. 2, 3, 4)   c. fare uno studio
   4. indagine (par. 3)   d. gruppo selezionato come modello
   5. campione (par. 3)   e. elemento
   6. percentuale (par. 4)   f. ricerca

A che punto sono?

In questa unità

mi è piaciuto …   non mi è piaciuto …

Dopo questa unità …

So …

parlare di cosa faccio nel tempo libero

esprimere i miei gusti e i miei interessi

dire cosa so fare

proporre di fare qualcosa

accettare e rifiutare una proposta

scusarmi quando rifiuto una proposta

prendere accordi

fare una proposta alternativa

parlare di eventi sportivi

parlare degli sport che pratico: cosa, dove, quando, con chi

parlare di una celebrità dello sport

parlare delle mie abitudini e dei miei gusti riguardo al cinema

parlare di un film

scrivere la scheda di un film

formare e usare i verbi *piacere* e *interessare*

esprimere la frequenza

usare i pronomi diretti di prima persona *lo, la, li, le*

usare il pronome relativo *che*

riconoscere i pronomi relativi *il quale, la quale, i quali, le quali*

Conosco …

alcuni paragoni tra uomini e animali

alcune squadre di calcio italiane, le loro città, i loro tifosi

alcuni eventi sportivi internazionali

Per migliorare posso …

Per migliorare posso …

Shoppingmania

Unità 6

In questa unità ...

- amplierai il lessico relativo allo shopping e ai negozi
- amplierai il lessico relativo all'abbigliamento e agli accessori
- amplierai il lessico per descrivere l'abbigliamento e gli accessori
- parlerai delle tue abitudini e dei tuoi gusti riguardo allo shopping
- descriverai il tuo abbigliamento e quello di altri
- esprimerai la tua opinione su affermazioni di altri
- parlerai dei regali che si fanno in occasioni speciali
- amplierai la tua conoscenza del *made in Italy*
- parlerai dei prodotti tipici del tuo Paese

- amplierai l'uso delle preposizioni
- farai pratica sull'accordo tra nome e aggettivo
- amplierai la tua conoscenza dei prefissi per formare le parole
- ripasserai e amplierai la formazione del plurale
- ripasserai l'uso della forma impersonale
- imparerai a usare gli aggettivi *bello* e *quello* davanti a un sostantivo

1 Al centro commerciale

1a Entriamo nel tema.

i. Tu fai shopping? Con che frequenza? E cosa compri? Parlane con i compagni e con l'insegnante.

ii. Dove possiamo fare shopping? Hai tre minuti di tempo: scrivi tutti i nomi di luoghi che ti vengono in mente. Poi, confronta la tua lista con quella di un compagno/a e mettete questi luoghi in ordine di grandezza, dal più piccolo al più grande.

iii. Immagina un'ora o un intero pomeriggio di shopping: qual è il tuo itinerario?

iv. Come preferisci fare shopping? Metti gli elementi nella seguente lista in ordine di preferenza.

   a. su Internet ☐
   b. nei grandi centri commerciali ☐
   c. da un catalogo ☐
   d. nei piccoli negozi vicino a casa ☐
   e. nei grandi magazzini ☐
   f. altro (specifica) _____ ☐

v. Guarda le insegne di alcuni negozi italiani. Cosa ci compriamo? Questi negozi ci sono anche nel tuo Paese?

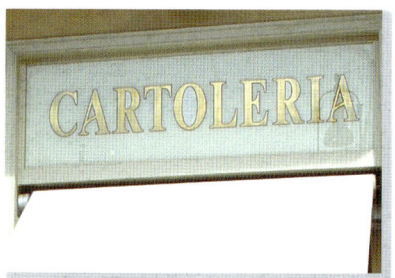

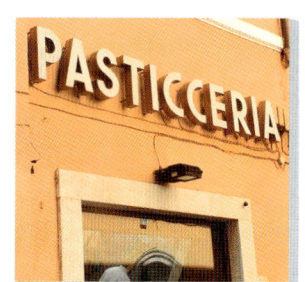

ABBIGLIAMENTO CALZE — TABACCHERIA — OROLOGERIA Laboratorio

CARTOLERIA — GIOIELLERIA — MERCERIA

Il Fornaio — Profumeria — PASTICCERIA — GELATERIA

1b Prima di leggere, svolgi le seguenti attività.

   i. A cosa ti fa pensare l'espressione "cattedrale dello shopping"?

   ii. Secondo te qual è la differenza tra un centro commerciale, un parco commerciale e un outlet? Parlane con un compagno.

   iii. Indica se secondo te le seguenti affermazioni sono vere o false.

	Vero	Falso
a. In Italia ci sono più centri commerciali che in altri Paesi	☐	☐
b. Gli italiani tendono a fare shopping nei piccoli negozi vicino a casa	☐	☐
c. Nel Sud Italia ci sono meno centri commerciali che nel Nord	☐	☐
d. I centri commerciali sono nati negli Usa	☐	☐

   iv. Secondo te quali sono i **tre** fattori più importanti che spingono la gente a comprare? Lavora con un compagno/a e sceglieteli tra i seguenti.

   - il rapporto qualità prezzo
   - i saldi
   - l'atmosfera del negozio
   - la pubblicità
   - la possibilità di parcheggiare
   - avere quello che hanno gli altri
   - poter comprare tutto nello stesso posto
   - altro (specifica) _____

1c Lavorate in gruppi di tre. Leggete l'articolo *Iper shopping* una prima volta: uno di voi legge i paragrafi 1 e 2, uno i paragrafi 3 e 4 e uno il paragrafo 5. Nella vostra porzione di testo trovate tutte le parole che hanno a che fare con il tema dello shopping. Poi, mettetele insieme e dividetele nelle seguenti categorie:

COSTO	LUOGHI	COSE	VERBI	ALTRO

1d Leggi l'articolo e svolgi le attività che lo seguono.

IPER SHOPPING

Maxi centri, outlet, multinegozi ... Ecco i "superluoghi", le città degli acquisti che ci attirano con cinema, parchi divertimenti, spettacoli ... Ma anche con saldi tutto l'anno e paesini artificiali.

di Giovanna Camardo

1. Le nuove cattedrali del consumo stanno sorgendo ovunque. Sempre più grandi. Centri commerciali, agglomerati* di mega-negozi di elettrodomestici, mobili o articoli sportivi, outlet dove trovare prodotti firmati* a prezzi scontati ... Questi – e altri – paradisi dello shopping si stanno moltiplicando. Come stanno cambiando il nostro modo di fare acquisti, il nostro tempo libero, ma anche il panorama delle città? E come ci convincono a spendere sempre di più? In Italia, a fine 2006, la società Jones Lang LaSalle ha censito* 635 iperstrutture: in grande maggioranza centri commerciali classici [...], ma anche i centri più nuovi che fondono shopping e divertimento (con cinema o palestre), outlet e "parchi commerciali" che riuniscono grandi negozi specializzati. [...]

2. Abbondanza economica

«I centri commerciali si stanno moltiplicando in Italia, dove erano ancora meno diffusi rispetto ad altri Paesi europei» spiega Sandro Castaldo, direttore dell'area marketing della Sda Bocconi. Se consideriamo la densità rispetto alla popolazione, in Italia ci sono 169 m2 di centri commerciali ogni mille abitanti, in Svezia 405 [...] «*Si pensava* che non fossero in linea con le abitudini degli italiani, più propensi alla spesa nel negozio vicino e meno a prendere l'auto. La formula ha però avuto successo: ad attrarre sono l'abbondanza di merci* e la percezione della convenienza. Così c'è un boom delle costruzioni, soprattutto dove i centri commerciali sono meno diffusi come nel Centro e nel Sud» dice Castaldo. [...]

3. Città comode

Il segreto del successo? Riuniscono moltissimi negozi [...] Hanno comodi parcheggi: è essenziale che siano ben raggiungibili in auto. Sono città coperte, con piazze e panchine. Nati nei sobborghi urbani Usa negli anni '50, i centri commerciali sono ormai un modello globale. Hanno un boom in Asia, dove sorgono colossi* come il South China Mall di Dongguan (Cina), il più grande del mondo [...]

4. Saldi continui

«I centri commerciali uniscono divertimento e shopping e sono sempre più grandi» spiega Castaldo. «Spettacoli, cinema, palestre, ristoranti, allungano la permanenza nel centro. E più *si sta*, più *si spende*. [...]

In più *si porta* un "centro cittadino" dove questo manca: nelle aree periferiche*. «È il posto dove fare un giro, mangiare, incontrare altre persone. È diventato un ritrovo, per esempio, per i ragazzi» spiega Castaldo.

Altri paradisi dello shopping, gli outlet. «Riuniscono negozi che vendono prodotti firmati, ma scontati [...] Sono villaggi di saldi continui» dice Mosè Ricci, docente di urbanistica all'Università di Genova.

Il modello, americano, è arrivato in Italia nel 2000 con l'apertura dell'outlet di Serravalle Scrivia (AL). [...] «Sono costruiti come paesini tipici italiani: i clienti passeggiano di negozio in negozio, in un ambiente familiare» dice Ricci. [...]

5. Circondati dalle tentazioni

La moltiplicazione delle cattedrali dello shopping riflette la nostra società. [...] Gli incitamenti a consumare sono ovunque: non solo per la pubblicità, ma anche perché vediamo gli altri che possiedono prodotti di marca. Ma ci sono altre due strategie per farci consumare di più. Primo, rendere lo shopping sempre più piacevole. Secondo, moltiplicare le occasioni di consumo».

Ovunque, infatti, ci troviamo di fronte qualcosa da comprare. «Dove siamo costretti a passare del tempo, come in aeroporti e stazioni, ma anche in musei e ospedali» spiega Giandomenico Amendola, docente di sociologia urbana alla facoltà di architettura dell'Università di Firenze. «Le boutique dei grandi musei vendono di tutto e sono spazi molto redditizi. E vere macchine per vendere sono gli aeroporti: *si passa* il tempo dopo il check-in comprando. [....] *Si gira* tra i negozi dove c'è di tutto, *si finisce* per comprare. [...] Anche le stazioni si sono trasformate. [...] «Ma ci sono anche i nuovi "multinegozi": libreria, ma anche bar, cioccolateria ecc. Vendono al consumatore quello per cui è entrato e qualcosa in più [...]» sottolinea Ferraresi*. Inoltre aumenta anche il tempo in cui abbiamo la possibilità di consumare. «Gli orari di apertura si allungano, anche la domenica» dice il sociologo. «Non solo: possiamo comprare 24 ore su 24, anche a casa, su Internet». [...]

Focus gennaio 2008

GLOSSARIO - I verbi sono dati all'infinito

agglomerati: raggruppamenti, gruppi numerosi di case, negozi, ecc. nello stesso posto

prodotti firmati: prodotti di marca, griffati

censire: registrare, contare

merci: prodotti in vendita

colossi: giganti

aree periferiche: zone di periferia, lontane dal centro

Ferraresi: il sociologo Mauro Ferraresi, Università Iulm, Milano

i. Controlla le risposte alle domande nell'attività 1b.

ii. Nell'articolo ci sono delle espressioni formate da nomi e aggettivi. Completa la tabella trasformando le espressioni al singolare o al plurale come negli esempi.

SINGOLARE	PLURALE
Centro commerciale	Centri commerciali
	Articoli sportivi
	Prezzi scontati
	Prodotti firmati
	Parchi commerciali
Grande negozio specializzato	Grandi negozi specializzati
	Paesi europei
	Comodi parcheggi
	Città coperte
	Sobborghi urbani
Modello globale	
Centro cittadino	
	Aree periferiche
	Paesini tipici italiani
Ambiente familiare	
	Grandi musei

iii. Nell'articolo ci sono parole come *maxi centri, multinegozi, superluoghi, meganegozi*. Cosa significano queste parole?

ALTRI PREFISSI

I prefissi **mega-** e **maxi-** si riferiscono alle dimensioni di qualcosa e significano *grande, enorme* ecc.

Il prefisso **super-** indica una posizione di superiorità.

Il prefisso **multi-** si riferisce alla quantità e significa *con molti*.

Cosa significano le seguenti parole?

maxischermo, megaconcerto, multisala, superuomo

---

iv. Castaldo dice che il centro commerciale «è il posto dove fare un giro, mangiare, incontrare altre persone. È diventato un ritrovo, per esempio, per i ragazzi». Sei d'accordo con lui? Scrivi la tua opinione. Puoi usare le espressioni nel riquadro.

ALCUNE ESPRESSIONI UTILI

Per me... / Secondo me ...	Sono abbastanza d'accordo, ma ...	Bisogna considerare anche ...
Sono assolutamente d'accordo con ...	Nella mia esperienza ...	Non tutti possono ...
Non sono d'accordo perché ...	Per me e per i miei amici ...	Per alcuni ... Per altri ...
Non sono sicuro/a	Per i giovani ...	

v. Lavora con un compagno/a. Rileggete le espressioni in corsivo nell'articolo e insieme rispondete a queste due domande:

- Come sono formate le espressioni in corsivo?
- Cosa significano secondo voi? Potete dirle con altre parole?

> **LA FORMA IMPERSONALE**
>
> La forma impersonale si chiama in questo modo perché si usa per esprimere un'azione non svolta da una persona specifica, ma da chiunque.
>
> Si forma con *si + la 3a persona singolare del verbo*.

1 e Ascolta i seguenti annunci e svolgi le attività.

i. Indica a quale annuncio si riferiscono i seguenti argomenti scrivendo il numero corretto nelle caselle.

a. Soggiorno in albergo ☐
b. Sconti su tanti articoli ☐
c. Proposta per un regalo di Natale ☐
d. Una compagnia aerea ☐
e. Pagamento senza interessi ☐
f. Forti sconti su occhiali da sole ☐

ii. Ascolta di nuovo gli annunci e per ognuno indica le informazioni richieste.

1. La data entro cui bisogna iscriversi al sito _____
2. Il tipo di negozio di cui si parla _____
3. Numero di telefono da chiamare _____
4. L'accessorio di cui si parla _____
5. Data fino a cui l'offerta è valida _____
6. Numero di telefono da chiamare _____

2 LA MODA

2a Entriamo nel tema

i. Scrivi i colori nel riquadro sulla riga giusta.

I COLORI

arancione	lilla
azzurro	marrone
beige	nero
bianco	rosa
blu	rosso
celeste	turchese
giallo	verde
grigio	viola

ii. Che cosa vedi in questa vetrina? Puoi usare le parole nel riquadro.

ABBIGLIAMENTO E ACCESSORI

l'accappatoio	i jeans
il berretto	la maglietta/la t-shirt
la borsa	il maglione/il pullover
le calze	l'ombrello
i calzini	l'orologio
la camicia	i pantaloncini/gli short
il cappello	i pantaloni
il cappotto	il portafoglio
le ciabatte infradito	i sandali
la cintura	le scarpe
il costume (da bagno)	le scarpe da ginnastica
la cravatta	gli scarponi (da montagna, da sci)
la felpa	la sciarpa
la giacca	gli stivali
la giacca a vento	la tuta
il giaccone	il vestito
la gonna	lo zaino
i guanti	

iii. Ascolta le descrizioni. A quali immagini si riferiscono? Riempi la griglia.

	DESCRIZIONE	IMMAGINE
a.		
b.		
c.		
d.		
e.		

iv. L'insegnante ti darà la trascrizione delle descrizioni: completala con le lettere che mancano per completare gli aggettivi. Attenzione all'accordo!

v. Ascolta di nuovo e controlla.

2b Prima di leggere, lavora con un compagno/a e rispondete a queste domande:
- Che sport praticate?
- Quali capi di abbigliamento e accessori usate per praticarli?

2c Leggi questo breve testo e guarda le immagini che lo accompagnano, poi svolgi le attività che lo seguono.

moda

Urban chic

Felpe, gonne in tulle, lurex, t-shirt colorate… L'abbigliamento da *palestra* va bene anche in città. Aggiungici un particolare glam: sarai stilosa e disinvolta nel tuo look quotidiano

Berretto in lurex
Dimensione Danza

T-shirt collo ad anello Adidas
€ 45,00

Felpa in lurex
Dimensione Danza € 79,00

Pochette argento Converse
€ 15,00

Gonna in tulle
Dimensione Danza € 99,00

Pantaloni Freddy € 49,90

Scaldamuscoli
Dimensione Danza € 43,00

TOPGIRL
febbraio 2009

GLOSSARIO

stilosa: alla moda (parola di formazione recente)   *quotidiano*: di tutti i giorni

i. Il testo e le immagini si riferiscono alle ragazze. Crea un testo per i ragazzi: cosa portano in palestra?

ii. Quali sono i capi di abbigliamento e accessori sportivi che usi anche nella vita quotidiana? Quali sono i tuoi preferiti?

iii. Trova le parole straniere nel testo: qual è il loro equivalente italiano?

3 I REGALI

3a In quali occasioni le persone si scambiano regali nel tuo Paese? Completa la tabella che l'insegnante ti darà. Abbiamo lasciato qualche spazio in bianco, dove puoi aggiungere altre occasioni in cui le persone si fanno regali nel tuo Paese.

3b Lavora con un compagno/a. Leggete i seguenti consigli per un regalo. Come vedete, l'aggettivo "bello", in corsivo, è presente in diverse forme. Scoprite la regola!

Che regalo posso fare alla mia ragazza?

Un *bello* zaino nuovo

Una *bella* una cenetta romantica

Un *bel* mazzo di fiori: fanno sempre piacere!

Che ne dici di un paio di *begli* occhiali da sole?

Un *bell'*anello o un *bel* braccialetto, ma di quelli che costano poco!

Una *bella* fotocamera digitale o una videocamera per fissare i *bei* momenti

Dei *bei* pantaloni alla moda, oppure un paio di *bei* libri ... Dipende dai suoi gusti!

3c Ora completa questo consiglio più lungo accompagnando l'aggettivo "bello" ai regali consigliati.

un _____ braccialetto con su inciso qualcosa, una _____ collana, un _____ pupazzo grandissimo, un _____ calendario o un _____ album con le vostre foto, un _____ cuscino con una vostra foto, dei _____ orecchini, dei _____ guanti con un _____ cappello.

3d Sei in crisi con i regali? Chiedi consiglio ai compagni. *Cosa posso regalare a ...?*

4 IL MADE IN ITALY

4a Entriamo nel tema.

i. Il made in Italy è famoso in tutto il mondo. Lavora con un compagno/a. Conoscete i seguenti marchi? A quale settore si riferiscono? Se non li conoscete, fate una ricerca su internet. Poi scrivete i numeri sulla riga giusta.

1. Giorgio Armani
2. Ferrari
3. Alfa Romeo
4. Aprilia
5. De Cecco
6. Ellesse
7. Fiat
8. Fila
9. Invicta
10. Lavazza
11. Furla
12. Maserati
13. Ducati
14. Monini
15. Piaggio
16. Martini
17. TIM
18. Ferrero
19. Dolce&Gabbana
20. Alessi
21. Illy
22. Barilla
23. Bulgari
24. Gaggia
25. Nero Giardini
26. Diesel

Abbigliamento sportivo _____

Accessori per l'abbigliamento _____

Design per la casa _____

Industria automobilistica _____

Calzature _____

Gioielli _____

Macchine per il caffè _____

Moto e motorini _____

Moda _____

Industria alimentare _____

Telefonia mobile _____

Vino e aperitivi _____

4b Leggi un testo sul made in Italy e svolgi le attività.

i. Associa i seguenti oggetti made in Italy alle immagini numerate scrivendo il numero giusto accanto a ogni oggetto.

IL TRICOLORE IN UN AEROPORTO

In giro per il mondo ci sono molti più oggetti italiani di quanti ne potremmo immaginare. [...]

___ **Scarpe:** è italiana la fabbrica più grande del mondo;

___ **Pistola:** italiane, fra le altre, sono quelle di polizia e marines Usa;

___ **Lampada:** il design italiano è tra i più apprezzati al mondo;

___ **Montature per occhiali** (30% del mercato);

___ **Aeroplano:** dall'Italia arrivano componenti dei velivoli* Boeing e parti di Airbus;

___ **Collant:** l'Italia controlla il 36% del mercato mondiale;

___ **Pattini in linea:** (60% del mercato mondiale);

___ **Poltrone, divani e sedie** (50% del mercato);

___ **Sanitari* e piastrelle:** l'Italia produce
___ più di metà delle piastrelle vendute nel mondo

___ **Vermouth e apertivi;**

___ **Scooter:** siamo tra i maggiori produttori di motori;

___ **Gioielli:** il 90% dell'oro lavorato è italiano;

___ **Orologio da parete;**

___ **Macchina per il caffè;**

___ **Abbigliamento:** la moda italiana è leader nel mondo.

Focus Extra n. 2 primavera 2000

GLOSSARIO

velivoli: aeroplani

sanitari: strutture usate per la pulizia della persona, come la doccia, il lavandino, la vasca ecc.

ii. Cosa hai imparato da questo testo? Ci sono informazioni che ti sorprendono?

iii. Che cosa è "made" nel tuo Paese? Quali prodotti troviamo in giro per il mondo?

4c Leggi ora un brano da un articolo intitolato *Made in Milan* e svolgi le attività.

MADE IN MILAN

Vestiti, sedie, bilance, interruttori, panettoni, caramelle, calendari, satelliti, radar, macchine per scrivere, romanzi … Quanto *made in Italy*, se si va ad approfondire, diventa più precisamente *made in Milan*. E non perché chi crea o inventa sia necessariamente milanese doc*. Anzi, nella gran parte dei casi si tratta di persone nate e spesso formate altrove*, ma che soltanto qui trovano il "sistema" organizzato adatto a produrre […]

Talmente cool da finire in un cartoon

Il settore milanese più noto all'estero* è senza dubbio la moda. Santo Versace dice che il successo meneghino* si può vedere sulle insegne dei negozi che dominano le vie di lusso di Shanghai, Tokyo, Dubai, Mosca: Armani, Versace, Dolce & Gabbana, Prada eccetera. […] A Milano, poi, sono nate le top model. Le ha "inventate" Gianni Versace, chiedendo per primo alle modelle di non essere solo manichini* ma di esibire la propria personalità.

Donnine … vestite

L'altra attività "tutta milanese" nota nel mondo è il design. Per farsi un'idea del *made in Milan* in questo campo basta un giro in città nei giorni del salone del Mobile*. Un popolo cosmopolita, serio o bizzarro, giovane o meno, si muove come una fiumana* a ogni ora e in ogni angolo in cui ci sia un oggetto nuovo da vedere […] Al Moma di New York (il più celebre museo del design e dell'arte moderna al mondo), decine e decine di oggetti esposti sono fatti o progettati sotto la Madonnina*. […]

Focus Extra inverno 2007-2008

GLOSSARIO

milanese doc: milanese autentico, puro
altrove: in un altro posto
all'estero: in altri Paesi, in Paesi stranieri
meneghino: milanese
manichini: fantocci usati per mostrare i vestiti nella vetrina di un negozio

salone del Mobile: famosa fiera dell'arredamento
fiumana: grande quantità di persone, come un fiume
sotto la Madonnina: a Milano (dalla statua della Madonna sul Duomo di Milano)

i. Nel testo, trova l'equivalente delle seguenti espressioni:

   a. al contrario _____

   b. famoso _____

   c. sicuramente _____

   d. è sufficiente _____

   e. famoso _____

ii. Lavora con un piccolo gruppo di compagni. Insieme create delle domande sull'articolo che avete letto. Preparate anche le risposte. Potete usare le parole nel riquadro per formulare le domande. Poi seguite le istruzioni dell'insegnante.

> ALCUNE ESPRESSIONI INTERROGATIVE
>
> Cosa ...?   Quale/Quali ...?   Chi ...?   Dove ...?   Come ...?
> In che modo ...?   Perché ...?

A che punto sono?

In questa unità

mi è piaciuto ...   non mi è piaciuto ...

Dopo questa unità ...

So ...

parlare delle mie abitudini e dei miei gusti riguardo allo shopping

descrivere l'abbigliamento di qualcuno

descrivere l'abbigliamento usato per praticare uno sport

esprimere la mia opinione su un'affermazione di altri

parlare dei regali che faccio e ricevo

riconoscere e usare alcuni prefissi per formare parole

formare il plurale delle parole

accordare sostantivi e aggettivi al singolare e al plurale

usare gli aggettivi *bello* e *quello* davanti ai sostantivi

creare domande su un testo usando gli interrogativi

Conosco ...

i luoghi dove fare shopping in Italia

il lessico relativo all'abbigliamento e agli accessori

il lessico relativo alla descrizione dell'abbigliamento e degli accessori

molti prodotti del *made in Italy*

alcune occasioni speciali e feste italiane

Per migliorare posso ...

Per migliorare posso ...

Gli esami non finiscono mai

Unità 7

In questa unità ...

- ripasserai e amplierai il lessico relativo alla scuola
- parlerai della tua scuola e di una tua giornata scolastica
- discuterai i vantaggi e gli svantaggi della divisa
- amplierai la tua conoscenza del sistema scolastico italiano
- descriverai il sistema scolastico del tuo Paese
- amplierai la tua conoscenza delle feste italiane
- parlerai dei vantaggi e svantaggi delle gite scolastiche
- descriverai il bravo insegnante e il bravo studente di lingue
- parlerai delle lingue che conosci: da quanto tempo le studi, come le trovi, per cosa sono utili, come le impari, ecc.

- ripasserai l'uso del futuro per fare annunci
- esprimerai la durata di un'azione
- comincerai a imparare la formazione e l'uso del condizionale presente
- imparerai a usare la preposizione *da* con le persone, dopo verbi come *andare*, *stare*, *essere*, ecc.
- imparerai a usare la particella *ci* per non ripetere un luogo (attività nella Guida)
- imparerai a formare e usare la forma passiva

1 Sistemi scolastici

1a Entriamo nel tema e ripassiamo un po' di vocabolario.

  i. Quali parole associ al tema "scuola"?

  ii. Lavora con un compagno/a. Completate la mappa di parole per descrivere la vostra scuola.

SCUOLA
- Persone
- Parti della scuola
- Materie
- Azioni
- Oggetti nell'aula

1b Quante informazioni hai sulla scuola italiana? Scoprilo con un quiz che l'insegnante ti darà.

1c Ci sono alcune parole della scuola che in alcune lingue sono falsi amici. Consulta il dizionario e cerca il loro significato nel contesto della scuola.

| scrutinio | interrogazione | argomento | classe | commissione |
| collegio | materia | promozione | tema | |

1d Prima di ascoltare un'intervista sulla vita scolastica degli studenti italiani, svolgi le attività.

  i. Lavora con un gruppo di compagni. Riempite la mappa con il vocabolario che conoscete sul tema "scuola" in relazione alle seguenti categorie.

SCUOLA
- Tipi di scuola
- Vacanze
- Attività extracurriculari

  ii. Nell'intervista si parla di *sciopero* e di *autogestione*. Lavora con i compagni, con l'aiuto dell'insegnante, e cercate informazioni sul significato di queste due parole nel contesto della scuola.

Unità 7

1 e Ascolta tutta l'intervista e svolgi le attività.

i. Indica se le seguenti affermazioni sono vere o false.

	Vero	Falso
a. Gli studenti intervistati fanno il quarto anno	☐	☐
b. In classe sono ventotto	☐	☐
c. È una classe mista	☐	☐
d. Le lezioni cominciano alle 9.00	☐	☐
e. La ricreazione dura 15 minuti	☐	☐
f. Normalmente le lezioni finiscono all'1,30	☐	☐
g. L'ora di religione è obbligatoria per tutti	☐	☐
h. Gli studenti fanno attività extracurriculari solo il sabato	☐	☐

ii. Riascolta l'intervista concentrandoti sulle materie studiate dagli studenti intervistati e metti una crocetta accanto alle materie che senti.

arte	☐	biologia	☐	chimica	☐	diritto	☐
disegno tecnico	☐	economia	☐	economia domestica	☐	educazione fisica	☐
filosofia	☐	fisica	☐	francese	☐	geografia	☐
greco	☐	inglese	☐	italiano	☐	latino	☐
matematica	☐	musica	☐	storia	☐	psicologia	☐
ragioneria	☐	religione	☐	spagnolo	☐	tedesco	☐

iii. Riascolta l'intervista e rispondi alle seguenti domande:

a. Che tipo di scuola frequentano gli studenti intervistati?

_____

b. Quali sono le materie più importanti nella loro scuola?

_____

c. Menziona le seguenti informazioni sull'autogestione:

Quando _____

Per quanto tempo _____

Attività alternative _____

_____

Chi l'organizza _____

d. Quali attività extracurriculari possono svolgere gli studenti, per esempio?

_____

1f Com'è la vita di uno studente nel tuo Paese? Completa la scheda e cancella le informazioni che non sono rilevanti per te.

La mia scuola si chiama _____
ed è a _____. È una scuola maschile/femminile/mista. In classe siamo _____
Andiamo a scuola dal _____
al _____. Le lezioni cominciano alle _____ e finiscono alle _____. Facciamo ricreazione dalle _____ alle _____
e la pausa pranzo dalle _____
alle _____. Le lezioni finiscono alle _____. Portiamo/non portiamo la divisa. A scuola facciamo sport, per esempio _____. Io studio _____
_____
_____.

Abbiamo vacanze _____
_____.

> **PER ESPRIMERE LA DURATA DI UN'AZIONE (1)**
>
> Faccio la pausa pranzo **da** mezzogiorno **all'**una
>
> Faccio la pausa pranzo **dall'**una **alle** due
>
> Faccio i compiti **dalle** cinque **alle** sette
>
> **DA** mezzogiorno/mezzanotte
> **A** mezzogiorno/mezzanotte
>
> **DALL'**una
> **ALL'**una
>
> **DALLE** due/tre, ecc
> **ALLE** due/tre, ecc.

1g Descrivi una di queste situazioni, a tua scelta:

- un pomeriggio tipico

- un weekend tipico

- una giornata tipica durante le vacanze estive

1h Ascolta cosa dicono alcuni studenti italiani sulle vacanze scolastiche italiane in paragone a quelle inglesi e tedesche, e svolgi le attività.

i. Indica con un segno (✓) se gli studenti intervistati preferiscono il sistema italiano o quello inglese e tedesco.

STUDENTE	SISTEMA ITALIANO	SISTEMA INGLESE E TEDESCO
Donatella		
Isabella		
Massimo		
Daniele		
Sara		
Luca		

ii. Lavora con un piccolo gruppo di compagni. Quante vacanze hanno gli studenti nel vostro Paese durante l'estate? Quale sistema preferite? Potete usare le espressioni nel riquadro.

È meglio il sistema ...	È meglio il nostro/il loro sistema	È meglio qui in ...
È meglio da noi/ da loro	È vero che ..., ma ...	Da loro ...; da noi ...
tuo > vostro	preferisci > preferite	Puoi > Potete

Prima di leggere, svolgi l'attività.

Lavora con un compagno/a. Qual è il calendario scolastico nel vostro Paese? **Quanti giorni** di vacanza hanno gli studenti e **quando** esattamente?

Leggi un breve testo sul calendario per l'anno scolastico 2009/2010 e svolgi le attività.

www.diariodelweb.it

Anno scolastico 2009/2010, lezioni al via il 15 di settembre in Emilia Romagna

Termineranno il 5 giugno 2010. 205 i giorni di scuola

Fonte: © REGIONE.EMILIA-ROMAGNA.it - Pubblicata il 11/05/2009

BOLOGNA – *Saranno* 205 i giorni di scuola il prossimo anno scolastico in Emilia-Romagna: le lezioni *inizieranno* martedì 15 settembre 2009 per concludersi sabato 5 giugno 2010. I giorni di festa, oltre alle domeniche, *saranno* undici (1° novembre, 8 dicembre, Natale e S. Stefano, Capodanno, Epifania, Lunedì dell'Angelo, 25 aprile, 1° maggio, 2 giugno, festa del patrono).

Lezioni sospese quest'anno anche il 2 di novembre e il 7 dicembre. Le vacanze natalizie *andranno* dal 24 dicembre 2009 al 6 gennaio 2010, mentre quelle pasquali *inizieranno* il 1 aprile e *termineranno* il 6 aprile 2010 compreso (nel 2010 Pasqua *cadrà* il 4 aprile). È questo in sintesi il calendario per l'anno scolastico 2009-2010 [...]

www.diariodelweb.it - 11 maggio 2009

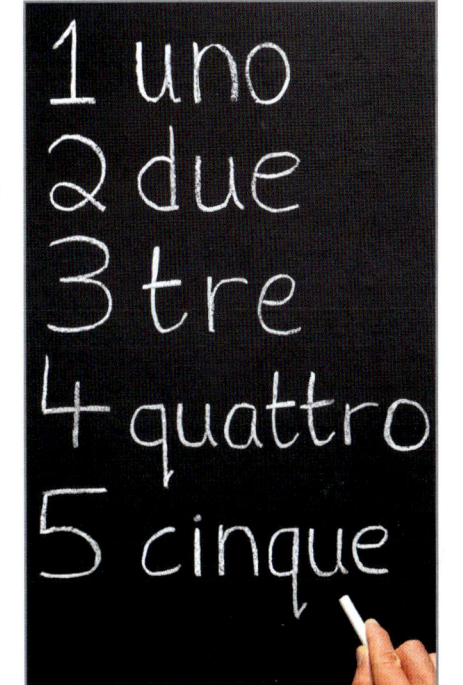

i. Quali sono le differenze tra il calendario scolastico in Emilia-Romagna (molto simile a quello delle altre regioni) e quello del tuo Paese?

ii. Il testo menziona alcune feste italiane. Lavora con un compagno/a. Associate le feste nella colonna di sinistra alla data nella colonna di destra. Se non siete sicuri, consultate internet!

1. 1 novembre
2. 8 dicembre
3. 25 dicembre
4. 1 gennaio
5. 6 gennaio
6. 5 aprile (2010)
7. 1 maggio
8. 2 giugno
9. data variabile da città a città

a. Natale
b. Lunedì dell'Angelo (di Pasqua)
c. Ognissanti
d. Festa della Repubblica
e. Immacolata Concezione
f. Capodanno
g. Festa del patrono
h. Festa del Lavoro
i. Epifania

iii. Quali feste italiane esistono anche nel tuo Paese?

iv. In che tempo sono i verbi in corsivo nel testo? E qual è l'infinito? Completa la tabella seguendo l'esempio.

VERBO NEL TESTO	INFINITO
saranno	essere
inizieranno	
andranno	
termineranno	
cadrà	

v. Nel testo si usa questo tempo per ... Scegli la risposta corretta.

a. fare promesse ☐
b. annunciare qualcosa ☐
c. fare previsioni ☐
d. esprimere un desiderio ☐
e. esprimere un'intenzione ☐

Farai pratica di questo tempo nella prossima unità.

2 Vita da studenti: in classe e fuori

2a Prima di leggere, svolgi le seguenti attività.

i. Rispondi alle seguenti domande:
- Porti la divisa? Com'è?
- Se non porti la divisa, come ti vesti per andare a scuola?
- Quali sono i vantaggi di avere la divisa?

ii. Secondo te il ministro dell'istruzione propone di introdurre la divisa per .... Scegli le opzioni che ti sembrano più appropriate.

☐ accontentare i genitori

☐ creare senso di appartenenza al gruppo

☐ aiutare le ragazze, che non sanno mai cosa mettersi

☐ impedire un abbigliamento volgare

☐ non permettere di ostentare l'abbigliamento

☐ avere studenti tutti uguali

iii. Lavora con un compagno/a. Pensate a gruppi di persone che portano una divisa, ufficiale o non ufficiale. E voi, in quali situazioni vi vestite come gli altri membri del vostro gruppo?

2b Leggi l'articolo, svolgi le attività e controlla le tue risposte nell'attività 2a.ii.

www.gingergeneration.it

Gelmini propone la divisa a scuola come nei college

L'ultima idea del Ministro dell'istruzione: vestirci tutti uguali per andare a scuola, con una divisa per creare senso di appartenenza al gruppo e per contrastare le volgarità e le ostentazioni

di Valentina Mottana

Avete presente come si vestono le studentesse inglesi dei college? Gonna plissettata con i colori della scuola, camicetta bianca con cravattina, il tutto completato da calze al ginocchio e scarpe da tennis o con poco tacco.

Beh, forse non ci vestiremo come Britney Spears nel video di "Hit me baby one more time", ma l'idea che è venuta al ministro dell'istruzione Gelmini ci va un po' vicino: la proposta è proprio quella di introdurre la "divisa" della scuola, che forse qualcuna di noi ha sperimentato solo all'asilo*.

Tranquille*: non si tratta di portare fino al quinto anno delle superiori* un goffo* grembiule nero o bianco con il fiocco, ma piuttosto di trovare un abbigliamento uniforme per tutti gli studenti della stessa scuola, che <u>avrebbe</u> totale autonomia di scelta, in base a quanto detto dal Ministro.

Perché la divisa?

La proposta del ministro Gelmini nasce da una constatazione*: spesso i ragazzi e le ragazze vanno a scuola vestiti in un modo inadeguato, mostrando un po' più del necessario e generando distrazione generale. Ma non solo: è dimostrato che vestirsi tutti nello stesso modo aiuta a combattere il "razzismo di classe" e rafforza lo spirito di gruppo e il senso di appartenenza ad esso.

Pensate alle volte in cui può esservi capitato di vestire uguale ai membri della vostra stessa squadra e capirete di cosa si tratta. Allo stadio i tifosi si vestono uguali, i volontari della croce rossa indossano tutti la tuta arancione con i catarifrangenti argentati*, ai concerti molti sfoggiano* sulla maglietta il nome o il volto del loro idolo, e nelle squadre di pallavolo i colori distinguono le compagne dalle avversarie.

Voi cosa <u>fareste</u>?

Voi credete che la divisa <u>potrebbe</u> avere un effetto positivo nel modo di affrontare la scuola?

<u>Accettereste</u> di sacrificare un po' del vostro stile personale in nome dell'uguaglianza e del senso di appartenenza?

ginger generation 2 settembre 2008

GLOSSARIO – I verbi sono dati all'infinito

asilo: scuola materna o dell'infanzia, dai 3 ai 5 ½-6 anni

tranquille: calma, state calme (parlando con delle ragazze)

quinto anno delle superiori: corrisponde all'ultimo anno di scuola

goffo: scomodo

constatazione: osservazione

catarifrangenti argentati: strisce che riflettono la luce, di colore argento

sfoggiare: esibire, mostrare

2c Nell'articolo ci sono dei verbi sottolineati. Sono al condizionale presente, di cui troverai la formazione e l'uso nella sezione Grammatica alla fine del libro. Per l'uso del condizionale in questo testo, guarda il riquadro.

> ### IL CONDIZIONALE PRESENTE (INTRODUZIONE)
>
> Per esprimere la conseguenza di una situazione ipotetica e commentarla:
>
> Nella situazione ipotetica in cui è introdotta la divisa:
>
> ... un abbigliamento uniforme per tutti gli studenti della stessa scuola, che **avrebbe** totale autonomia ...
>
> Voi cosa **fareste**?
>
> Voi credete che la divisa **potrebbe** avere un effetto positivo ...
>
> Per esprimere un desiderio:
>
> **Accettereste** di sacrificare un po' del vostro stile personale ...?

2d Rispondi brevemente a una delle domande alla fine dell'articolo.

2e Prima di ascoltare un'intervista con una ragazza che esprime la sua opinione sulla divisa, completa la trascrizione dell'intervista con le parole nel riquadro.

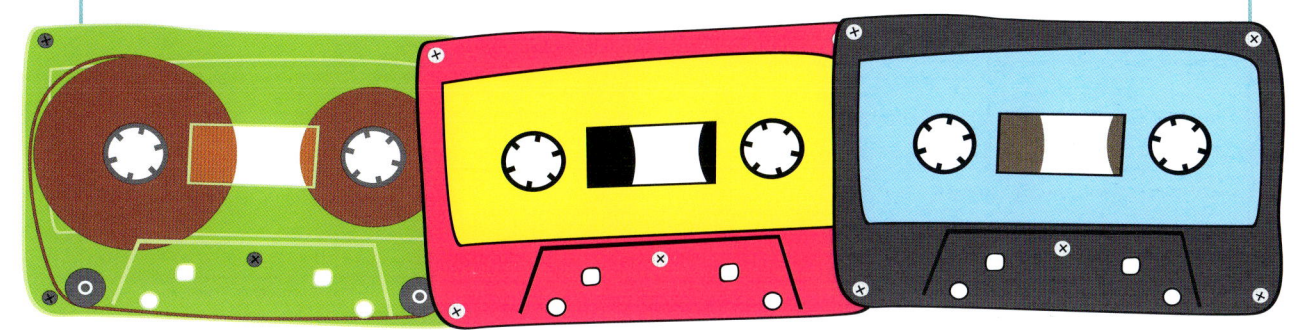

| americani | divisa | film | Italia | liberi | personalità | scuola |

Allora ragazzi, ora vorrei conoscere la vostra opinione sull'eventuale introduzione della divisa nelle scuole italiane. Francesca, tu cosa ne pensi?

Beh, da una parte indossando la _____ forse ci sentiremmo tutti più parte della nostra _____.
Dall'altra, avendo la possibilità di vestirsi come si vuole ... possiamo essere più _____ e far vedere, far conoscere agli altri la nostra _____
perché vestirsi è anche un modo di farsi conoscere. Però dall'altra parte quando vediamo i _____ con ragazzi inglesi o _____ che portano la divisa, beh, è bello vederli lì tutti vestiti uguali. Però, forse, non so quanto sarebbe buono avere, insomma, la divisa qui in _____ ... anche perché ormai siamo abituati a non portarla più, quindi non penso che sarebbe una buona cosa.

2f Ascolta e leggi l'intervista, e svolgi le attività.

  i. Controlla le tue risposte nell'attività 2e.

  ii. Quali sono gli aspetti positivi della divisa secondo Francesca?

  iii. Per quale ragione è però contraria a introdurla nelle scuole italiane?

  iv. Sottolinea le espressioni usate da Francesca per esprimere i pro e i contro di una situazione.

  v. Francesca usa tre verbi al condizionale presente: trovali! Cosa esprimono secondo te? E qual è l'infinito di questi verbi?

2g Prima di ascoltare una ragazza che racconta una gita scolastica svolgi l'attività.

Lavora con un piccolo gruppo di compagni. Riempite il seguente diagramma pensando alla vostra ultima gita scolastica.

INSEGNANTI	DESTINAZIONE	PERIODO

MEZZO DI TRASPORTO		NUMERO DEI PARTECIPANTI

COSE FATTE DURANTE LA GITA

2h Ascolta l'intervista e svolgi le attività.

  i. Riempi la griglia con tutte le informazioni che senti sulla gita.

QUANDO	
DOVE	
CHI	

  ii. Quali sono gli aspetti positivi delle gite scolastiche secondo Francesca?

2i L'insegnante ti darà la trascrizione dell'intervista. Leggila e svolgi le attività.

i. Puoi aggiungere qualcosa alle tue risposte nell'attività 2h?

ii. Nel testo, trova l'equivalente delle seguenti parole ed espressioni:

   a. siamo andati _____

   b. vicini, intorno _____

   c. posti _____

   d. una grande mangiata _____

iii. Cosa hanno fatto gli studenti durante la gita?

2l Svolgi una delle seguenti attività scritte, a tua scelta.

i. Racconta l'esperienza di una gita scolastica.

ii. Le gite scolastiche sono utili o no? Scrivi il tuo punto di vista, immaginando di presentarlo in un dibattito.

3 Tempo d'esami: la maturità

3a L'esame che gli studenti italiani fanno alla fine della scuola superiore si chiama ufficialmente *Esame di stato*, ma è chiamato comunemente "maturità". Prima di leggere un testo sulla struttura della maturità, svolgi le seguenti attività.

i. Lavora con un piccolo gruppo di compagni. Cosa sapete sulla maturità italiana? Alla fine, confrontate le vostre idee con quelle degli altri gruppi.

ii. Vi diamo alcune parole chiave che compaiono nel testo e che hanno un significato particolare **nel contesto della scuola**. Conoscete questo significato? Avete già incontrato alcune di queste parole.

prova	argomento	attualità	saggio	programma	traccia
tema	svolgere	vocabolario	relazione	commissione	

3b Lavorate in gruppi di quattro e svolgete le attività.

i. Ciascuno di voi legge una sezione del seguente testo, che descrive come è articolato l'esame di maturità in Italia.

ii. Riassumete per i compagni nel vostro gruppo gli elementi principali della prova d'esame di cui avete letto la descrizione.

iii. Tornate all'attività 3a. ii e verificate le vostre risposte.

iv. Insieme, fate una lista di somiglianze e differenze con il vostro esame di maturità.

1. Prima prova

La prima prova consiste in un tema di lingua italiana, comune per tutti gli indirizzi di studio. I candidati possono scegliere tra quattro temi:

i. Analisi e commento di un testo di un autore della letteratura italiana.

ii. Un argomento scelto fra quattro ambiti* tematici (artistico-letterario, storico-politico, socio-economico, tecnico-scientifico) svolto nella forma di un saggio breve o articolo di giornale.

iii. Un tema di argomento storico.

iv. Un tema di attualità su un dibattito culturale o sociale in corso.

I candidati hanno 6 ore per svolgere la prova di italiano, e possono consultare il vocabolario.

2. Seconda prova

La seconda prova è differenziata in base al tipo di scuola, e si basa su una materia che caratterizza il corso di studi in questione, come per esempio una traduzione di un brano dal latino o dal greco antico nel liceo classico, una prova di matematica nel liceo scientifico, economia aziendale nell'istituto tecnico commerciale, ecc.

La seconda prova d'esame dura da cinque a otto ore, e i candidati possono usare gli strumenti necessari per svolgerla, come un vocabolario di lingua latina o greca nel caso dei licei classici, una calcolatrice nel caso dei licei scientifici, e così via.

Nel caso dei licei artistici la prova dura tre giorni.

3. Terza prova

La terza prova scritta si basa su quattro o cinque materie scelte tra quelle previste nel programma dell'ultimo anno di scuola. La prova può consistere, per esempio, in brevi composizioni su dati argomenti, domande con risposta vero o falso, domande con risposte multiple, lo sviluppo di un progetto, ecc.

Le materie scelte per questa prova e i tipi di test vengono scelti dalla commissione d'esame, ma è obbligatorio inserire la lingua straniera tra le materie. I candidati hanno al massimo 6 ore per svolgere questa prova.

4. Prova orale

La prova orale è un'interrogazione su tutte le materie dell'ultimo anno del corso di studi. La commissione d'esame può cominciare la prova con un percorso interdisciplinare scelto dal candidato, e svolto sotto forma di un progetto che viene comunemente chiamato "tesina". In questo caso l'esame orale comincia con una breve discussione sull'argomento trattato. In ogni caso l'esame comincia con una discussione su un argomento a scelta del candidato.

La prova orale si svolge nel corso di diversi giorni e l'ordine di interrogazione dei candidati comincia con la lettera estratta durante il primo giorno d'esame.

I membri della commissione interrogano il candidato su ogni materia d'esame. Alla fine dell'interrogazione, al candidato può essere chiesto di firmare un modulo in cui sono elencati gli argomenti trattati durante l'esame.

***

La commissione d'esame è composta per metà da membri interni, cioè gli insegnanti dei candidati, e per metà da esaminatori esterni. In più c'è anche un presidente della commissione, che è esterno.

3c Lavora con un compagno/a. Guardate gli esempi nel riquadro. Cosa notate sul passaggio dalla forma attiva alla forma passiva? Discutete prima tra di voi, poi con i compagni e con l'insegnante. Infine, potete consultare la sezione Grammatica in fondo al libro.

> **LA FORMA PASSIVA**
>
> La commissione sceglie le materie scelte per questa prova e i tipi di test (forma attiva)
>
> Le materie scelte per questa prova e i tipi di test **sono/vengono scelti** dalla commissione (forma passiva)
>
> Gli studenti svolgono un progetto comunemente chiamato "tesina" (forma attiva)
>
> Un progetto comunemente chiamato "tesina" **è/viene svolto** dagli studenti (forma passiva)

3d Trasforma le seguenti frasi dalla forma attiva alla forma passiva, come negli esempi nel riquadro.

a. I candidati scelgono un tema tra quattro.
_____

b. I candidati consultano il dizionario se necessario.
_____

c. I candidati svolgono la terza prova in 6 ore al massimo.
_____

d. I membri della commissione interrogano gli studenti su ogni materia d'esame.
_____

e. Ogni anno gli studenti italiani organizzano l'autogestione.
_____

f. La lingua straniera che gli italiani studiano di più è l'inglese.
_____

g. Gli insegnanti preparano le lezioni.
_____

h. Francesca descrive i vantaggi e gli svantaggi della divisa.
_____

i. Gli insegnanti motivano gli studenti a imparare.
_____

l. Le scuole organizzano le gite scolastiche ogni anno.
_____

4 Imparare le lingue

4a Entriamo nel tema. Lavora con un piccolo gruppo di compagni e discutete:
- Da quanto tempo studiate l'italiano?

PER ESPRIMERE LA DURATA DI UN'AZIONE (2)

Studio l'italiano **da** sei anni   Presente del verbo + da + espressione di tempo

---

- Quante lingue parlate? Quali?
- Perché avete scelto di studiare l'italiano?
- Usate l'italiano fuori dalla scuola? Dove e con chi? Barrate le caselle.

  guardo film in italiano ☐
  leggo riviste italiane ☐
  vado su siti internet italiani ☐
  in vacanza in Italia ☐
  con parenti/amici italiani ☐
  altro (specifica) ☐ _____

- Cosa vi piace dell'italiano? Cosa trovate difficile?
- Secondo voi le lingue sono utili per … Indicate le scelte che considerate giuste.

  viaggiare
  trovare un lavoro ☐
  lavorare all'estero ☐
  studiare all'estero ☐
  trovare un/a partner ☐
  essere cittadini del mondo ☐
  conoscere culture diverse ☐
  leggere libri e giornali stranieri ☐
  guardare film in lingua originale ☐
  capire le parole di canzoni straniere ☐
  altro (specifica) ☐ _____

- Cosa vi aiuta a imparare una lingua?

  prendere appunti ☐
  fare domande ☐
  ascoltare l'insegnante ☐
  ascoltare i compagni ☐
  usare il dizionario e altri materiali ☐
  fare esercizi di grammatica ☐
  parlare in classe ☐
  associare le parole a un'immagine ☐
  creare esempi con le parole nuove ☐
  altro (specifica) ☐ _____

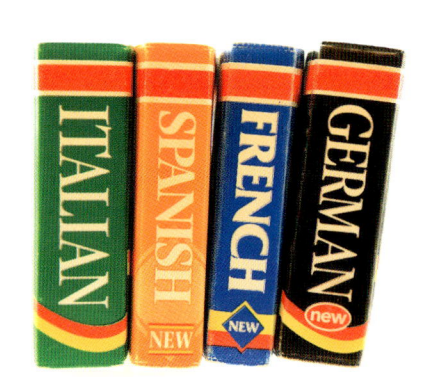

Unità 7

4b Leggi un brano in cui uno studente parla con la sua insegnante di francese e svolgi le attività.

i. Dal brano abbiamo tolto alcune espressioni. Mettile al posto giusto.

la cosa più importante   parlare   come si chiede   dove abiti   ho dei problemi

> [...] imparerò le basi della conversazione, tipo come ti chiami, _____, cosa mangi. E naturalmente che ora è. Anzi, mi invita a fare il prossimo corso di recupero che sarà tutto sulla **conversazione**. Mi dice che è importante la conversazione, molto importante. Perché conoscere una lingua vuol dire districarsi nella vita, saper vivere, saper viaggiare, saper _____ con la gente...Per esempio è molto utile nella vita pratica sapere _____ un bicchier d'acqua o cosa si dice a un tassista. Bisogna relazionarsi con gli altri. Mi dice che relazionarsi con gli altri è _____ [...] Poi mi sorride: «Hai capito bene, Torrente?»
> Le rispondo di sì. È una professoressa così gentile ...
> Mi accompagna alla porta e mi dice che comunque, se _____, posso andare da lei quando voglio.
>
> Paola Mastrocola, *Una barca nel bosco*, © Ugo Guanda Editore S.p.A., Parma

---

IL VERBO "ANDARE" SEGUITO DA UNA PERSONA

Quando dopo il verbo "andare" c'è una persona, si usa la preposizione *da*

Posso **andare da** lei

La stessa cosa succede anche con altri verbi, come per esempio:

Domenica pranzo **da** mia madre   Sono **da** Sandra

---

ii. Ti piace questa insegnante? Quali aggettivi useresti per descriverla?

iii. Sei d'accordo con quello che dice l'insegnante? Perché

iv. Lavora con un compagno/a. Mettete le seguenti qualità di un insegnante di lingua in ordine di importanza da 1 a 10, dalla più importante alla meno importante.

- sa mantenere la disciplina ☐
- sa spiegare bene ☐
- ha molta pazienza ☐
- ha il senso dell'umorismo ☐
- in classe usa la lingua che insegna ☐
- usa attività varie e stimolanti ☐
- ha una voce alta e chiara ☐
- è organizzato e prepara bene le lezioni ☐
- conosce bene i suoi studenti ☐
- trasmette passione per la lingua ☐

v. Quali altre caratteristiche aggiungereste a questa lista?

4c Lavora con un compagno/a. Quali sono secondo voi le qualità del bravo studente di lingue?

A che punto sono?

In questa unità

mi è piaciuto …   non mi è piaciuto …

Dopo questa unità …

So …

descrivere la mia scuola

descrivere una giornata di scuola

parlare delle materie che studio

parlare dei vantaggi e degli svantaggi della divisa

raccontare una gita scolastica

parlare dei vantaggi e degli svantaggi delle gite scolastiche

parlare delle lingue che conosco

descrivere il bravo insegnante e il bravo studente di lingue

esprimere la durata di un'azione

formare e usare il condizionale presente per esprimere un desiderio e la conseguenza di una situazione ipotetica

usare la particella *ci* per non ripetere un luogo

formare e usare la forma passiva

Conosco …

il lessico relativo alla scuola e agli esami

alcuni tipi di scuole secondarie

il sistema scolastico italiano

la struttura dell'esame di maturità in Italia

le vacanze scolastiche in Italia

Per migliorare posso …

Per migliorare posso …

Il nostro futuro

Unità 8

In questa unità ...

- imparerai alcune superstizioni italiane
- parlerai delle superstizioni nel tuo Paese
- ripasserai il lessico relativo ai segni zodiacali
- imparerai a chiedere e a dire il segno zodiacale di una persona
- userai il futuro per fare previsioni
- userai il futuro per parlare dei tuoi progetti e propositi
- imparerai a fare ipotesi reali
- farai ipotesi sul futuro del mondo

- ripasserai la formazione del futuro dei verbi regolari e dei principali verbi irregolari
- formerai il contrario delle parole usando i prefissi *s-* e *in-*
- imparerai a usare i pronomi diretti

1 Cosa dicono le stelle?

1a In Italia ci sono moltissime superstizioni. Qui di seguito ti diamo alcune situazioni. Lavora con un compagno/a. Insieme indicate se secondo voi portano fortuna o sfortuna mettendo le lettere nella colonna giusta.

a. rompere uno specchio
b. vedere un gatto nero che attraversa la strada
c. essere in tredici persone a tavola
d. trovare un quadrifoglio
e. passare sotto una scala
f. versare l'olio
g. trovare una coccinella
h. aprire l'ombrello in casa
i. regalare un fazzoletto
l. non restituire un oggetto
m. il giorno venerdì 17
n. mangiare lenticchie a Capodanno
o. portare con sé un cornetto rosso

FORTUNA	SFORTUNA

Quali di queste superstizioni italiane esistono anche nel tuo Paese?

1b Quali sono le superstizioni tipiche del tuo Paese? Lavora con un compagno/a e preparate una lista.

1c Molti italiani credono nell'astrologia e in Italia è normale sentire la domanda *Di che segno sei?* Entriamo nel tema e ripassiamo un po' di vocabolario.

i. Ti ricordi i segni zodiacali? Completa la seguente lista, includendo le date per ogni segno. Se non sei sicuro/a, puoi consultare internet o una rivista.

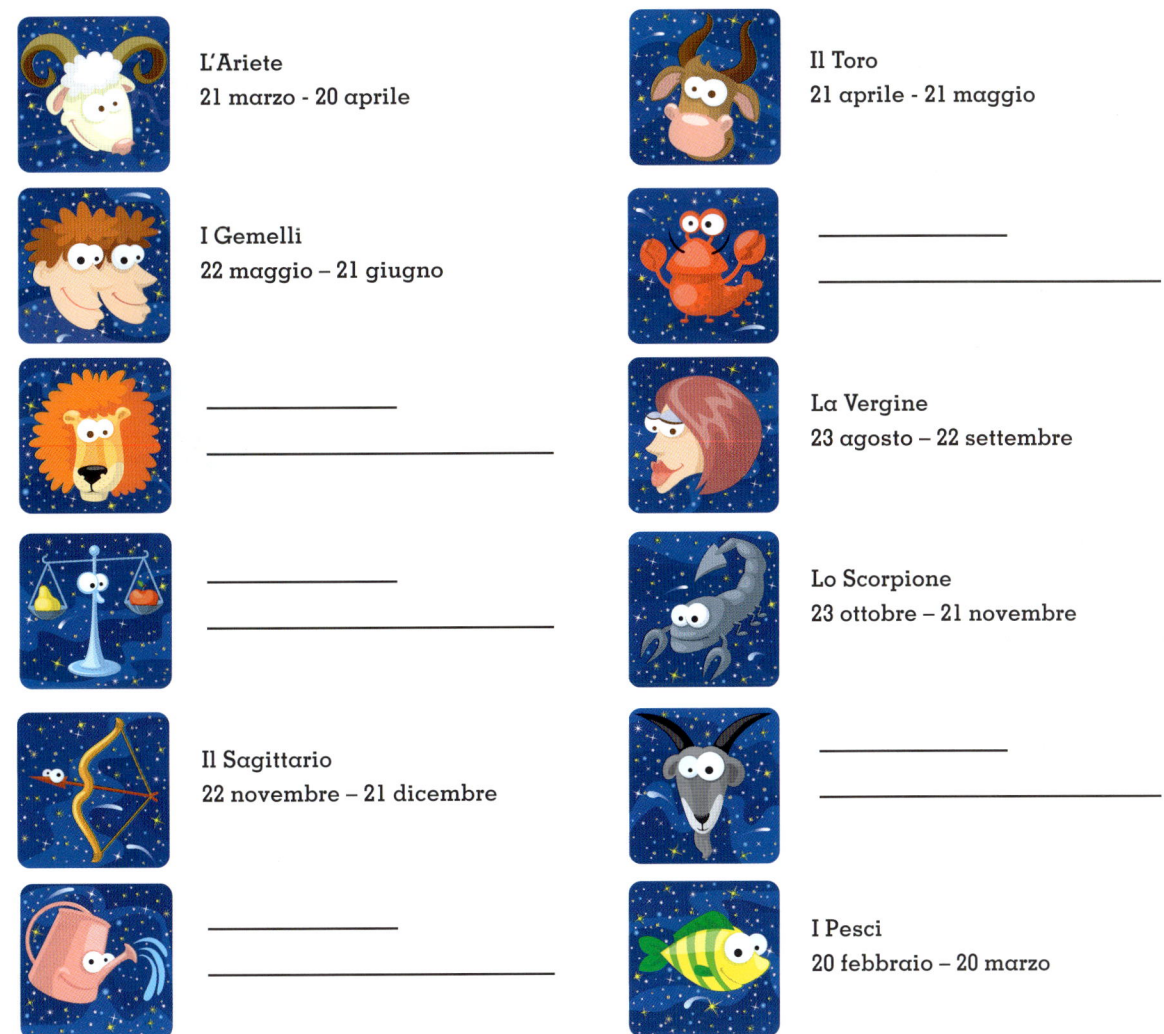

L'Ariete
21 marzo - 20 aprile

Il Toro
21 aprile - 21 maggio

I Gemelli
22 maggio – 21 giugno

_____
_____

_____
_____

La Vergine
23 agosto – 22 settembre

_____
_____

Lo Scorpione
23 ottobre – 21 novembre

Il Sagittario
22 novembre – 21 dicembre

_____
_____

_____
_____

I Pesci
20 febbraio – 20 marzo

ii. Di che segno sei? Completa la seguente tabella.

Sono ...

DEL	DELL'	DELLA	DELLO	DEI
Toro	Ariete	Vergine	Scorpione	Gemelli

1d Molti italiani dicono di non credere nell'oroscopo, ma lo leggono su giornali, riviste e siti web o lo ascoltano alla radio la mattina. Leggi l'oroscopo per alcuni segni zodiacali e svolgi le attività.

SOTTO LE STELLE

Toro 21/4 – 21/5

LEI Con l'aiuto di Venere nel tuo segno [...] un problema sentimentale *si risolverà* felicemente. [...] Martedì e mercoledì *saranno* due giornate leggermente faticose. [...] Dieta leggera, moderata attività fisica.

LUI Molti single *inizieranno* una storia d'amore importante. [...] Il settore dei soldi *riceverà* influssi positivi [...]. I cibi esotici e speziati non fanno al caso tuo.

Gemelli 22/5 – 21/6

LEI [...] Veloce superamento di un ostacolo. Un viaggio anche breve *potrà* rigenerarti.

LUI Una piccola bugia ogni tanto è ammissibile [...] Sottovalutare un concorrente è pericoloso [...]. Umore eccellente nel weekend.

Leone 23/7 – 22/8

LEI Non sempre si riesce a superare una grande prova mantenendo vivo l'amore: qualche coppia *si scioglierà* per questo motivo. [...] *Sarai* meno tesa sul lavoro. Sì a tutto ciò che distrae dalle preoccupazioni.

LUI [...] Non è proprio il caso di prendere decisioni importanti in campo professionale. La forma inizia a migliorare da domenica.

Vergine 23/8 – 22/9

LEI Guardati dalla curiosità indiscreta di un'amica [...] L'aria di montagna *farà* bene a chi è nervosa.

LUI [...] Lunedì *farai* fatica a concentrati sul lavoro [...]. Per rilassarti nel tempo libero fai cose piacevoli ma poco faticose.

Bilancia 23/9 – 22/10

LEI [...] *Risolverai* alcune cose complesse senza farti prendere dall'ansia. Mai esagerare con l'aria condizionata.

LUI No alla routine di coppia: il tuo segno socievole non può fare a meno degli amici [...] *Curerai* i tuoi interessi cercando di non ledere* i diritti degli altri. Recupero di energie nel weekend.

Sagittario 22/11 – 21/12

LEI *Riuscirai* ad aiutare facilmente chi ami [...] Non ingigantire una difficoltà sul lavoro: presto *verrà* superata. Riposati con una domenica senza impegni.

LUI [...] Se il capo dice no a una tua richiesta, *riuscirai* a convincerlo, a patto di mantenere la calma. Forma abbastanza buona.

Capricorno 22/12 – 21/1

LEI L'amore? Può essere un'esperienza eccitante o il piacere di condividere la quotidianità con la persona cara. [...] Fare è ok, voler strafare* invece no. *Saprai* avere buona cura di te.

LUI Le stelle promettono che matrimoni o convivenze* *saranno* certamente felici. Qualche nato di gennaio *riuscirà* a superare un momento difficile sul lavoro. Energie psicofisiche di ottima qualità.

24 giugno 2009

GLOSSARIO

ledere: danneggiare, offendere, non rispettare

strafare: fare troppo

convivenze: unioni senza essere sposati

i. I verbi in corsivo nel testo sono al futuro. Secondo te perché si usa questo tempo? Discuti con un compagno/a.

ii. Completa la tabella con l'infinito dei verbi al futuro nel testo. Cosa succede nel caso dei verbi in –are?

VERBO NEL TESTO	INFINITO
si risolverà	*risolversi*
inizieranno	
riceverà	
potrà	*potere*
si scioglierà	*sciogliersi*
sarai	*essere*
farà	
farai	
risolverai	
curerai	
riuscirai	*riuscire*
verrà	*venire*
saprai	

iii. Alcuni dei verbi al futuro nel testo sono irregolari. Prova a completare la tabella con un compagno/a

ESSERE	FARE	POTERE	VENIRE	SAPERE
sarò	farò		verrò	
		potrai	verrai	
sarà				saprà
saremo		potremo		
				saprete
	faranno		verranno	

1e Ora torna alle superstizioni dell'attività 1a. Associa ogni situazione nella colonna di sinistra alla sua conseguenza nella colonna destra.

1. Se rompi uno specchio
2. Se vedi un gatto nero
3. Se trovi un quadrifoglio
4. Se passi sotto una scala
5. Se apri l'ombrello in casa
6. Se regali un fazzoletto
7. Se non restituisci un oggetto
8. Se mangi lenticchie a Capodanno
9. Se porti con te un cornetto rosso

a. sarai fortunato
b. pioverà
c. avrai una giornata sfortunata
d. avrai sette anni di disgrazie
e. sarai sfortunato
f. allontanerai la sfortuna
g. guadagnerai molti soldi
h. la persona che lo riceve piangerà
i. litigherai con la persona che te lo ha dato

PER ESPRIMERE UN'IPOTESI REALE : PERIODO IPOTETICO DELLA REALTÀ

Per esprimere un'ipotesi reale, cioè una situazione che ha una conseguenza sicura, usiamo se + *il presente indicativo (o futuro)* nell'ipotesi e il *futuro* nella conseguenza. Vediamo qualche esempio:

Se studi/studierai (*ipotesi*) passerai l'esame (*conseguenza*)

Se mangi troppo (*ipotesi*) starai male (*conseguenza*)

IL CONTRARIO DELLE PAROLE: IL PREFISSO NEGATIVO S-

La parola *sfortunato* è il contrario di *fortunato*, così come *sfortuna* è il contrario di *fortuna*.

Uno dei modi per formare il contrario di una parola è infatti quello di mettere il prefisso s- prima della parola stessa.

1f Completa le seguenti ipotesi con una conseguenza. Attenzione alla persona!

a. Se fai sport _____
b. Se lavorate durante l'estate _____
c. Se usciamo subito _____
d. Se vai in Italia _____
e. Se impariamo a guidare _____
f. Se spendo troppo _____
g. Se vai a letto tardi _____
h. Se leggete il giornale _____
i. Se la gente prende l'autobus _____

Unità 8

1g Ora parliamo del tuo futuro. Immagina la tua vita tra dieci anni: come sarà? Fa' previsioni e parla dei tuoi propositi in base alle seguenti situazioni. Puoi usare le espressioni nel riquadro.

| I tuoi studi | Il tuo lavoro | I tuoi amici | Il tuo quartiere |

| La tua casa | Il tuo tempo libero | La tua famiglia | I tuoi viaggi |

FARE PREVISIONI E PARLARE DI PROGETTI FUTURI: ALCUNE ESPRESSIONI UTILI

Verbi al futuro: *farò, studierò*, ecc.

Vorrei + infinito

Mi piacerebbe + infinito

Spero di + infinito

Ho intenzione di + infinito

Penso che + futuro

---

2 Il futuro del mondo

2a Entriamo nel tema. Lavora con un piccolo gruppo di compagni. Secondo voi quali delle seguenti situazioni si verificheranno nel futuro? Qual è la ragione principale della vostra opinione? Alla fine condividete le vostre opinioni con il resto della classe.

		Sì	No
a.	Potremo diventare invisibili	☐	☐
b.	Tutti i pianeti saranno abitati	☐	☐
c.	Le religioni spariranno	☐	☐
d.	La gente non comunicherà più a voce	☐	☐
e.	Non mangeremo più carne	☐	☐
f.	Non andremo più a scuola e impareremo attraverso tv e internet	☐	☐
g.	Farà caldo in tutti i Paesi del mondo	☐	☐
h.	Le automobili non esisteranno	☐	☐
i.	Quasi tutti lavoreremo da casa	☐	☐
l.	Non andremo più al cinema	☐	☐
m.	Monete e banconote spariranno	☐	☐
n.	Imparare il cinese sarà obbligatorio per tutti	☐	☐

2b Lavorando con lo stesso gruppo di compagni, aggiungete situazioni che secondo voi si verificheranno sicuramente nel futuro.

2c Il settimanale britannico *New Scientist* ha previsto le 10 invenzioni più importanti dei prossimi 30 anni. Lavorando con un gruppo di compagni provate a immaginare quali saranno.

2d Prima di leggere un testo che riguarda una delle invenzioni, fate ipotesi sul suo contenuto a partire dalle parole nel riquadro.

spazio	vacanze	navicella spaziale personale	astronavi
2010	100 milioni di dollari	entro i prossimi 100 anni	

2e Leggi il testo che riguarda una delle invenzioni e svolgi le attività.

i. Completa il testo con i verbi nel riquadro, mettendoli nella forma corretta del futuro.

sarà (2)	prenderanno	diventeranno	costerà

Navicelle spaziali "formato famiglia"

CAMPER DEL FUTURO. Vacanze nello spazio: tra pochissimo *(a)* _____ un'alternativa ai viaggi in aeroplano sul pianeta Terra. E, azzarda* Patrick Wood della compagnia spaziale tecnologica inglese Eads Astrium, «entro i prossimi 100 anni, ognuno *(b)* _____ dotato della sua navicella spaziale personale».

Alati. L'ostacolo più grande? Trovare una modalità economica per far decollare le astronavi, visto che oggi i costi di decollo possono raggiungere anche i 100 milioni di dollari. Sembra tuttavia che gli ingegneri delle compagnie Virgin Galactic e Xcor Aerospace abbiano trovato una strategia per ovviare a* questo problema: ridurre la quantità di carburante (e quindi il peso) dei velivoli dotandoli di un paio di ali.

Carburante. Questa *(c)* _____ la caratteristica delle 2 navicelle, SpaceTwo e Lynux, che *(d)* _____ il volo nel 2010; la seconda, più piccola ed economica, *(e)* _____ "solo" 95 mila $ a viaggio. Un'altra possibilità potrebbe essere rinunciare completamente al carburante [...]

Focus giugno 2009

GLOSSARIO – I verbi sono dati all'infinito

azzardare: osare dire, proporre

ovviare a: risolvere

ii. Secondo te è possibile lo scenario descritto nel brano? Ti piacerebbe?

2f Se ci sarà un black out elettrico il mondo andrà in tilt ... Leggi una delle possibili conseguenze di questo eventuale black out e svolgi le attività.

Addio telefono

6 aprile 2012. Le sfere di plasma, partite a 150 milioni di chilometri dalla Terra, in pochi secondi *(a)* <u>mettono</u> fuori uso la rete elettrica mondiale. E per noi occidentali*, abituati ad usare ovunque l'energia elettrica, *(b)* <u>è</u> un dramma. *(c)* <u>Si spengono</u> le televisioni. Ma anche i telefoni. Una volta, quando andava via la luce, i telefoni funzionavano lo stesso; quelli moderni invece *(d)* <u>sono</u> controllati da reti di computer che senza corrente *(e)* <u>restano</u> inattivi.

I cellulari *(f)* <u>funzionano</u> finché la carica della batteria glielo *(g)* <u>permette</u>. Ma *(h)* <u>sono</u> inutilizzabili perché senza satelliti e antenne *(i)* <u>è</u> impossibile prendere la linea. Quasi immediatamente *(l)* <u>va</u> via anche l'acqua, almeno nei condomini*. [...] E naturalmente *(m)* <u>smettono</u> di funzionare tutti gli elettrodomestici. Il mattino dopo, la roba nel frigorifero *(n)* <u>puzza</u>*. I negozi di alimentari *(o)* <u>sono</u> presi d'assalto.

Focus giugno 2009

GLOSSARIO – I verbi sono dati all'infinito

occidentali: le persone che abitano nell'occidente, cioè ovest, del mondo

condomini: edifici o gruppi di edifici costituiti da più appartamenti

puzzare: avere cattivo odore

IL CONTRARIO DELLE PAROLE: IL PREFISSO NEGATIVO *IN-*

Nel brano hai visto le parole *inattivi, inutilizzabili* e *impossibile*. La prima è il contrario di *attivi*, la seconda di *utilizzabili*, la terza di *possibile*.

Uno dei modi per formare il contrario di una parola è infatti quello di mettere il prefisso *in* prima della parola stessa.

Davanti alle parole che cominciano per *b* e *p*, il prefisso *in-* si trasforma in *im-*: in + possibile = impossibile

i. Nel brano si usa il presente. Trasforma i verbi sottolineati nella forma corretta del futuro, come negli esempi.

a. _____
b. _____
c. *si spegneranno*
d. _____
e. _____
f. _____
g. _____
h. _____
i. _____
l. *andrà*
m. _____
n. _____
o. _____

ii. Lavora con un piccolo gruppo di compagni. Quali altre conseguenze immaginate dopo un black out elettrico?

iii. Lavora con un compagno/a. Formate il contrario delle seguenti parole usando il prefisso *s-* o *in-*. Poi confrontatevi con un'altra coppia di compagni. Siete d'accordo?

a. felice _____
b. discreto _____
c. piacevole _____
d. visibile _____
e. contento _____
f. soddisfatto _____
g. paziente _____
h. sensibile _____
i. capace _____
l. preparato _____

2g Prima di leggere un testo sul futuro del mondo, lavora con un gruppo di compagni e svolgete l'attività.

i. Come immaginate il futuro del mondo? Secondo voi …

   a. **L'accesso a internet**

   ☐ sarà riservato agli adulti

   ☐ avverrà con un comando vocale

   ☐ avverrà solo toccando lo schermo del computer

   b. **Lo specchio del bagno** 

   ☐ potrà essere usato anche come radio

   ☐ proietterà l'immagine di noi che vogliamo vedere

   ☐ proietterà il nostro programma televisivo preferito

   c. **I taxi** 

   ☐ avranno distributori automatici di cibi e bevande

   ☐ saranno dello stesso colore in tutto il mondo

   ☐ daranno informazioni sul traffico, sui mezzi alternativi e sulle fermate più vicine

   d. **Attraverso il cellulare sarà possibile…** Barrate tutte le caselle che secondo voi indicano informazioni corrette.

   ☐ fare corsi di lingua 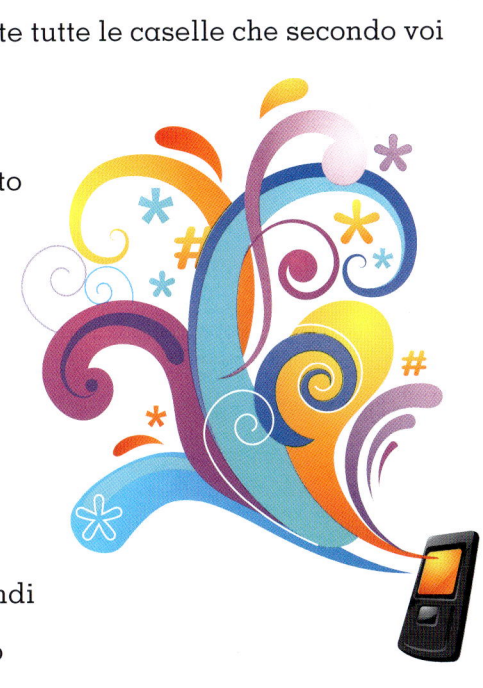

   ☐ avere informazioni su un film facendo una foto al manifesto pubblicitario

   ☐ fare acquisti attraverso la carta di credito

   ☐ scrivere sms usando la voce

   ☐ scrivere un libro

   ☐ ricevere un sms da un negozio quando ci passiamo davanti

   ☐ comprare il biglietto della metropolitana

   ☐ guidare la macchina senza utilizzare i comandi

   ☐ disegnare un itinerario e inviarlo a qualcuno

   ☐ altro (specificate) _____

2h Lavorate in gruppi di 3. Leggete due paragrafi del testo ciascuno *Come sarà il mondo in cui vivrò* e svolgete le attività.

Come sarà il mondo in cui vivrò

Futuro prossimo *Internet e tutti gli oggetti potranno parlare e saranno connessi tra loro. «Panorama» è entrato nei laboratori dove la Ibm progetta il pianeta intelligente. E ha scoperto le innovazioni che cambieranno a breve la vita di tutti.*

di Guido Castellano

1. Ore 7 del mattino di un giorno qualsiasi di un futuro non troppo lontano: mentre suona la sveglia, il cellulare proietta sul soffitto l'agenda della giornata. Con un comando vocale si accede a internet e con gli occhi ancora socchiusi* si chiede alla rete se il volo delle 9.30 subirà* ritardi. La risposta (anch'essa vocale) arriva in un istante: «L'aereo è previsto in orario». [...]

2. Lo specchio del bagno ci vede, ci riconosce e proietta il nostro programma preferito: tg* per papà, cartoni* per i piccoli.

3. Mentre si è in taxi un messaggio sul cruscotto* del conducente avvisa* che per un incidente il traffico è bloccato. Dopo pochi istanti sul display del navigatore arriva anche la soluzione: «Meglio abbandonare l'auto e proseguire con la metropolitana». Sullo schermo una luce lampeggia indicando la fermata più vicina e gli orari dei treni.

4. Mentre si cammina verso la stazione il cellulare emette un bip. La vetrina che si è appena superata ha inviato un messaggio: «Dalle 8 alle 9 c'è un'offerta tre per due sul detersivo».

5. Prima di riporre* il telefonino in tasca si nota, con la coda dell'occhio, il manifesto del film che si vuole vedere al ritorno dal viaggio di lavoro. Lo si inquadra e si scatta una foto. Sul display arrivano il trailer e l'elenco dei cinema che lo proiettano. Un clic e i biglietti sono acquistati. Il costo verrà scalato dalla carta di credito collegata alla sim del cellulare.

6. Anche il biglietto della metropolitana viene pagato dal telefonino. Basta avvicinarsi ai tornelli* e, un po' come accade oggi con il Telepass in autostrada, le barriere si aprono.

La scena appena descritta potrebbe sembrare tratta da un film di fantascienza. Invece racconta quello che potrà succedere a molte famiglie terrestri* nei prossimi cinque anni. [...]

Panorama 21 maggio 2009 - Riproduzione vietata

GLOSSARIO – I verbi sono dati all'infinito

socchiusi: non completamente aperti, tra aperti e chiusi

subire: soffrire, avere

tg: telegiornale

cartoni: cartoni animati

cruscotto: pannello che si trova davanti al guidatore di un'automobile, in cui troviamo gli strumenti di controllo

avvisare: informare

riporre: mettere

tornelli: strumenti girevoli che permettono il passaggio di una sola persona alla volta, all'ingresso di certi luoghi pubblici come stadi, le stazioni della metropolitana, ecc.

terrestri: che abitano sul nostro pianeta, il pianeta Terra

i. Riferite brevemente ai compagni il contenuto dei vostri paragrafi e se le vostre risposte nell'attività 2g.i corrispondono a quello che dice l'articolo.

ii. Insieme, trovate tutti i verbi al futuro nell'articolo.

iii. Individualmente, scegliete un paragrafo (uno diverso ciascuno) e trasformatelo nel futuro. Poi rileggetelo per controllare il senso e, infine, datelo a un compagno nel vostro gruppo per correggerlo.

2 i Lavora con un compagno/a. Guardate queste due frasi che avete incontrato in questa unità.

> Un viaggio potrà rigenerar**ti**
>
> Lo specchio del bagno **ci** vede, **ci** riconosce e proietta il nostro programma preferito.

i. A chi si riferiscono le paroline in neretto?

ii. Qual è la loro posizione nella frase?

Le parole in neretto sono **pronomi diretti**. Ne hai già incontrati alcuni nell'unità 5 (*lo, la, li, le*). Troverai più spiegazioni sui pronomi nella sezione Grammatica in fondo al libro. Intanto, guarda il riquadro e svolgi gli esercizi.

I PRONOMI DIRETTI

(IO)	mi
(TU)	ti
(LUI)	lo
(LEI)	la
(LEI formale)	La
(NOI)	ci
(VOI)	vi
(LORO masch.)	li
(LORO femm.)	le

> Ti chiamo più tardi

> Protesto contro i compiti delle vacanze. Non li voglio fare!

2l Riscrivi le seguenti frasi sostituendo le parti in neretto con un pronome diretto, come nell'esempio.

Nel tempo libero...

a. Guardiamo **il film** _Lo guardiamo_
b. Vediamo **gli amici** _____
c. Suono **la chitarra** _____
d. Invitate **noi** a casa vostra _____
e. Porto **te** in palestra _____
f. Faccio **la valigia** per partire _____
g. Leggo **le riviste** sulla spiaggia _____
h. Chiami **me** per uscire _____
i. Porto **voi** al concerto _____

2m Rispondi alle seguenti domande usando un pronome diretto come nell'esempio.

In futuro...

a. Farai l'università? _Sì, **la** farò_   _No, non **la** farò_
b. Prenderai la patente? _____
c. Farai un viaggio all'estero? _____
d. Visiterai delle città europee? _____
e. Imparerai un'altra lingua? _____
f. Userai l'italiano? _____
g. Vedrai i tuoi compagni di scuola? _____
h. Vedrai noi ancora? _____
i. Chiamerai me per dirmi come sono andati gli esami? _____

A che punto sono?

In questa unità

mi è piaciuto …   non mi è piaciuto …

Dopo questa unità …

So …

chiedere il segno zodiacale a qualcuno

dire il mio segno zodiacale

parlare delle superstizioni nel mio Paese

usare il futuro per fare previsioni

parlare dei miei progetti e propositi per il futuro

parlare del futuro del mondo

formare il futuro dei verbi regolari

formare il futuro dei principali verbi irregolari

formulare ipotesi reali

formare il contrario delle parole usando i prefissi s- e *in-*

usare i pronomi diretti

Conosco …

i segni zodiacali in italiano

alcune superstizioni italiane

Per migliorare posso …

Per migliorare posso …

Il mondo del lavoro

Unità 9

In questa unità ...

- ripasserai e amplierai il lessico relativo al lavoro e alle professioni
- parlerai dei tuoi lavoretti e del lavoro che vuoi fare in futuro
- descriverai le capacità e competenze necessarie per fare un lavoro
- scriverai un'e-mail di domanda per un un lavoro
- userai l'imperativo per dare consigli a più persone
- imparerai quali lavoretti fanno i giovani italiani e quanto guadagnano
- imparerai qualcosa sulla mentalità degli italiani in relazione al lavoro e farai confronti con quella del tuo Paese.
- imparerai qualcosa su una caratteristica degli italiani: l'arte di arrangiarsi
- descriverai la giornata di un lavoratore

- imparerai a riconoscere e usare il pronome *chi*
- imparerai a formare e usare l'imperativo con il "voi" (2ª persona plurale)
- imparerai a usare i pronomi indiretti
- imparerai a formare e usare il verbo *volerci*

1 Lavori e lavoretti

1a Entriamo nel tema e ripassiamo un po' di vocabolario. Lavora con un compagno/a. Quali posti di lavoro conoscete? Avete tre minuti di tempo per scrivere tutte le parole che vi vengono in mente. Poi confrontate la vostra lista con il resto della classe. Quanti posti di lavoro ci sono in totale?

1b Ascolta un'intervista con due giovani italiani sui loro lavoretti e sul lavoro che vorrebbero fare in futuro e svolgi le attività.

i. Completa la tabella indicando se le affermazioni si riferiscono a Leonardo, a Francesca o a tutti e due.

	LEONARDO	FRANCESCA
Non lavora in questo momento	✓	✓
Ha lavorato in un bar		
Non ha mai lavorato		
Desidera un po' di autonomia economica		
Vorrebbe diventare soldato		
Vorrebbe diventare medico		
Vorrebbe lavorare nel campo dello sport		

ii. Leggi la trascrizione dell'intervista e trova l'equivalente delle seguenti parole ed espressioni:

   a. circa un mese _____
   b. entusiasmante _____
   c. un po' di soldi _____
   d. soddisfacente _____
   e. obiettivo _____
   f. distribuzione di volantini _____

iii. Trova nel testo le espressioni usate per ...

   a. riferirsi al passato _____
   b. esprimere un'intenzione futura _____
   c. esprimere una necessità _____
   d. esprimere un desiderio _____
   e. valutare più possibilità _____

iv. Lavora con un piccolo gruppo di compagni. Parlate dei vostri progetti per il futuro. Potete usare le espressioni nell'attività iii.

Unità 9

1c Prima di leggere un breve testo, svolgi le seguenti attività con un gruppo di compagni.

i. Che lavoro volete fare in futuro? Quali sono le professioni più popolari nel vostro gruppo? E nella classe?

ii. Secondo voi cosa influenza le aspirazioni dei giovani? Tra le seguenti opzioni, scegliete quelle che secondo voi sono giuste.

- a. Niente, perché vogliono essere se stessi ☐
- b. La famiglia ☐
- c. Il gruppo, gli amici ☐
- d. Il desiderio di fare soldi ☐
- e. I consigli degli insegnanti ☐
- f. Il desiderio di celebrità ☐
- g. L'attrazione per l'esotico ☐

iii. Secondo voi ...

	Vero	Falso
a. Le professioni dello sport sono molto ambite	☐	☐
b. I ragazzi vogliono girare il mondo più delle ragazze	☐	☐
c. Le ragazze preferiscono le professioni tradizionali	☐	☐
d. Oggi i miti cambiano rapidamente	☐	☐
e. Oggi i giovani studiano più a lungo di un tempo	☐	☐
f. Per i giovani la ricchezza è più importante dell'amore	☐	☐

iv. Cercate il significato dei seguenti verbi ed espressioni che appaiono nel testo. A quali professioni li associate?

ESERCITARE UN FORTE APPEAL   PIACERE AI GIOVANI   EVAPORARE

REGGERE   BARCAMENARSI   SVANIRE

1d Leggi l'articolo e svolgi le seguenti attività.

i. Lavora in un gruppo di quattro. Dividetevi i seguenti 4 compiti:

1. Uno di voi legge l'articolo e verifica le risposte nell'attività 1c.ii. Coincidono?
2. Uno di voi legge l'articolo e verifica le risposte nell'attività 1c.iii. Coincidono?
3. Uno di voi legge l'articolo e verifica le risposte nell'attività 1c.iv. Coincidono?
4. Uno di voi legge l'articolo e cerca tutte le parole che si riferiscono alle professioni. Quali coincidono con le professioni preferite dalla classe?

Alla fine, scambiatevi i risultati della vostra lettura.

[...] I nuovi adolescenti, tra amore e lavoro

Sono i loro primi obiettivi per il futuro. Chiedono di essere se stessi e sono tutti convinti che il talento serve

di Gaia Piccardi

MILANO - E tu chi vuoi essere da grande? Sorpresa: il 26,2% (più femmine che maschi) ha risposto «me stesso». [...]

I maschi nel pallone Chi non insegue se stesso, vuole soldi e celebrità. Calciatore (34,2% dei ragazzi) o star del mondo dello spettacolo (31,2% delle ragazze), secondo i risultati dell'indagine di Mtv-Telefono Azzurro-Eurispes. Nessun altro sport come il calcio, in Italia, crea figure altrettanto celebri e vincenti agli occhi degli adolescenti. Se i maschi desiderano somigliare ai campioni del mondo di Berlino 2006, le femmine hanno come modelli sportivi privilegiati le pallavoliste, belle e brave, e più in generale attrici e cantanti a pari merito*. I nomi cambiano con le stagioni, però quasi mai si tratta di divi sopra le righe: la trasgressione è caratteristica necessaria del mito solo per il 13,2%. «Le professioni legate alla popolarità continuano ad esercitare un forte appeal - spiega Alessandro Cavalli, professore di sociologia all'Università di Pavia -, e l'influenza dei reality si sente ancora: gli scenari di vita adulta osservati dai ragazzi alimentano giochi di fantasia che poi, brutalmente, si scontrano* con la realtà». [...]

«Le professioni dello sport sono, storicamente, molto ambite: il grande cambiamento è che una volta aspirava a fare il calciatore lo stato basso della classe sociale; gli altri volevano fare l'ingegnere, il medico o, soprattutto nei ceti* medi, l'esploratore» dice Cavalli. I mestieri dell'avventura continuano a piacere molto ai giovani: il 9,7% (più donne che uomini) vorrebbe girare il mondo alla ricerca di tesori; l'attrazione per l'esotico è una costante che attraversa ogni generazione. Certe professioni tradizionalmente femminili, casalinga, maestra, segretaria, sono evaporate per strada*: le ragazze del 2008 s'immaginano programmatrici di computer, informatiche, imprenditrici di successo se non, addirittura, piloti d'aereo. Comunque tre su dieci mettono il lavoro al primo posto quando si parla degli obiettivi importanti del futuro e battono i maschi (28,9%). [...]

Regge l'inventore geniale (7,2% dei ragazzi, 3% delle ragazze), sull'onda emotiva dell'11 settembre si barcamena il pompiere (1,6% contro 0,8%), sta svanendo il nobile lavoro del pittore (0,4% e 2,3%), che ha prospettive di guadagno troppo aleatorie per essere preso in considerazione.

Libertà di scelta «In una società sempre più giovane ed esteriorizzata, all'interno della quale s'impongono il culto del corpo e della bellezza, i miti cambiano rapidamente e i giovani hanno spesso un'eccessiva libertà nello scegliere che cosa vogliono fare da grandi: una libertà senza appartenenza. E questo crea confusione». Cristina Pasqualini, ricercatore in sociologia all'Università Cattolica di Milano, insieme a Fabio Introini ha scritto un libro dal titolo significativo: *la Compless-età*. «La mediatizzazione, i tronisti*, le veline* hanno trasformato il significato che i giovani attribuiscono ai modelli di riferimento. Ora è tutto più a portata di mano*, a cominciare dalle professioni della televisione». Per fortuna, tra i maggiorenni, c'è chi sottolinea l'importanza di un lavoro tradizionale (29,9%) tra gli obiettivi per il futuro («Gli adolescenti, rispetto a vent'anni fa, studiano più a lungo, puntano all'università* e considerano l'istruzione importante»), mentre il mito della ricchezza sfuma con gli anni (12,7%, staccatissimo* dall'amore: 35,9%) [...] I sogni di fama tramontano con gli anni, e arriva la stagione in cui all'idolo dello sport o dello spettacolo, i giovani sostituiscono se stessi. Il mio mito, finalmente, sono io.

CORRIERE DELLA SERA, 31 luglio 2008

GLOSSARIO – I verbi sono dati all'infinito

a pari merito: nella stessa misura, in modo uguale

scontrarsi: andare contro

ceti: classi sociali

evaporare per strada: sparire gradualmente, nel tempo

i tronisti: nella trasmissione televisiva *Uomini e Donne*, condotta da Maria De Filippi, ci sono persone (uomini o donne) che sono appunto sedute su una specie di "trono" e che scelgono una persona del sesso opposto tra le tante che lo/la corteggiano.

le veline: showgirl più belle che brave, generalmente con pochi vestiti addosso.

a portata di mano: accessibile

puntare all'università: avere l'obiettivo di andare all'università

staccatissimo da: a grande distanza da, lontanissimo da.

ii. Indica a cosa corrispondono le seguenti percentuali nell'articolo, come negli esempi.

34,2%: _i ragazzi che vogliono diventare calciatori_

31,2%: _____

13,2%: _____

9,7%: _i giovani che amano i mestieri dell'avventura_

28,9%: _____

29,9%: _____

iii. L'autrice dell'articolo dice che "i giovani hanno spesso un'eccessiva libertà nello scegliere che cosa vogliono fare da grandi […]. E questo crea confusione". Sei d'accordo con questa affermazione? Perché? Puoi usare alcune delle espressioni nel riquadro.

Esprimere accordo/disaccordo

Sono/ non sono d'accordo con l'autrice dell'articolo ...

Sono assolutamente d'accordo con ...; sono abbastanza d'accordo con; non sono del tutto d'accordo con ...; non sono per niente d'accordo con ...

Secondo me l'autrice dell'articolo ha torto/ha ragione ...

Esprimere un punto di vista personale

Nella mia esperienza ...

Per me e per i miei amici ...

Secondo me i giovani ...

Secondo me è importante ...

È vero che/Non è vero che ...

Elencare vari punti

Prima di tutto ... Poi ...

In primo luogo, in secondo luogo ...

Concludere

Infine, ...

Insomma, ...

In conclusione/Per concludere, ...

iv. Nell'articolo hai incontrato le frasi "**Chi** non insegue se stesso, vuole soldi e celebrità" e "c'è **chi** sottolinea l'importanza di un lavoro tradizionale". Guarda il riquadro.

IL PRONOME "CHI"

Il pronome *chi* seguito da un verbo al singolare ha lo stesso significato di "quelli che", "le persone che" + un verbo al plurale. Quindi …

Chi non **insegue** se stesso, **vuole** soldi e celebrità = **Quelli che** non **inseguono** se stessi, **vogliono** soldi e celebrità

Chi sottolinea l'importanza di un lavoro tradizionale: **Quelli che sottolineano** l'importanza di un lavoro tradizionale

Chi vuole partecipare = **Le persone che vogliono** partecipare

Chi ha tempo **può** farlo = **Le persone che hanno** tempo **possono** farlo

---

v. Trasforma le seguenti frasi basate sull'articolo come nell'esempio.

  a. Quelli che amano la trasgressione.

  Chi ama la trasgressione

  b. Quelli che desiderano somigliare ai campioni del mondo di Berlino 2006.

  c. Quelli che aspirano a diventare calciatori.

  d. Quelli che vogliono girare il mondo.

  e. Le persone che mettono il lavoro al primo posto.

  f. Le persone che studiano più a lungo.

1e Prima di leggere un testo sui lavoretti estivi, svolgi le seguenti attività con un piccolo gruppo di compagni.

i. Avete un lavoretto? Cosa fate? Quando lo fate?

ii. Conoscete il significato dei seguenti lavoretti estivi?

RAGAZZA ALLA PARI   RACCOLTA DELLA FRUTTA   BABY SITTER

PONY EXPRESS   IN CROCIERA   DOG SITTER

iii. Per quali persone sono adatti questi lavoretti? Inserite il nome del lavoretto nella categoria giusta, come nell'esempio.

CATEGORIA	LAVORETTO
SE ... ti piace stare sotto il sole non soffri di allergie sei disposta a sporcarti le mani	RACCOLTA DELLA FRUTTA
SE ... ami i cani degli altri ti piace camminare hai frequentato un corso	
SE ... vuoi migliorare una lingua ti ambienti facilmente stai bene in una famiglia straniera	
SE ... non soffri il mal di mare hai bisogno di cambiare aria vuoi vedere posti esotici	
SE ... hai energia da vendere guidi bene il motorino conosci ogni angolo della città	
SE ... hai tanta pazienza sei molto affidabile conosci almeno 5 ninna nanne	

iv. Secondo voi quanto si guadagna facendo questi lavoretti? Associate il lavoretto nella colonna di sinistra al guadagno nella colonna di destra.

1. Ragazza alla pari
2. Raccolta della frutta
3. Baby sitter
4. Pony express
5. In crociera
6. Dog sitter

a. 1000 euro al mese (più vitto e alloggio)
b. 8 euro all'ora
c. 80 euro a settimana (più vitto e alloggio)
d. 6 euro all'ora
e. 6 euro all'ora
f. 2 euro a consegna

1 f Leggi una prima volta l'articolo *Lo voglio precario* sui lavoretti estivi e svolgi le attività con un compagno/a.

i. Lavora con un compagno/a. Cercate le informazioni relative all'attività 1e. e controllate se le vostre risposte corrispondono al testo.

ii. Secondo voi questi lavoretti sono pagati bene o male? Quanto si guadagna facendo questi lavoretti nel vostro Paese?

LO VOGLIO PRECARIO

Parliamo del lavoretto estivo. Quello che ti serve per racimolare* gli ultimi soldi per la vacanza oppure a fare un'esperienza di vita all'estero. Ecco tante idee smart e ... last minute

di Cecilia Damiani

RAGAZZA ALLA PARI SE ...

vuoi migliorare una lingua-ti ambienti facilmente-stai bene in una famiglia straniera

Lavoro "alla pari" significa aiutare una famiglia con le faccende di casa* e i bambini. In cambio si ha vitto*, alloggio e una paga settimanale. [...]

Info: www.aupair-world.net; www.au-pair-box.com; www.aupairsearch.com; www.aupairconnect.com

Guadagno: 80 euro a settimana (più vitto e alloggio)

IN CROCIERA SE ...

non soffri il mal di mare-hai bisogno di cambiare aria-vuoi vedere posti esotici

[...] A bordo delle navi da crociera i lavori non mancano. Queste "città galleggianti" occupano ogni estate migliaia di giovani disposti a lavorare lontano da casa. [...]

Info: www.mscrociere.it; www.costa.it; www.royalcaribbean.it; www.louiscruises.com

Guadagno: 1000 euro al mese (più vitto e alloggio)

Unità 9

RACCOLTA DELLA FRUTTA SE ...

ti piace stare sotto il sole-non soffri di allergie-sei disposta a sporcarti le mani

Mai raccolto frutta? D'estate gli agricoltori cercano personale per il raccolto. Anche all'estero [...]

Info: [...] www.lavorofuori.net/raccolta_frutta.html; www.strawberrypicking.dk; www.keelings.com; www.brockbushes.co.uk

Guadagno: 6 euro all'ora

BABY SITTER SE ...

hai tanta pazienza-sei molto affidabile-conosci almeno 5 ninna nanne

Chi ci sa fare coi bambini* può puntare sul classico baby sitting: il modo migliore per trovare una famiglia è lasciare l'annuncio nelle bacheche degli asili* e delle scuole. Un'altra opzione per lavorare con i bambini riguarda i centri estivi (pubblici o privati): in questo caso conviene prendere contatto con il Comune* o con la società che organizza le attività estive.

Info: www.heliosragazzi.it; www.babysitteronline.it; forum di www.nostrofiglio.it

Guadagno: 8 euro all'ora

DOG SITTER SE ...

ami i cani degli altri-ti piace camminare-hai frequentato un corso

Per evitare l'abbandono dei cani (causa vacanze dei padroni) ci sono le pensioni. Un'altra soluzione è proporsi come dog sitter a domicilio*. In questo caso, meglio se si è frequentato un corso di addestramento [...] Per trovare clienti basta lasciare volantini* nel proprio quartiere o dal veterinario.

Info: www.dogsitter.it; www.caneamico.it/dogsitter.htm; www.prontofido.net

Guadagno: 6 euro all'ora

PONY EXPRESS SE ...

hai energia da vendere-guidi bene il motorino-conosci ogni angolo della città

Chi ha un motorino, chi ama correre da un capo all'altro* della città, chi conosce bene i nomi delle vie e delle piazze (o non si perde d'animo* con una cartina in mano) e chi sa guidare bene e velocemente può cercare lavoro come pony, anche per poche settimane. [...]

Info: www.ponyexpress.it; www.pelicanexpress.it/jobs/

Guadagno: 2 euro a consegna

TOPGIRL luglio 2009

GLOSSARIO - I verbi sono dati all'infinito

racimolare: raccogliere, mettere insieme
le faccende di casa: i lavori di casa
vitto: il cibo, i pasti
saperci fare con i bambini: essere bravi con i bambini
asili: scuole materne, per bambini fino a 5/6 anni

Comune: amministrazione pubblica di una località
a domicilio: a casa del cliente
volantini: fogli stampati e distribuiti al pubblico per dare informazioni
da un capo all'altro: da una parte all'altra
perdersi d'animo: scoraggiarsi

1 g Lavora con un piccolo gruppo di compagni. Rileggete le tre caratteristiche importanti sotto il nome di ciascun lavoretto. Potete aggiungere almeno una caratteristica per ognuno?

1 h Pensa al tuo lavoretto. Per chi è adatto? Usa il modello dei lavoretti presentati nel testo (nome del lavoro se ... + tre caratteristiche ideali)

1 i Se hai un lavoretto, descrivilo. Fa' riferimento a:

- tipo di lavoro
- dove lavori
- quanto guadagni
- i tuoi compiti
- quando lavori e con che orario
- i vantaggi e gli svantaggi

Ti diamo un esempio.

LAVORO	Sono commessa/o
DOVE	Lavoro in un negozio di abbigliamento sportivo del centro
QUANDO	Lavoro in giugno dal lunedì al venerdì dalle nove all'una
COSA	Vendo scarpe sportive per uomini, donne e bambini
GUADAGNO	Guadagno 10 euro all'ora
VANTAGGI E SVANTAGGI	Il vantaggio del mio lavoro è che sto a contatto con la gente
	Lo svantaggio è che sto sempre in piedi

1 l Ora trasforma queste espressioni nel testo come nell'esempio.

a. Chi chi sa fare con i bambini *Quelli che ci sanno fare con i bambini*

b. Chi ha un motorino _____

c. Chi ama correre _____

d. Chi conosce bene i nomi delle vie _____

e. Chi sa guidare bene _____

Unità 9

2 Cercare lavoro

2a Lavora con un compagno/a. Pensate a una professione che vi piace. Quali sono le capacità e competenze necessarie per farla? Vediamo un esempio.

> L'INSEGNANTE ...
>
> **deve essere** comunicativo, paziente ...
>
> **deve avere** pazienza, una voce chiara ...
>
> **deve conoscere** la sua materia, i suoi studenti ...
>
> **deve sapere** spiegare bene...
>
> **deve** ...

Bene, ma a parte questo, quali sono le sue capacità e competenze?

Per gentile concessione de "La Settimana Enigmistica" - Copyright riservato

2b Leggi il seguente annuncio da un sito fittizio di offerte di lavoro e una lettera di domanda per la posizione offerta, e svolgi le attività.

Segretaria centralinista

Per azienda che opera nel settore dell'abbigliamento cerchiamo una segretaria centralinista.

La persona assunta si occuperà dell'accoglienza di clienti e fornitori, nonché della gestione degli ordini, delle telefonate e degli appuntamenti.

La candidata ideale possiede un diploma di ragioneria o di operatore della gestione aziendale, ha maturato un'esperienza di almeno due anni in posizione analoga, ha una buona conoscenza del pacchetto Office e una discreta conoscenza della lingua inglese.

Zona: Milano Tre

Risposta a: seleitalia@seleitalia.it

A:	seleitalia@seleitalia.it		
Da:	Linda Gregori	Data:	23 luglio 2010
Oggetto:	Vostro annuncio del 21 luglio 2010		

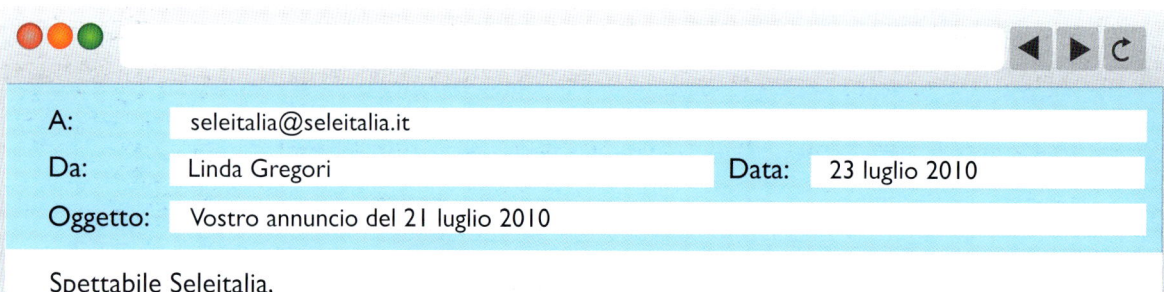

Spettabile Seleitalia,

con riferimento al Vostro annuncio sul sito www.seleitalia.it del 21 luglio scorso, **Vi** scrivo per presentare la mia candidatura per la posizione di segretaria centralinista.

Mi sono diplomata in ragioneria con il massimo dei voti nel 2007 e da allora ho lavorato come segretaria centralinista in un albergo di Como e in uno studio medico di Pavia. Alcune delle mie mansioni erano: ricevere i clienti, rispondere al telefono e smistare le telefonate, gestire gli appuntamenti, le fatture e i pagamenti.

Ho una discreta conoscenza del francese e un'ottima conoscenza dell'inglese, grazie anche ad alcuni corsi di lingua all'estero. Inoltre, ho un'ottima conoscenza dell'uso del PC e del pacchetto Office.

Sono dinamica, entusiasta e comunicativa, amo lavorare in squadra e sono disposta a lavorare con orari flessibili. Abito a Pavia, ma sono pronta a trasferirmi a Milano anche immediatamente.

Allego il mio CV e rimango a disposizione per qualsiasi ulteriore informazione o chiarimento. Come noterete, nel CV ho indicato il numero il telefono e l'indirizzo e-mail dei miei ex datori di lavoro, se desiderate telefonar**gli** o scriver**gli**.

In attesa di una cortese risposta, **Vi** invio distinti saluti.

Linda Gregari

---

i. Lavora con un compagno/a. Nell'e-mail, osservate i seguenti aspetti:

- l'apertura dell'e-mail
- l'ortografia
- la chiusura dell'e-mail
- il lessico
- altre formule
- il tono

Cosa notate?

2c Le parole in neretto nell'e-mail sono **pronomi indiretti**. Troverai più spiegazioni sui pronomi nella sezione Grammatica in fondo al libro. Intanto, guarda i seguenti riquadri, rileggi le frasi, guarda la costruzione dei verbi e rispondi alle domande.

---

a. *Vi* scrivo per presentare la mia candidatura per la posizione di segretaria centralinista. (scrivere <u>a</u> qualcuno)

b. *Ho indicato il numero il telefono e l'indirizzo e-mail dei miei ex datori di lavoro, se desiderate telefonargli o scrivergli.* (telefonare <u>a</u> qualcuno, scrivere <u>a</u> qualcuno)

c. *Vi* invio distinti saluti. (inviare qualcosa <u>a</u> qualcuno)

I pronomi indiretti si usano con i verbi che hanno una costruzione indiretta, cioè verbo + a + nome.

I PRONOMI INDIRETTI	
(IO)	mi
(TU)	ti
(LUI)	gli
(LEI)	le
(LEI formale)	Le
(NOI)	ci
(VOI)	vi
(LORO)	gli

i. A chi si riferiscono i pronomi indiretti nelle frasi?

ii. Qual è la loro posizione nella frase?

iii. Quali differenze noti tra i pronomi indiretti e i pronomi diretti?

iv. Svolgi gli esercizi sui pronomi indiretti che l'insegnante ti darà.

2d Cerca un annuncio per un lavoretto per l'estate in Italia su internet e scrivi un'e-mail per presentare la tua candidatura.

2e Se il CV di un candidato piace, questo viene chiamato per un colloquio di lavoro. Lavora con un piccolo gruppo di compagni. Secondo voi quali sono le cose più importanti da fare prima e dopo un colloquio di lavoro?

Es.: Bisogna prepararsi bene …

2f Leggi i consigli che si trovano sul sito **www.manpower.ch** e svolgi le attività.

www.manpower.ch

L'essenziale in breve

- Non rimandate l'appuntamento (tranne in casi di assoluta emergenza).
- Siate puntuali (ideale, 5 minuti prima).
- Badate ad un aspetto curato. Scegliete in anticipo l'abbigliamento da indossare. Rispettate eventuali codici d'abbigliamento legati alla vostra professione. Nel settore terziario*, giacca e cravatta o un tailleur* fanno sempre una buona impressione.
- Pensate positivo e sorridete.
- Preparatevi alle domande standard del reclutatore.
- Esercitatevi a presentarvi in pochi minuti. Avvaletevi degli atout* della vostra formazione e del vostro percorso professionale dimostrando che siete la persona ideale per rivestire la funzione e che sarete immediatamente operativi.
- Siate onesti.
- Siate diplomatici.
- Siate discreti sui precedenti datori di lavoro. Rispettate la clausola di riservatezza.
- Non criticate mai un ex datore di lavoro.
- Non cercate di leggere gli appunti del reclutatore.
- Ascoltate attentamente le domande e non esitate a chiedere se non avete capito bene qualcosa.
- Concentratevi sul vostro percorso professionale.
- Siate professionali.

GLOSSARIO – I verbi sono dati all'infinito

settore terziario: settore dei servizi

tailleur: completo da donna composto da giacca e gonna dello stesso tessuto

avvalersi degli atout: servirsi delle opportunità

i. Lavora con lo stesso gruppo di compagni. I consigli dati coincidono con i vostri? Ci sono alcuni consigli su cui non siete d'accordo? Perché?

ii. A chi si rivolgono i consigli? A una sola persona o a più persone?

iii. I consigli sono dati usando l'imperativo con il "voi". Lavora con un compagno/a e riflettete insieme:

- come si forma l'imperativo affermativo con il "voi"?
- come si forma l'imperativo negativo con il "voi"?
- ci sono verbi irregolari all'imperativo con il "voi" in questo testo?
- dove si mette il pronome con l'imperativo?

L'IMPERATIVO CON IL "VOI" (2ª PERSONA PLURALE)

L'imperativo affermativo dei verbi regolari con il "voi" è molto semplice perché è uguale al presente indicativo!

L'imperativo negativo dei verbi regolari con il "voi" è anche molto semplice perché è sufficiente aggiungere "non" davanti all'imperativo affermativo!

Ci sono alcuni verbi irregolari:

Essere: siate

Avere: abbiate

I pronomi si mettono <u>dopo</u> l'imperativo, formando un'unica parola: *preparatevi, esercitatevi,* ecc.

iv. Lavora con un compagno/a. Pensate a una situazione che conoscete bene e preparate una lista di consigli usando l'imperativo con il "voi".

v. Nel testo, trova le parole che hanno il seguente significato:

a. persona responsabile della selezione del personale _____

b. esperienza _____

c. ricoprire il ruolo _____

d. padrone, capo _____

e. privacy _____

3 L'Italia al lavoro

3a Lavora con un compagno/a. State per leggere l'introduzione a un articolo che si intitola *Ma che paura cambiare posto! Come la vinco?* Prima di leggere, scegliete, tra le seguenti opzioni, quelle che secondo voi sono giuste.

Gli italiani hanno paura di cambiare posto di lavoro perché …

a. in realtà non vogliono cambiare lavoro ☐
b. non vogliono perdere i colleghi ☐
c. pensano che guadagneranno meno ☐
d. pensano che perderanno il prossimo lavoro ☐
e. temono di non essere all'altezza del nuovo lavoro ☐
f. non vogliono cambiare itinerario la mattina ☐

3b Leggi il testo e svolgi le attività.

i. Il testo è in disordine. Rimettilo in ordine mettendo il numero giusto nelle caselle come nell'esempio.

Ma che paura cambiare posto! Come la vinco?

di Chiara Oltolini

[1] Tre italiani su cinque vorrebbero cambiare posto di lavoro.

☐ «Non è una decisione facile», spiega Luigi Ferrari, docente di Psicologia del Lavoro all'università Bicocca di Milano.

☐ Ma, secondo uno studio recente, solo uno alla fine trova il coraggio di farlo.

☐ **QUALI?** «Sembra strano, ma tra le più forti c'è la paura di rompere i legami affettivi e di perdere il senso di appartenenza, che in ufficio è molto profondo.

☐ «Per prenderla, il più delle volte, bisogna fare i conti con diverse paure»

☐ Poi, viene una paura più razionale: l'incertezza sul futuro, intesa come ansia di non conoscere gli equilibri del nuovo ambiente e di non essere all'altezza del nuovo incarico».

☐ Basti pensare che la maggior parte degli italiani, secondo una mia ricerca ancora in corso, considera i colleghi quasi come famigliari.

[…]

GLAMOUR giugno 2009
Edizioni Condé Nast S.p.A.

ii. Ascolta il testo ricomposto e verifica le tue risposte nelle attività 3a e 3b.

iii. Le persone nel tuo Paese cambiano facilmente lavoro? Fa' qualche esempio.

3c Forse gli italiani amano il posto fisso e hanno paura di cambiare lavoro, ma le cose stanno lentamente cambiando. Prima di leggere l'esperienza di due persone, discuti i seguenti punti con un compagno/a.

- Conoscete qualcuno che fa più di un lavoro? Specificate **quali** lavori fa e **quando** li fa.
- Perché queste persone fanno più di un lavoro?
- Dove svolgono questi lavori?
- Cosa fanno queste persone quando non lavorano?
- Sono felici?

3d Ora leggete uno dei profili ciascuno e svolgete le attività. Non vi preoccupate se non capite tutto: non è necessario conoscere ogni parola per svolgere le attività.

i. Riempite la griglia sul profilo scelto con le informazioni rilevanti.

Generazione molecolare

di Valentina Garavaglia

1. PATRIZIA GIANNESSI, 34 ANNI: 5 LAVORI + 1: FARE LA MAMMA A TEMPO PIENO

«La mia giornata lavorativa ha una sola certezza: la sera, alle sette e mezza in punto, sono a casa con mia figlia. Cascasse il mondo». Patrizia compone la sua vita come un puzzle che cambia ogni giorno, «e ne sono contenta, perché sono riuscita con tenacia a inseguire il mio sogno: realizzare complementi di arredo. Da un anno infatti ho creato con un'amica una società tutta nostra, Intrecciodilinee».

La base economica di Patrizia viene dall'impegno fisso con una società farmaceutica, per la quale fa recupero crediti e organizza i congressi: «Sono lavori che gestisco da casa e che mi garantiscono un fisso». Poi c'è la vena più creativa: oltre ai mobili, progetta stand fieristici e ristruttura case. E ammette: «Certo, bisogna porsi, e imporsi, dei limiti. Il mio coincide con lo stacco delle sette e mezza. Poi, se proprio devo, rispondo alle e-mail. Ma solo quando la bimba è già a letto».

2. CRISTINA ANTONINI, 32 ANNI: 3 LAVORI PER POTER GIRARE SPESSO IL MONDO

«Più di ogni altra cosa nella vita, voglio viaggiare. Ma per questo ci vogliono tanti soldi. Così ho aggiunto altri due lavori all'impiego che mi occupa già full time», spiega Cristina, un'altra donna che apparentemente non dorme mai. Com'è la sua settimana? Dal lunedì al venerdì va in ufficio, dove si occupa di import e export. La sera, tornata a casa, traduce dall'inglese le pratiche per alcune compagnie assicurative. Il sabato e la domenica eccola invece in discoteca, dove sta alla cassa. «Tempo fa lavoravo nel locale anche il venerdì sera, ma poi non ho retto il peso: dopo una giornata piena come impiegata, non è facile tirare le cinque del mattino in mezzo al caos e alla musica». Vi sembra un ritmo insostenibile? Cristina non si lamenta, anzi: «Io mi diverto molto e ho una fortissima motivazione: come potrei permettermi altrimenti i viaggi in capo al mondo?». Per la cronaca: la prossima meta è l'India.

GLAMOUR giugno 2009
Edizioni Condé Nast S.p.A.

NOME:	
LAVORI	
STRUTTURA GIORNATA/ SETTIMANA	
TEMPO LIBERO	
MOTIVAZIONE	

ii. Cristina dice che "per viaggiare ci vogliono molti soldi". Questo significa che per viaggiare sono necessari molti soldi. Guardate questo riquadro.

IL VERBO "VOLERCI"

Osserva queste due coppie di frasi. Cosa noti?

Per viaggiare **ci vuole** una buona compagnia
Per viaggiare **ci vogliono** molti soldi

Per andare al mare **ci vuole** un'ora di macchina
Per andare al mare **ci vogliono** due ore di macchina

Il verbo "volerci" si usa nelle due forme **ci vuole** (seguita da una nome singolare) e **ci vogliono** (seguita da un nome plurale).

---

iii. Lavora con un compagno/a. Cosa ci vuole nelle seguenti situazioni? Scegliete due situazioni ciascuno e usate le forme *ci vuole* e *ci vogliono* per riempire i cerchi relativi. Poi confrontatevi ed eventualmente aggiungete altri elementi nei cerchi del compagno/a.

- Per una vacanza ideale
- Per un buon colloquio di lavoro
- Per essere felici
- Per la festa perfetta

iv. Nel tuo futuro ti immagini avere un solo lavoro o più di uno? Perché?

A che punto sono?

In questa unità

mi è piaciuto …   non mi è piaciuto …

Dopo questa unità …

So …

parlare dei miei lavoretti

parlare del lavoro che voglio fare in futuro

descrivere le capacità e competenze per fare un lavoro

capire un annuncio di lavoro

scrivere un'e-mail di domanda per un lavoro

dare consigli a più persone

descrivere la giornata di un lavoratore

riconoscere e usare il pronome *chi*

formare e usare l'imperativo con il "voi" (2ª persona singolare)

usare il verbo *volerci*

usare i pronomi indiretti

Conosco …

alcuni lavoretti che fanno i giovani italiani

alcune cose sulla mentalità degli italiani in relazione al lavoro

un'arte tipicamente italiana: l'arte d'arrangiarsi

Per migliorare posso …

Per migliorare posso …

Unità 9

Uno sguardo sull'Italia

Unità 10

In questa unità ...

- ripasserai e amplierai il lessico relativo alla geografia italiana
- farai paragoni tra posti che conosci
- ripasserai e amplierai il lessico relativo al clima
- parlerai del clima nel tuo Paese e delle attività che puoi fare in un dato clima
- scriverai un bollettino meteorologico per la tua città o per il tuo Paese
- scriverai un'e-mail per dare informazioni a qualcuno che desidera venire in vacanza nella tua città o nel tuo Paese
- imparerai nuove informazioni sulla geografia italiana e su alcune località
- imparerai alcuni stereotipi sull'Italia
- ripasserai e amplierai la formazione e l'uso del comparativo e del superlativo
- imparerai il genere dei nomi di città
- imparerai a usare la parola *molto*
- imparerai a usare alcuni suffissi per alterare le parole

1 La geografia dell'Italia

1a Entriamo nel tema e ripassiamo un po' di vocabolario. Lavora con un piccolo gruppo di compagni. Svolgete le attività.

i. Quali parole associate al tema "geografia" e in particolare "geografia italiana"? Avete cinque minuti di tempo. Poi condividete le vostre parole con gli altri compagni e con l'insegnante.

ii. Tornate a lavorare con il vostro gruppo. Cosa hanno in comune le parole? Dividetele in gruppi.

1b Quante informazioni hai sulla geografia italiana? Scoprilo con il quiz che l'insegnante ti darà.

1c Leggerai un testo su tre città italiane: Milano, Roma e Napoli. Prima di leggerlo, svolgi le attività.

i. Lavora con un compagno/a. Cosa sapete di queste tre città? Avete cinque minuti di tempo per mettere insieme le vostre informazioni. Poi, condividetele con gli altri compagni e con l'insegnante.

ii. A quale o quali delle tre città associ le caratteristiche nel riquadro? Parlane con tutta la classe.

grandezza	ricchezza	freddo	governo
caos	povertà	criminalità	disoccupazione
umanità	inquinamento	monumenti	
sporcizia	industria	traffico	

1d Leggi il testo *Milano, Roma, Napoli, sono le tre città più importanti d'Italia. Ricordi le loro caratteristiche?* e svolgi le attività. Si tratta di un tema scritto da un bambino che frequenta la scuola elementare nella provincia di Napoli.

Milano, Roma, Napoli, sono le tre città più importanti d'Italia. Ricordi le loro caratteristiche?

[...] Incominciamo da Milano, che è la più alta. Milano è la capitale della Lombardia. Essa* come il Piemonte non ha il mare, però ha le montagne. Milano è la città più ricca e più grande d'Italia: lì si comanda a tutte le industrie d'Italia. [...] A Milano la gente è tutta ricca, uno è più ricco di un altro, non esistono i poveri. Un povero che chiede la carità a Milano, non è di Milano, è di Foggia. Le persone non si guardano tanto in faccia a Milano, un vicino di casa è come se fosse un lontano di casa!
Se vai faccia a terra a Milano e a Bergamo nessuno ti alza: ti lasciano sulla via, soprattutto a Bergamo alta. A Napoli invece ti alzano.

A Milano c'è sempre la neve, il freddo, la nebbia, l'umidità, i panni spasi* non si asciugano mai, solo a Ferragosto!
E ora voglio parlare di Roma.
A Roma ci sono tanti buffoni. La Roma per una volta che ha vinto lo scudetto, sono sempre buffoni. Però sono anche un poco simpatici. Essi* ci chiamano «cugini».
Roma è la capitale del Lazio e la capitale d'Italia. A Roma c'è lo Stato e c'è pure il Papa, e comandano tutti e due, però il Papa a tutto il mondo. Il Papa non è mai venuto a Napoli per paura che gli chiedono i soldi.
Roma è piena di monumenti, Milano no, uno solo. [...] Roma è grandissima, però è pura* sporca.
E ora voglio parlare di Napoli.
Io una volta ci sono andato a Napoli. Era pulita. Però forse non ho visto bene. A Napoli ci sono tutti i ladri, mariuoli*, assassini e drogati. Il mare è una latrina*. Vendono le cozze usate. Un bambino di Arzano* se si perde lo sequestrano. Se viene un terremoto di un minutino le case subito si sfracellano. I disoccupati sono un milione e mezzo. Ci sono venti figli in una stessa casa. Nel traffico suonano come i pazzi. C'è la camorra nel Duomo.
Io di tutte e tre le città non me ne vorrei andare a vivere in nessuna di tutte e tre le città.

Marcello D'Orta, *Io speriamo che me la cavo*, © 1990 Arnoldo Mondadori Editore S.p.A., Milano

GLOSSARIO

essa: pronome che si riferisce alla città
i panni spasi: panni, vestiti stesi (dialetto)
essi: loro
pura: pure, anche (errore di ortografia)
mariuoli: forma napoletana per "marioli" = delinquenti
latrina: bagno, luogo sporco
Arzano: località in provincia di Napoli da cui viene il bambino che scrive.

i. Ora che hai letto il testo, confronta le tue risposte nell'attività 1c.

ii. Lavora con quattro compagni. Dividetevi le seguenti attività (una ciascuno). Alla fine condividete e commentate le vostre risposte.

- Nel testo, trova tutti i termini che si riferiscono a luoghi (città, regioni ecc.) e localizzali su una mappa dell'Italia.

- I nomi di città in italiano sono femminili. Trova nel testo tutti gli esempi che dimostrano questa regola.

- Sai cos'è uno stereotipo? Se non lo sai, cerca il significato della parola. Poi trova nel testo degli esempi che secondo te illustrano stereotipi sulle tre città.

- Nel testo trova gli aspetti positivi e negativi di ciascuna delle tre città.

- Secondo il bambino che scrive ... Barra tutte le caselle che corrispondono alle affermazioni corrette.

a. Il Sud è povero ☐
b. La gente del Sud è altruista ☐
c. Milano è molto bella ☐
d. Milano ha un bel clima ☐
e. A Milano la gente sta bene ☐
f. Roma ha pochi monumenti ☐
g. Napoli ha moltissimi problemi ☐
h. Queste grandi città sono luoghi ideali per vivere ☐

e. Il bambino che scrive paragona le tre città. Guarda il riquadro e svolgi le attività.

I GRADI DELL'AGGETTIVO E LA COMPARAZIONE

1. Milano, Roma, Napoli, sono **le** tre città **più** importanti **d'**Italia
2. Milano è **la più** alta
3. Uno è **più** ricco **di** un altro
4. Roma è grand**issima**

---

i. Lavora con un piccolo gruppo di compagni. Osservate i quattro esempi nel riquadro. Qual è la differenza tra loro? Come si formano? Provate a individuare le regole aiutandovi con le parole in neretto. Poi rileggete il testo e create altri esempi di comparazione.

ii. Lavora con un compagno/a. Guardate gli esempi nel riquadro. Cosa notate? Poi discutete con tutta la classe e con l'insegnante.

L'USO DI "MOLTO"

Roma è **molto** bella
I monumenti di Roma sono **molto** antichi
C'è **molto** rumore
Sulla spiaggia c'è **molta** gente

Napoli ha **molti** problemi
Usiamo **molte** parole
A Roma abbiamo camminato **molto**
I ragazzi hanno giocato **molto** a calcio

Unità 10

2. Che tempo farà?

2a Per organizzare un viaggio è importante conoscere il clima della zona. Lavora con un compagno/a. Quali parole associate al tema "tempo atmosferico"? Scrivetele, poi dividetele in categorie secondo vostri criteri. Alla fine, condividete le vostre parole con gli altri compagni e con l'insegnante.

2b Ascolta alcuni estratti che parlano delle condizioni del tempo per chi viaggia.

i. Scrivi le parole che senti in relazione al tema "tempo atmosferico".

2c L'insegnante vi darà la trascrizione del testo di ascolto. Lavora con un compagno/a. Insieme svolgete le seguenti attività.

a. Cercate e sottolineate tutte le parole nel testo che secondo voi sono usate per descrivere il tempo. Alla fine condividete le vostre parole con gli altri compagni e con l'insegnante.

b. Trovate nel testo tutte le altre espressioni che secondo voi sono utili per dare informazioni sul tempo.

2d Lavora con un gruppo di compagni. Rispondete a queste domande:

a. Che tipo di tempo vi piace? Che tipo di tempo non vi piace?

b. Che attività potete fare nelle vostre condizioni del tempo preferite?

c. Il tempo influenza il vostro stato d'animo? Come?

2e Lavora con un compagno/a. Svolgete una delle seguenti attività. Poi, condividete e commentate il risultato del vostro lavoro. Infine, riferitelo alla classe.

i. Cercate su Internet le previsioni del tempo nella vostra zona per una certa data e scrivete un breve bollettino.

ii. Com'è il tempo nelle quattro stagioni (autunno, inverno, primavera, estate)? Quali attività del tempo libero si possono svolgere?

3 Un giorno in Italia

3a Prima di ascoltare, svolgi la seguente attività.

i. Ascolterai un testo su una regione italiana, l'Emilia-Romagna. Lavora con un compagno/a. Quali parole vi aspettate di trovare in relazione alle categorie nella seguente tabella?

POSIZIONE GEOGRAFICA	
CITTÀ	
CLIMA	
ECONOMIA	
SPORT	
PERSONAGGI FAMOSI	

3b Ascolta una persona che parla di una regione italiana e svolgi le attività.

i. Quali regioni italiane sono menzionate nel testo? Barra le caselle corrispondenti.

Abruzzo ☐   Friuli-Venezia Giulia ☐   Molise ☐   Trentino-Alto Adige ☐
Basilicata ☐   Lazio ☐   Piemonte ☐   Umbria ☐
Calabria ☐   Liguria ☐   Puglia ☐   Valle d'Aosta ☐
Campania ☐   Lombardia ☐   Sardegna ☐   Veneto ☐
Emilia-Romagna ☐   Marche ☐   Sicilia ☐
    Toscana ☐

ii. Indica se le seguenti affermazioni sono vere o false.

	Vero	Falso
a. L'Emilia-Romagna è nel Sud	☐	☐
b. La città principale è Bologna	☐	☐
c. L'Emilia-Romagna è bagnata dal mare	☐	☐
d. Il clima d'inverno è mite	☐	☐
e. La regione ha grossi problemi economici	☐	☐
f. La regione è famosa per alcuni prodotti alimentari	☐	☐

iii. Scrivi gli sport più popolari in Emilia-Romagna nella categoria giusta nella seguente tabella.

SPORT CON UN MEZZO DI TRASPORTO	SPORT CON LA PALLA

iv. Associa gli emiliani famosi menzionati al loro campo di attività.

1. Enzo Ferrari
2. Luciano Pavarotti   a. musica
3. Marco Pantani   b. cinema
4. Vasco Rossi   c. automobilismo
5. Zucchero   d. sport
6. Giuseppe Verdi
7. Federico Fellini

3c Lavorate in gruppi di cinque. Insieme dovete decidere una destinazione per una settimana di vacanza in Italia che va bene per tutti. Spiegate brevemente

- perché volete andare in questo posto
- in che periodo intendete andarci e perché
- cosa farete giorno per giorno

3d Lavora con un compagno/a. Prima di ascoltare una persona che parla di una vacanza a Roma, rispondete alle seguenti domande. Poi, condividete le vostre risposte con la classe e con l'insegnante.

a. Dov'è Roma?
b. Conosci alcuni monumenti famosi?
c. Come puoi viaggiare per la città?
d. Cosa puoi fare?

3e Ascolta una persona che parla di un viaggio a Roma e svolgi le attività.

i. Metti in ordine le seguenti fotografie, secondo l'ordine in cui quello che rappresentano viene menzionato nel testo, numerando le caselle.

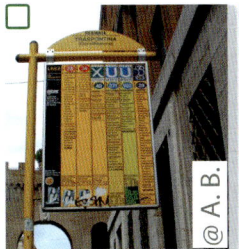

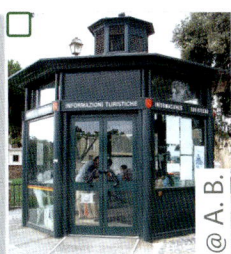

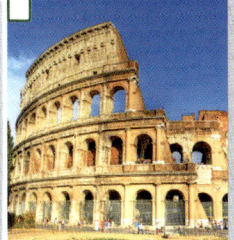

ii. Quali delle seguenti parole, che indicano luoghi, edifici ecc. presenti in una città, sono menzionati nel testo? Barra le caselle corrispondenti.

albergo	☐	fiume	☐	metropolitana	☐	pizzeria	☐
autobus	☐	fontana	☐	motorino	☐	ponte	☐
bancarelle	☐	fontanella	☐	museo	☐	ristorante	☐
bar	☐	gelateria	☐	negozio	☐	strada	☐
centro commerciale	☐	informazioni turistiche	☐	noleggio biciclette	☐	taxi	☐
				ospedale	☐	tram	☐
chiesa	☐	isola	☐	parco	☐	trattoria	☐
edicola	☐	mercato	☐	piazza	☐	zoo	☐

3f Leggi la trascrizione del racconto e svolgi le attività.

i. Controlla le tue risposte nell'attività 3e.

ii. Trova nel testo le espressioni utili per raccontare un'esperienza personale.

3g Lavora in un gruppo di quattro. Leggerete due testi su Rimini. Prima di leggere, svolgete le attività.

i. Dov'è Rimini? Localizzatela su una mappa dell'Italia.

ii. Per cosa è famosa?

iii. Secondo voi una vacanza a Rimini è ideale per … Barrate tutte le caselle che secondo voi rispondono alla domanda.

giovani	☐	persone che amano le spiagge vuote	☐	persone che amano l'aria fresca	☐
anziani	☐				
famiglie	☐	persone che amano l'arte	☐	persone che dormono molto la notte	☐
persone solitarie	☐				
persone socievoli	☐	persone che amano ballare	☐	persone che vivono la notte	☐

3h Due di voi leggono il testo A, gli altri due il testo B. Svolgete le attività relative al vostro testo e poi quelle comuni a entrambi i testi.

TESTO A

i. Guardate le fotografie e leggete il titolo dell'articolo. Confermano le vostre risposte nell'attività precedente?

Rimini la vie en rose

La città di Fellini è considerata la capitale dei gaudenti*.
Non a caso qui viene organizzata ogni anno la Notte Rosa,
una megafesta che coinvolge tutti. Da non perdere, il 4 luglio

ii. Nel testo compaiono molte parole relative al tema "mare". Lavorando con il tuo compagno/a, dividi le parole nel riquadro nelle seguenti categorie. Consultate il dizionario se avete bisogno di aiuto. Poi, confrontate le vostre idee con un'altra coppia di compagni che ha letto lo stesso articolo.

spiaggia	lungomare	sabbia	torretta di baywatch
stabilimento balneare	bagnino	beach volley	beach tennis
lettino	ombrellone	pedalò	bagno
sdraio	molo		

PERSONE	
LUOGHI	
SPORT	
OGGETTI SULLA SPIAGGIA	
MEZZI DI TRASPORTO SU ACQUA	

iii. Ora leggete l'articolo velocemente una prima volta e cercate le parole che hanno a che fare con il tema "divertimento".

iv. Leggete l'articolo una seconda volta e inserite i titoli dei paragrafi, che vi diamo in disordine nel riquadro.

Vivi la notte	Sognando California
Voglia di shopping	Tutti al mare

testo di Mariateresa Montaruli

[...] a Rimini il Capodanno cade d'estate. E anima, anzi infiamma la città, il 4 luglio durante la Notte Rosa (www.lanotterosa.it), **clou** del divertimento per chi non si accontenta di vacanze solo al sapore di sale e di mare. Tutto si tinge* di rosa: i fuochi d'artificio che illuminano il Ponte Tiberio e la facciata dello storico Grand Hotel, i costumi e le parrucche che indossano i partecipanti, i cuori di luce proiettati sul mare dagli elicotteri per il bagno di mezzanotte, persino le piadine* [...]. Poi ogni scusa è buona per tirare l'alba* e non perdere il concerto di Morgan, alle 5 del mattino sulla spiaggia di Miramare. ▶

1. _____

Nella città più californiana d'Italia, in attesa del nuovo lungomare, [...], tutto è allineato sulla spiaggia lunga 15 km. Questa è una repubblica della sabbia con 90 torrette di **baywatch**, 250 stabilimenti balneari, un esercito di 110 bagnini e campi da beach volley e beach tennis (lo sport che più impazza*). Ogni spiaggia ha la propria "specialità": i massaggi (nei bagni **chic** del Grand Hotel), i lettini dotati di specchietti che abbronzano davanti e dietro (al 6), gli ombrelloni con effetto ventilazione (al 55) e i "**love** pedalò" [...] (all'81). Il primo stabilimento fu inaugurato nel lontano1843 da un tale dottor Tintori che aveva intuito il potere terapeutico, sull'umore soprattutto, dei bagni. [...]

2. _____

La giornata **on the beach** comincia solo dopo aver fatto un salto *, se è mercoledì o sabato, al mercato di piazza Cavour. E dopo aver sorseggiato* un caffè al Bar Jole [...] Un posto all'apparenza senza pretese e poco turistico, dove il caffè è certificato "Espresso Italiano" e lo champagne [...] accompagna per 11€ la piadina. Sdraio e ombrellone ti aspettano al Turquoise, a Marina Centro, bagno più **trendy** di Rimini [...] Ci sono poi i tornei di beach tennis, un ristorante, i gazebo con le sdraio a due piazze e la connessione **wireless** (www.turquoise.beachclub.com)

[...]

3. _____

[...] puoi comprare sandali e ballerine da Cinderella (Via Soardi 14) e moda di designer emergenti di tutta Europa da Nylon (al n. 22) [...]. Da My Closet (piazza Agabiti 4) trovi abiti **vintage** oltre alle colorate magliette del marchio spagnolo Desigual. Il più chic Nicole (via Mentana 40) è famoso per la Brandina, la borsa **made in** Rimini creata dal designer Marco Morosini con il tessuto a righe delle sdraio (www.marcomorosini.com). Agrodolce (via Poletti 14) vende invece i camicioni che, con una fusciacca* e sandali a tacco alto, sono la **mise** giusta per frequentare la spiaggia a tutte le ore.

[...]

4. _____

La **movida** riminese non ha eguali: l'epicentro è la Pescheria* con il Caravaggio Art Bar e il Casablanca. Il Caffè delle Rose della zona mare (viale Vespucci 1) [...] compete con il Mucho Macho (al n. 12) e con il Coconut (viale Tintori 5), discoteca e primo **street bar** di Marina Centro con la zona **lounge** sul marciapiede. Non perdere il Rock Island, un disco-bar costruito sulle palafitte del Molo di Levante. Ci si arriva a piedi, in moto o in bicicletta, e le file si allungano man mano che* scende la notte. [...]

TU style – 23 giugno 2009

Unità 10

GLOSSARIO – I verbi sono dati all'infinito

gaudenti: festaioli, persone che amano vivere tra divertimenti e piaceri

tingersi: colorarsi

piadina: sfoglia di forma circolare e piatta fatta con farina di frumento, strutto o olio d'oliva, acqua e sale. È un prodotto tipico della regione Emilia-Romagna.

tirare l'alba: andare a dormire all'alba, cioè quando comincia il giorno

impazzare: manifestarsi con molto rumore; piacere moltissimo

fare un salto: fare una breve visita

sorseggiare: bere lentamente

fusciacca: lunga sciarpa che si usa come cintura

la Pescheria: zona caratteristica del centro storico di Rimini

man mano che: mentre gradualmente

v. Le parole in neretto nell'articolo sono parole straniere (francesi, inglesi e spagnole) che sono entrate nella lingua italiana. Lavora con un compagno/a. Associate la parola dal testo nella colonna di sinistra al suo significato italiano nella colonna di destra, come nell'esempio.

1. clou
2. baywatch
3. chic
4. love
5. on the beach
6. trendy
7. wireless
8. vintage
9. made in
10. mise
11. movida
12. street bar
13. lounge

a. sulla spiaggia
b. alla moda, di tendenza
c. fabbricato in
d. senza fili
e. apice, punto più alto
f. amore
g. elegante
h. bar di strada
i. sala bar
l. vita notturna
m. d'epoca, di seconda mano
n. guardaspiaggia
o. abbigliamento

1. __e__ 2. _____ 3. _____ 4. _____ 5. _____ 6. _____
8. _____ 9. _____ 10. _____ 11. _____ 12. _____ 13. _____

TESTO B

i. Guardate la fotografia e leggete il titolo dell'articolo. Confermano le vostre risposte nell'attività precedente?

ii. Lavora con un compagno/a. Quali parole vi aspettate di trovare nel testo? Avete 5 minuti di tempo per preparare una lista.

Rimini Rimini
La vacanza vale doppio

Una settimana sulla riviera romagnola dura quattordici giorni. Perché qui, tra spiagge infinite e superattrezzate e una vita notturna very hot, non ci si ferma mai.

Max — agosto 2009

iii. Nel testo compaiono molte parole relative al tema "mare". Lavorando con il tuo compagno/a, dividi le parole nel riquadro nelle seguenti categorie. Consultate il dizionario se avete bisogno di aiuto. Poi, confrontate le vostre idee con un'altra coppia di compagni che ha letto lo stesso articolo.

spiaggia	stabilimento balneare	ombrellone	
moscone	pedalò	torretta d'avvistamento	riva
parco acquatico	bagno	bagnino	

PERSONE	
LUOGHI	
COSE SULLA SPIAGGIA	
MEZZI DI TRASPORTO SU ACQUA	
SPORT	

iv. Ora leggete l'articolo velocemente una prima volta e

   a. verificate quante parole della vostra lista compaiono nell'articolo.

   b. cercate le parole che hanno a che fare con il tema "divertimento".

v. Leggete l'articolo una seconda volta e create un titolo per ciascun paragrafo.

di Massimo Poggini/foto di Antonio Zambardino

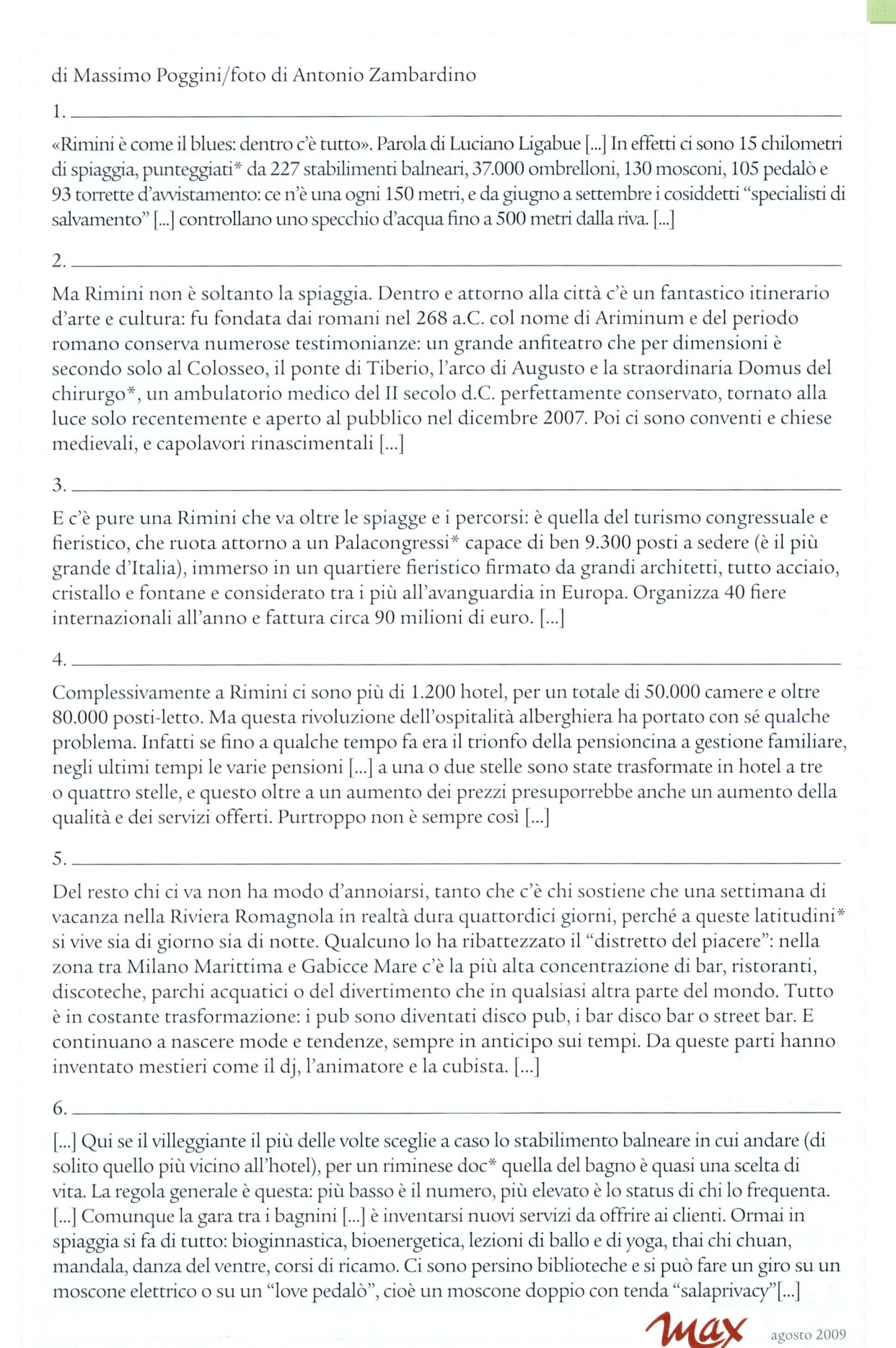

1. _____

«Rimini è come il blues: dentro c'è tutto». Parola di Luciano Ligabue [...] In effetti ci sono 15 chilometri di spiaggia, punteggiati* da 227 stabilimenti balneari, 37.000 ombrelloni, 130 mosconi, 105 pedalò e 93 torrette d'avvistamento: ce n'è una ogni 150 metri, e da giugno a settembre i cosiddetti "specialisti di salvamento" [...] controllano uno specchio d'acqua fino a 500 metri dalla riva. [...]

2. _____

Ma Rimini non è soltanto la spiaggia. Dentro e attorno alla città c'è un fantastico itinerario d'arte e cultura: fu fondata dai romani nel 268 a.C. col nome di Ariminum e del periodo romano conserva numerose testimonianze: un grande anfiteatro che per dimensioni è secondo solo al Colosseo, il ponte di Tiberio, l'arco di Augusto e la straordinaria Domus del chirurgo*, un ambulatorio medico del II secolo d.C. perfettamente conservato, tornato alla luce solo recentemente e aperto al pubblico nel dicembre 2007. Poi ci sono conventi e chiese medievali, e capolavori rinascimentali [...]

3. _____

E c'è pure una Rimini che va oltre le spiagge e i percorsi: è quella del turismo congressuale e fieristico, che ruota attorno a un Palacongressi* capace di ben 9.300 posti a sedere (è il più grande d'Italia), immerso in un quartiere fieristico firmato da grandi architetti, tutto acciaio, cristallo e fontane e considerato tra i più all'avanguardia in Europa. Organizza 40 fiere internazionali all'anno e fattura circa 90 milioni di euro. [...]

4. _____

Complessivamente a Rimini ci sono più di 1.200 hotel, per un totale di 50.000 camere e oltre 80.000 posti-letto. Ma questa rivoluzione dell'ospitalità alberghiera ha portato con sé qualche problema. Infatti se fino a qualche tempo fa era il trionfo della pensioncina a gestione familiare, negli ultimi tempi le varie pensioni [...] a una o due stelle sono state trasformate in hotel a tre o quattro stelle, e questo oltre a un aumento dei prezzi presuporrebbe anche un aumento della qualità e dei servizi offerti. Purtroppo non è sempre così [...]

5. _____

Del resto chi ci va non ha modo d'annoiarsi, tanto che c'è chi sostiene che una settimana di vacanza nella Riviera Romagnola in realtà dura quattordici giorni, perché a queste latitudini* si vive sia di giorno sia di notte. Qualcuno lo ha ribattezzato il "distretto del piacere": nella zona tra Milano Marittima e Gabicce Mare c'è la più alta concentrazione di bar, ristoranti, discoteche, parchi acquatici o del divertimento che in qualsiasi altra parte del mondo. Tutto è in costante trasformazione: i pub sono diventati disco pub, i bar disco bar o street bar. E continuano a nascere mode e tendenze, sempre in anticipo sui tempi. Da queste parti hanno inventato mestieri come il dj, l'animatore e la cubista. [...]

6. _____

[...] Qui se il villeggiante il più delle volte sceglie a caso lo stabilimento balneare in cui andare (di solito quello più vicino all'hotel), per un riminese doc* quella del bagno è quasi una scelta di vita. La regola generale è questa: più basso è il numero, più elevato è lo status di chi lo frequenta. [...] Comunque la gara tra i bagnini [...] è inventarsi nuovi servizi da offrire ai clienti. Ormai in spiaggia si fa di tutto: bioginnastica, bioenergetica, lezioni di ballo e di yoga, thai chi chuan, mandala, danza del ventre, corsi di ricamo. Ci sono persino biblioteche e si può fare un giro su un moscone elettrico o su un "love pedalò", cioè un moscone doppio con tenda "salaprivacy" [...]

max agosto 2009

GLOSSARIO - I verbi sono dati all'infinito

punteggiare: intercalare, costellare
Domus del chirurgo: casa del chirurgo
Palacongressi: palazzo per congressi

a queste latitudini: da queste parti, in queste zone
un riminese doc: un riminese autentico, puro

vi. Rileggi il testo e rispondi alle seguenti domande.

   a. Dopo aver letto tutto l'articolo, spiega con parole tue la frase iniziale «Rimini è come il blues: dentro c'è tutto».

   b. Come è cambiata l'ospitalità a Rimini, e con quali conseguenze?

   c. Spiega perché si dice che a Rimini "la vacanza vale doppio".

   d. Riassumi quali sono le ragioni che rendono Rimini una città all'avanguardia in campo turistico.

3i Lavora con il compagno/a con cui hai letto l'articolo nell'attività precedente. Preparate delle domande da fare ai due compagni nel vostro gruppo che hanno letto l'altro testo. Usate il contenuto del vostro testo per fare le domande, per scoprire se le informazioni nell'altro testo sono le stesse. Poi, rispondete alle domande che i vostri due compagni hanno preparato per voi.

   Es.: *Cosa succede il 4 luglio?*
   Quanto è lunga la spiaggia di Rimini?
   Quanti stabilimenti balneari ci sono?

3l Scrivi un'e-mail a un amico/a italiano/a che vuole venire nel tuo Paese o città. Da' informazioni sul clima, sul periodo migliore per venire, sui posti da vedere e sulle cose da fare per i giovani.

3m Lavora con un compagno/a. Svolgete le attività.

   i Leggete le frasi nel seguente riquadro, tratte dal testo A. Che cosa caratterizza le parole in neretto?

LE PAROLE ALTERATE

*Questa è una repubblica della sabbia con 90 **torrette** di baywatch*

*Ogni spiaggia ha la propria "specialità": ... i **lettini** dotati di **specchietti** che abbronzano davanti e dietro (al 6), gli **ombrelloni** con effetto ventilazione (al 55)*

*Sdraio e **ombrellone** ti aspettano al Turquoise*

*Trovi abiti vintage oltre alle colorate **magliette** del marchio spagnolo Desigual.*

Una **torretta** (plurale **torrette**) è una piccola torre

Un **lettino** (plurale **lettini**) è un piccolo letto

Uno **specchietto** (plurale **specchietti**) è un piccolo specchio

Un **ombrellone** (plurale **ombrelloni**) è un grande ombrello (anche se l'uso è diverso!)

Una **maglietta** (plurale **magliette**) è una piccola maglia.

Alcuni suffissi in italiano si usano per "alterare", cioè modificare una parola. Per esempio:

I suffissi **-etto/-etta** (plur. **-etti/-ette**) e **-ino/-ina** (plur. **-ini/-ine**) sono tra i suffissi che si usano per indicare che una cosa è piccola, sottile ecc.

Il suffisso **-one/-ona** (plur. **-oni/-one**) è tra i suffissi che si usano per indicare che una cosa è grande.

ii. Rendete alterate le seguenti parole tratte dai due testi, come nell'esempio.

a. spiaggia (piccola) *spiaggetta*
b. piazza (piccola) _____
c. ristorante (piccolo) _____
d. borsa (piccola) _____
e. riga (sottile) _____
f. camera (piccola) _____
g. chiesa (piccola) _____
h. chiesa (grande) _____
i. bagno (piccolo) _____
l. albergo (grande) _____
m. albergo (piccolo) _____
n. quaderno (grande) _____

A che punto sono?

In questa unità

mi è piaciuto …   non mi è piaciuto …

Dopo questa unità …

So …

parlare della mia città e del mio Paese ○○

fare paragoni tra posti che conosco ○○

capire le previsioni del tempo ○○

descrivere il clima di una località e di un Paese ○○

parlare delle attività che posso fare in date condizioni climatiche ○○

dare informazioni a chi vuole visitare la mia città e il mio Paese ○○

usare la parola *molto* ○○

formare il comparativo ○○

formare il superlativo ○○

formare alcune parole alterate ○○

Conosco …

le regioni italiane ○○

le città italiane più importanti ○○

i termini geografici più importanti ○○

il genere dei nomi di città ○○

informazioni su Roma, Milano, Napoli e Rimini ○○

informazioni sulla regione Emilia-Romagna ○○

alcuni stereotipi sull'Italia ○○

Per migliorare posso … ○

Per migliorare posso … ○

Gli italiani in vacanza

Unità 11

In questa unità …

- ripasserai e amplierai il lessico relativo ai viaggi e alle vacanze
- acquisirai informazioni sui gusti e sulle abitudini degli italiani riguardo alle vacanze
- parlerai del tipo di vacanza che preferisci
- descriverai una vacanza che hai fatto
- amplierai il lessico relativo ai viaggi in aereo
- parlerai dei tipi di alloggio che preferisci
- scriverai un'e-mail di prenotazione
- scriverai un'e-mail di reclamo
- farai domande per avere informazioni su un alloggio

- imparerai a esprimere eccesso con il prefisso *stra-*
- imparerai a formare e usare il congiuntivo presente dei verbi regolari e di alcuni verbi irregolari per esprimere un'opinione, una speranza e una volontà, e dopo le congiunzioni *purché, a condizione che, a patto che*

1 Le vacanze degli italiani

1a Entriamo nel tema e ripassiamo un po' di vocabolario.

i. Lavora con un piccolo gruppo di compagni. Quali attività associate ai tipi di vacanza nel riquadro? Avete cinque minuti di tempo per scrivere tutte le parole che vi vengono in mente. Poi confrontate la vostra lista con il resto della classe. Quante attività ci sono in totale?

settimana bianca	viaggio d'avventura	vacanza gastronomica
vacanza studio	visita a una capitale	beauty farm
crociera	campeggio al mare	trekking in montagna
vacanza alle terme	villaggio turistico	

ii. Ora descrivi la tua vacanza preferita. Scrivi il tuo tipo di vacanza preferito al centro dello spidergram e riempi gli altri campi.

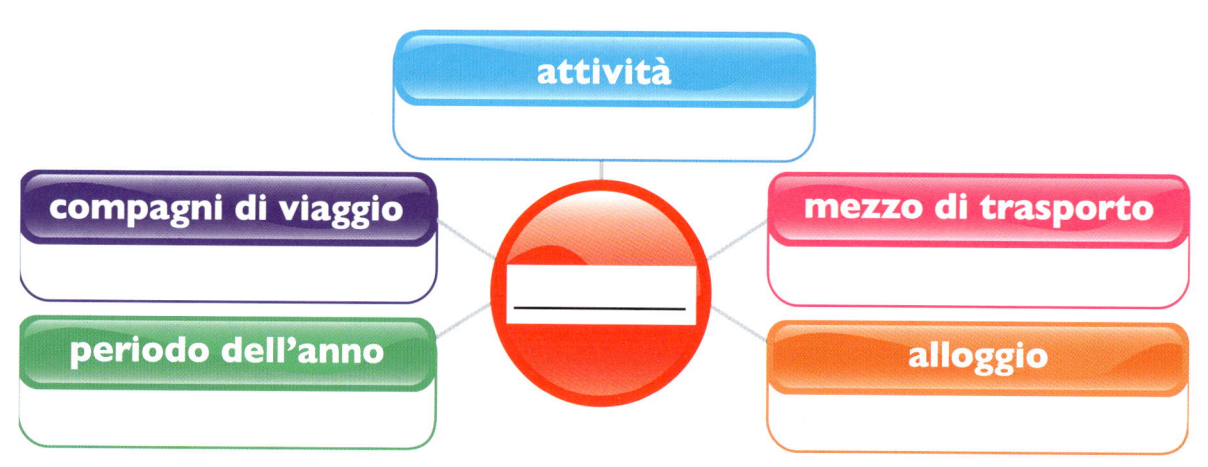

- attività
- compagni di viaggio
- mezzo di trasporto
- periodo dell'anno
- alloggio

I MEZZI DI TRASPORTO PER VIAGGIARE

- l'aereo
- la barca a vela
- la bicicletta
- la macchina
- la moto
- il motorino/lo scooter
- la nave
- il pullman
- il traghetto
- il treno
- ...

I LUOGHI DOVE ALLOGGIARE

- l'agriturismo
- l'albergo
- l'appartamento
- il bed & breakfast
- il campeggio
- l'hotel
- l'ostello
- la pensione

iii. Nel seguente riquadro ci sono verbi utili per descrivere una vacanza. Lavora con un gruppo di compagni. Associate i verbi a più nomi possibile.

Es.: *andare al mare, ballare in discoteca ...*

andare	divertirsi	leggere	prendere	trovare
arrivare	dormire	mangiare	prenotare	uscire
ballare	esplorare	navigare	preparare	viaggiare
camminare	fare	nuotare	prolungare	visitare
comprare	giocare	partire	sciare	
conoscere	guardare	passare	scoprire	

1b Ascolta la prima parte di un'intervista su una vacanza passata e svolgi le attività. Completa le seguenti frasi mettendo un cerchio intorno alla lettera giusta.

1. Susanna è andata in Giappone

    a. in gita scolastica   b. l'estate scorsa   c. due anni fa

2. È partita ...

    a. da sola   b. con la famiglia   c. con un viaggio organizzato

3. A Nara, ha visitato

    a. monumenti, giardini e templi   b. monumenti, templi e terme
    c. terme, spiaggia e giardini

4. In generale i giapponesi

    a. parlano molte lingue   b. parlano bene l'inglese
    c. non parlano una lingua straniera

5. Susanna si è spesso sentita straniera perché

    a. non parla inglese   b. non conosce i comportamenti codificati dei giapponesi
    c. i giapponesi non sono ospitali

1c Ascolta la seconda parte dell'intervista e completa le seguenti frasi con le parole corrette.

a. Mi piacciono molto i ristoranti giapponesi e i _____ come sushi e tempura.

b. In Giappone il sushi è uno _____ per gente che non ha tempo di sedersi a mangiare.

c. Ho visto ragazzini che lo mangiavano per _____ come noi con la pizza al taglio o le _____, ma non si compra al ristorante.

d. Tokyo è piena di _____ modernissimi, tecnologia a ogni angolo di strada, gruppi di ragazzi e ragazze vestiti come i _____ dei cartoni animati.

e. In Giappone la maggior parte dei luoghi pubblici ha WI FI _____.

IL CONGIUNTIVO PRESENTE PER ESPRIMERE UN'OPINIONE E UNA SPERANZA

Leggi le seguenti frasi che hai sentito nell'intervista e guarda i verbi in neretto: cosa noti?

*Cosa pensi che **debba** tenere presente una persona che vuole visitare il Giappone?*

*Credo **valga** la pena osservare bene quelli che ti stanno intorno*

*Pensi che **sia** una buona idea in generale?*

*Credo che davvero **dipenda** dalla personalità del viaggiatore*

*Spero che **visitiate** il Giappone in futuro*

I verbi in neretto sono al **congiuntivo presente**. Troverai come si forma nella sezione Grammatica in fondo al libro. È un modo verbale che si usa per esprimere qualcosa di soggettivo e possibile, non certo. Al contrario, l'indicativo è il modo verbale della certezza e dell'oggettività. Guarda questo esempio:

È una buona idea (una cosa certa, oggettiva)

*Pensi che **sia** una buona idea?* (un'opinione personale, soggettiva, quindi non certa)

Negli esempi tratti dal brano di ascolto il congiuntivo si usa per esprimere un'opinione (quindi un punto di vista soggettivo) e una speranza (speriamo che qualcosa succeda, ma non siamo sicuri che succederà veramente)

ESPRIMERE UN'OPINIONE CON L'INDICATIVO E CON IL CONGIUNTIVO

Susanna dice:

Questo, secondo me, aiuta molto

Credo che davvero dipenda dalla personalità del viaggiatore

Per esprimere un'opinione puoi usare:

Secondo me/Per me + indicativo

Verbo di opinione + *che* + congiuntivo (es. credere che, pensare che, immaginare che ecc.)

Questo, secondo me, aiuta molto

Credo che davvero dipenda dalla personalità del viaggiatore

1d Trasforma le informazioni nello spidergram dell'attività 1a.ii in un breve racconto di viaggio. Puoi usare le espressioni e i verbi nel riquadro come esempio.

ESPRESSIONI E PAROLE UTILI PER RACCONTARE UNA VACANZA

l'anno scorso/due anni fa ...

una settimana/un mese ...

sono andato/a a/in ...

con un gruppo di amici/una comitiva/la mia famiglia ...

da solo/a

in treno/aereo ...

a piedi

in un albergo/campeggio/ostello

1e Ascolta alcuni giovani italiani che descrivono la loro vacanza preferita e riempi la griglia.

	DOVE	CON CHI	MEZZO DI TRASPORTO	ALLOGGIO	4 ATTIVITÀ
1					
2					
3					

IL CONGIUNTIVO CON I VERBI DI VOLONTÀ E CON LA CONGIUNZIONE *PURCHÉ* (A CONDIZIONE CHE)

Leggi le seguenti frasi che hai sentito nell'attività precedente:

Non **voglio che** qualcuno mi **dica** cosa fare o non fare

Non importa dove vado, **purché** il mare **sia** bello e pulito

Sarà la nostra prima vacanza insieme e **speriamo che sia** indimenticabile

Lavora con un compagno/a. Fate ipotesi sul perché si usa il congiuntivo in questi casi.

1f Prima di leggere un articolo sulle vacanze degli italiani, svolgi le seguenti attività.

i. L'articolo si intitola *La vacanza? Relax, divertimento e buon cibo*. Scrivi in questo spidergram quali parole associ ai campi indicati.

```
        relax
mare            divertimento
       VACANZA
montagna        buon cibo
```

ii. Confronta il tuo spidergram con quello di un compagno/a. Cosa avete in comune?

iii. Rispondi alle seguenti domande. Secondo te ...

　a. Per le vacanze gli italiani preferiscono

　　il mare ☐　　la montagna ☐　　la campagna ☐

　b. Gli italiani che preferiscono le vacanze tutte sport e movimento sono

　　il 18,9% ☐　　il 31,9% ☐　　il 49,2% ☐

　c. La selta della vacanza è influenzata soprattutto da

　　la pubblicità ☐　　i consigli di amici e familiari ☐　　la moda del momento ☐

　d. La regione italiana preferita dagli italiani per le vacanze è

　　La Calabria ☐　　la Sardegna ☐　　la Sicilia ☐

　e. Gli italiani che considerano importante il fattore cibo nella scelta della destinazione sono

　　4 su 10 ☐　　7 su 10 ☐　　9 su 10 ☐

iv. Associa il verbo nella colonna di sinistra con il nome nella colonna di destra, poi confrontati con un compagno.

　1. concedersi　　a. una ricerca
　2. condurre　　　b. il web
　3. andare　　　　c. alle agenzie
　4. consultare　　d. una vacanza
　5. rivolgersi　　e. in ferie

1g Leggi l'articolo velocemente una prima volta e controlla le risposte nell'attività 1f.iii e 1f.iv.

La vacanza? Relax, divertimento e buon cibo
Sicilia e Spagna le destinazioni preferite

1. ROMA - Riposo per chi sceglie il mare, attività fisica per chi va in montagna. Se solo poco più di un italiano su due, il 54%, prevede di concedersi una vacanza durante la prossima estate, il mare rimane la destinazione preferita dai connazionali*. Secondo una ricerca sulle scelte degli italiani per le prossime vacanze condotta da Europcar con l'istituto Doxa, il 69% di chi andrà in ferie si sdraierà* in spiaggia, l'11,3% andrà a divertirsi in montagna e gli altri vacanzieri* si divideranno tra città d'arte, vacanze itineranti, campagna e laghi.

2. La vacanza tranquilla, «slow», all'insegna del riposo, del relax e del buon cibo è il sogno del 31,9% degli italiani, il 35,1% di chi va al mare. Le ferie «activity», tutte sport e movimento, sono l'obiettivo del 18,9% dei vacanzieri, con punte del 27,6% tra gli appassionati della montagna. Quasi la metà di chi andrà in vacanza, il 49,2%, pensa di riuscire a bilanciare le due filosofie di vacanza senza grosse difficoltà.

3. Se la classica immagine del relax in compagnia di un libro letto sotto l'ombrellone rimane vincente, si rilasserà in questo modo il 22% di chi andrà al mare, a sorpresa vince anche la montagna. «Gli oltre 2.500.000 di italiani che sceglieranno la montagna - sottolineano i ricercatori - dimostrano che qualcosa sta cambiando nella concezione di vacanza degli italiani, ma quello che più stupisce è che il 24% di loro è costituito da giovani tra i 15 e i 34 anni». Per gli amanti della montagna si prevedono soprattutto movimento, lunghe passeggiate e sport.

4. **Sicilia batte Sardegna, Spagna batte Francia.** La scelta della vacanza è spesso influenzata dal consiglio di amici e familiari. Cresce l'uso di internet nella prenotazione delle ferie, il web è consultato dal 21,2% di chi deve prenotare contro il 22,5% costituito da chi si rivolge alle agenzie. Per quanto riguarda le destinazioni nazionali la Sicilia (12,1%) batte la Sardegna (11%) e la Calabria (9,3%), che però riesce a superare Toscana (9%), Emilia Romagna (7,3%) e Puglia (7%). Per chi prevede di andare all'estero la Spagna (21,6%) si dimostra la meta più alla moda, che stravince su Francia (12,2%), Croazia (7,2%) e Grecia (5%).

5. **Turismo enogastronomico.** A conferma del trend che vuole il turismo enogastronomico in crescita, 7 italiani su 10 dicono di considerare molto o abbastanza importante il fattore cibo nella scelta della propria destinazione. Molto attenti al palato sono coloro che sceglieranno la montagna, che si dimostra più DOP e IGP* del mare: il 54,2% di chi scalerà le cime* dice di essere fortemente attratto dalle materie prime e dalle ricette tipiche che può trovare in montagna.

Il Messaggero.it 20 giugno 2008

GLOSSARIO – I verbi sono dati all'infinito

i connazionali: le persone della nostra stessa nazione (con + nazionali)

sdraiarsi: stendersi, allungarsi (per esempio per dormire o riposare)

i vacanzieri: le persone che vanno in vacanza

DOP e IGP: DOP (denominazione di orgine protetta) e IGP (indicazione geografica protetta) sono due marchi di orgine stabiliti dall'Unione Europea per proteggere la tipicità di alcuni prodotti alimentari

scalare le cime: arrivare al punto più alto delle montagne

1h Lavora con un compagno. Rileggete l'articolo, questa volta più lentamente, e svolgete una delle prime due attività che seguono (una ciascuno).

i. Trova nel testo i vocaboli che si riferiscono alle categorie nella seguente tabella.

PERSONE	LUOGHI	ATTIVITÀ

ii. Riempi lo spidergram dell'attività 1f.i con le informazioni ricavate dal testo. Sei molto diverso/a dagli italiani?

- relax
- mare
- montagna
- **VACANZA**
- divertimento
- buon cibo

iii. Confrontate e commentate le due attività. Potete aggiungere qualcosa?

iv. L'articolo dice che la Spagna "stravince" sulla Francia (par. 4). Spiega il significato della frase usando le tue parole.

v. Secondo te cosa significano le seguenti parole?

strapagato   straricco   strapieno   strafare   straintelligente

1 Prima di leggere un brano sugli italiani in vacanza, svolgi le seguenti attività.

i. Lavora con un compagno/a. Avete mai visto degli italiani in vacanza nel vostro Paese? Quali degli aggettivi nel riquadro vi aspettate di trovare in un testo sugli italiani in viaggio?

annoiato	contento	generoso	rumoroso
avaro	curioso	organizzato	silenzioso
cinico	disinteressato	patriottico	

ii. Indica se secondo te le seguenti affermazioni sugli italiani in viaggio sono vere o false. Poi, confrontati con i compagni e con l'insegnante.

Vero Falso

a. Suonano il clacson ☐ ☐
b. Guidano piano ☐ ☐
c. Fanno sempre la fila ☐ ☐
d. Sono spesso in gruppo ☐ ☐
e. Portano gli occhiali da sole ☐ ☐
f. Sono poco comunicativi ☐ ☐
g. Amano fare shopping ☐ ☐
h. Parlano a voce alta ☐ ☐
i. Viaggiano sempre in bicicletta ☐ ☐
l. Parlano molto di cibo ☐ ☐

2 Leggi il seguente brano e svolgi le attività.

Italiani con valigia

Possiamo iniziare col dire che gli «italiani con valigia» possiedono straordinarie qualità. [...] Citiamone solo alcune, per ora. Siamo curiosi, e adoriamo i confronti tra la nostra condizione di italiani e quella dei popoli che visitiamo [...]. Siamo complessivamente onesti, e giustamente cinici: l'italiano che torna da un viaggio sottoscriverebbe, senza conoscerla, la battuta di Arthur Koestler*: «Viaggiando, si impara che tutti i popoli hanno torto». Siamo indiscutibilmente generosi: quasi sempre, ad esempio, rinunciamo a controllare il conto dei ristoranti, un'attività che occupa invece circa metà delle ferie di uno svizzero o di un austriaco (la cosa, va da sé, ci rende popolari tra i camerieri di tutto il mondo).

Un'altra qualità dell'italiano in viaggio è questa: non soltanto non si innervosisce incontrando altri italiani, ma festeggia l'avvenimento, manifestando un orgoglio nazionale che in patria tiene ben nascosto [...].

Un aspetto meno entusiasmante del turismo italiano è la sua rumorosità. È scientificamente provato che una comitiva di cinquanta bergamaschi produce gli stessi decibel di cento francesi, centocinquanta tedeschi e duecento giapponesi. Questa rumorosità spesso non ha nulla a che fare con la scortesia, ed è invece un'espressione del piacere di stare al mondo (soprattutto in un mondo pieno di *duty-free shops*) [...]

Beppe Severgnini - *Italiani con valigia* © 2001 RCS Libri S.p.A. - Milano

GLOSSARIO

Arthur Koestler: scrittore e giornalista ungherese (1905-1983)

i. Confronta le tue risposte nell'attività 1i. i con il contenuto del brano, sottolineando le parti rilevanti. Coincidono?

ii. Nel testo, trova l'equivalente delle seguenti parole ed espressioni, che appaiono nello stesso ordine:

   a. eccezionali: _____

   b. senza dubbio: _____

   c. non c'è bisogno di dirlo: _____

   d. l'evento: _____

   e. mostrando: _____

   f. nativi di Bergamo: _____

   g. mancanza di gentilezza: _____

iii. Secondo te il tono usato dall'autore è ... Barra la casella corrispondente alla tua opinione. Poi, trova alcuni esempi nel testo che secondo te la giustificano.

   serio ☐   ironico ☐   critico ☐   neutrale ☐

iv. Lavora con un compagno/a. Insieme preparate 4 domande sul testo, con le relative risposte e un punteggio per ogni risposta corretta (20 punti in totale per tutte le domande). Scambiatevi poi le domande con un'altra coppia di compagni e rispondete. Scambiatevi poi le risposte e correggetele a vicenda.

2 Viaggiare low cost

2a Prima di leggere un breve articolo sui voli low-cost, svolgi le seguenti attività con un gruppo di compagni.

i. Quali parole nel riquadro associate a un viaggio in aereo? Sottolineate le parole giuste.

aeroporto	check-in	fermata	stazione
atterraggio	cintura di sicurezza	ferrovia	uscita A12
bagaglio a mano	compagnia aerea	hostess	vagone letto
biglietto	controllore	pilota	vagone ristorante
binario	cuccetta	posto	volo
carrozza	decollo	ritiro bagagli	
carta d'imbarco	duty-free	seconda classe	

ii. A che tipo di viaggio si riferiscono le parole che non avete sottolineato?

iii. Avete mai viaggiato con un volo low cost? Quali sono i vantaggi e gli svantaggi? Rispondete considerando i seguenti aspetti:

acquisto del biglietto   prenotazione del posto a sedere   prezzo

servizio a bordo   puntualità

2b Lavora con un compagno. Leggete il seguente articolo e svolgete le attività.

i. Leggete l'articolo e verificate le vostre risposte nell'attività 2a.iii. Coincidono con il contenuto del testo? Ci sono informazioni che mancano nell'articolo?

Low cost: vantaggi e rischi

di Carlo Dagradi

Volare a Londra, Parigi o Berlino al costo di un taxi, di un biglietto del cinema o addirittura* di un caffè. È la promessa che fanno le compagnie aeree "low cost" (basso costo) rispetto a quelle tradizionali.

Hanno vinto?
[...] Sì: hanno vinto. Hanno catturato nuovi clienti e diffuso l'uso dell'aereo in una fetta* più ampia di popolazione [...]

Caffè col resto
Cappuccio* e brioche a bordo? Ci sono, ma si pagano a parte [...]. Niente giornali gratis, niente scelta tra finestrino e corridoio. E niente biglietto: si acquista solo su Internet. Niente posti prenotati (chi sale per primo si siede dove vuole, come sul bus). Si vola su aeroporti minori e non si insegue la puntualità a tutti i costi [...]. Volare low cost è davvero conveniente? [...]

Focus gennaio 2005

GLOSSARIO
addirittura: perfino, anche
fetta: porzione
cappuccio: cappuccino

ii. Conoscete una compagnia aerea tradizionale che è diventata una compagnia low cost? Quali sono le differenze tra questa e le compagnie descritte nell'articolo?

iii. Rispondi brevemente alla domanda alla fine dell'articolo: *Volare low cost è davvero conveniente?* Sì o no? Elenca le ragioni della tua risposta.

3 Un posto dove stare

3a Lavora con un compagno/a. Svolgete le attività.

i. Quali sono le differenze tra i diversi tipi di alloggio che hai visto nell'attività 1a?

ii. Quale tipo di alloggio preferite? Quale non vi piace? Perché?

iii. Mettete i seguenti servizi in ordine di importanza da 1 a 10, dal più importante al meno importante per voi.

- palestra ☐
- piscina ☐
- pulizia ☐
- buon cibo ☐
- noleggio biciclette ☐
- personale gentile ☐
- bagno in camera ☐
- colazione in camera ☐
- collegamento wireless ☐
- vicinanza alla spiaggia/al centro ☐

iv. Quali altre cose è importante trovare, secondo voi, in un albergo o in un altro tipo di alloggio?

3b Leggi un'e-mail di prenotazione e svolgi le attività.

i. Completa l'e-mail con le parole nel riquadro.

conferma	informazioni	notti	piacerebbe
Direzione	letti	albergo	ringrazio
disponibilità	matrimoniale	pensione	vicino

A:	
Da:	Data:
Oggetto:	

Spettabile _____,

vorrei prenotare una camera _____ e una camera a tre _____ a nome Mancini dal 25 agosto al 1 settembre, per sette _____, con trattamento di mezza _____.

Abbiamo visto sul sito del Vostro _____ che avete _____ per quel periodo.

Se possibile, ci _____ avere due camere con vista sul mare. Vi pregherei anche di darmi maggiori _____ sugli impianti sportivi _____ all'albergo.

Vi _____ in anticipo e rimango in attesa di una Vostra _____.

Distinti saluti,
Marta Giacobbe

ii. Lavora con un compagno/a. Cosa notate nella struttura dell'e-mail?

3c Scegli una località italiana in cui ti piacerebbe andare e cerca un alloggio su internet che potrebbe andare bene per le tue esigenze. Scrivi un'e-mail di prenotazione, indicando:

- il tipo e il numero di camere
- a che nome fai la prenotazione
- il periodo e il numero di notti
- particolari esigenze tue o delle persone con cui viaggi
- altre informazioni richieste

3d Lavora con un compagno/a. Prima di leggere una lettera di reclamo, svolgete le attività.

i. Qui di seguito vi diamo alcuni motivi per cui possiamo essere scontenti di un soggiorno in una struttura turistica. Potete aggiungere altri motivi?

- Camera a due letti invece di camera matrimoniale
- Camera rumorosa (*La camera era rumorosa...*)
- Bagno sporco
- Distanza dalla spiaggia
- La camera non aveva la vista sul mare come richiesto
- Forti odori dalla cucina
- Insetti in camera
- Orario di apertura la sera
- Personale scortese
- Letto scomodo

ii. Guardate questi due modi per aprire una lettera. Che differenza c'è, secondo voi?

- Egregio Direttore
- Spettabile Direzione

3e Leggi il seguente modello di lettera di reclamo a un albergo.

MITTENTE (nome e l'indirizzo di chi scrive)

DESTINATARIO

Egr. Direttore/Spett. Direzione
Nome e indirizzo dell'albergo

Luogo e data

OGGETTO: Soggiorno nel Suo/Vostro albergo da ... a ... (*es. dal 2 all'8 maggio*)

APERTURA

Egregio Direttore/Spettabile Direzione,

INTRODUZIONE

Attraverso il sito del Suo/Vostro albergo ho prenotato un soggiorno per il periodo da ... a ... per (numero di notti).

Devo dire che purtroppo non sono rimasto contento del mio soggiorno e mi permetto di segnalare i seguenti problemi:

MOTIVI DEL RECLAMO

CONCLUSIONE

Sono andato alla direzione dell'albergo per reclamare, ma purtroppo non hanno voluto riconoscere i motivi del mio reclamo e si sono rifiutati di risarcirmi. Sono veramente scandalizzato dalle false promesse che fate ai clienti attraverso il Vostro sito, e Le/Vi annuncio che se il Suo/Vostro albergo non mi risarcirà i danni che ho subito, mi rivolgerò all'Associazione per la Difesa dei Consumatori, fornendo le prove di quanto dico. Inoltre, a causa dei disagi descritti ho anche dovuto interrompere la mia vacanza.

CHIUSURA

In attesa di un sollecito riscontro, invio distinti saluti.

FIRMA

Giorgio Benini

3f Immagina di andare nel posto che hai prenotato nell'attività 3c e di rimanere scontento/a. Scrivi un'e-mail di reclamo.

3g Ascolta i seguenti annunci e rispondi alle domande.

1. Fornisci i particolari dell'offerta:

   a. In cosa consiste _____

   b. Cosa si deve fare per usufruire dell'offerta? _____

2. Qual è il primo premio del concorso? _____

3. Fornisci i particolari del viaggio:

   a. Destinazione: _____
   b. Durata: _____
   c. Prezzo: _____
   d. Due cose incluse nel prezzo: i. _____
   ii. _____

4. Per che periodo è valida l'offerta? _____

5. Fornisci i particolari dell'offerta: _____

   a. In cosa consiste: _____
   b. A chi si rivolge: _____
   c. Quale numero bisogna chiamare? _____

A che punto sono?

In questa unità

mi è piaciuto ...   non mi è piaciuto ...

Dopo questa unità ...

So ...

parlare del tipo di vacanza che preferisco ○○

descrivere una vacanza che ho fatto ○○

parlare dei tipi di alloggio che preferisco ○○

scrivere un'e-mail di prenotazione ○○

scrivere un'e-mail di reclamo ○○

chiedere informazioni su un alloggio ○○

esprimere eccesso con il prefisso *stra-* ○○

formare il congiuntivo presente e usarlo per esprimere un'opinione, una speranza e una volontà, e dopo le congiunzioni *purché, a condizione che, a patto che* ○○

esprimere un'opinione con l'indicativo e con il congiuntivo ○○

Conosco ...

il lessico relativo ai viaggi e alle vacanze ○○

il lessico relativo ai viaggi in aereo ○○

molte cose sui gusti e sulle abitudini degli italiani riguardo alle vacanze ○○

Per migliorare posso ... ○

Per migliorare posso ... ○

L'italiano medio ieri e oggi

Unità 12

In questa unità …

- acquisirai informazioni sui gusti e sulle abitudini dell'italiano medio
- descriverai il cittadino medio della tua città o del tuo Paese
- parlerai delle tue abitudini nel passato
- comparerai il tuo passato e il tuo presente
- comparerai un luogo nel passato e nel presente
- descriverai una persona nel passato
- descriverai la prima volta che sei stato in un posto

- ripasserai e amplierai l'uso dell'imperfetto indicativo
- imparerai a usare il verbo *esserci* al passato
- imparerai a usare il passato prossimo e l'imperfetto
- imparerai a formare e usare il trapassato prossimo

1 Il milanese medio

1a Entriamo nel tema.

i. Lavora con un piccolo gruppo di compagni. Conoscete il significato dei seguenti luoghi comuni? In base alla vostra esperienza o a quello che avete sentito dire, indicate quali di loro secondo voi riguardano gli italiani.

Gli italiani ...

a. conoscono l'arte d'arrangiarsi ☐
b. sono avari ☐
c. amano fare bella figura ☐
d. guidano bene ☐
e. sono buongustai ☐
f. bevono caffè ☐
g. amano il calcio ☐
h. sono creativi ☐
i. sono freddi ☐
l. sono estroversi ☐
m. sono furbi ☐
n. sono generosi ☐
o. sono individualisti ☐
p. sono introversi ☐
q. sono mammoni ☐
r. sono maschilisti ☐
s. sono organizzati ☐
t. sono pigri ☐
u. sono puntuali ☐
v. sono rilassati ☐
z. sono sportivi ☐

ii. Ora indicate se i luoghi comuni che avete scelto sono pregi o difetti, inserendo le lettere nella categoria corrispondente.

PREGI	DIFETTI

1b Lavora con un compagno/a. Prima di leggere un testo sul milanese medio, svolgete le seguenti attività.

i. Guardate le illustrazioni alla pagina seguente, senza leggere i testi. Cosa potete dire sul milanese medio?

ii. Rispondete alle seguenti domande scegliendo l'opzione che secondo voi è corretta.

1. La percentuale di famiglie milanesi con due figli è
   a. 3% ☐   b. 13% ☐   c. 20% ☐

2. La percentuale di milanesi che fanno la spesa al supermercato è
   a. 15,4% ☐   b. 21,3% ☐   c. 78% ☐

3. La percentuale di milanesi che dormono meno di 8 ore è
   a. 33% ☐   b. 49,3% ☐   c. 83,2% ☐

4. La percentuale di milanesi che fanno sport è
   a. 31% ☐   b. 50% ☐   c. 70% ☐

5. I milanesi che sognano una casa di lusso sono
   a. 3 su 10 ☐   b. 5 su 10 ☐   c. 7 su 10 ☐

6. Il numero di cani a Milano è
   a. 80mila ☐   b. 150mila ☐   c. 250mila ☐

7. La percentuale di milanesi che usano i media per informazione e intrattenimento è
   a. 28% ☐   b. 52% ☐   c. 75% ☐

8. Per comprare abiti e scarpe, i milanesi spendono ogni mese
   a. €62 ☐   b. €107,3 ☐   c. €451,7 ☐

9. Per fare la spesa, i milanesi spendono ogni mese
   a. €344,15 ☐   b. €451,7 ☐   c. €500,2 ☐

10. Per spostarsi, specialmente in auto, i milanesi spendono ogni mese
    a. €127 ☐   b. €255 ☐   c. €322 ☐

1c Continua a lavorare con lo stesso compagno/a. Leggete velocemente i testi alla pagina seguente. Uno di voi legge i testi sulla sinistra, l'altro quelli sulla destra. Svolgete le seguenti attività.

i. Cercate nel testo le risposte alle domande nell'attività 1b.ii. Coincidono con le vostre?

ii. Molti dei brevi testi non hanno il titolo. Leggete insieme i seguenti titoli e se ci sono parole che non conoscete consultate il dizionario. Poi, individualmente, attribuite un titolo a ognuno dei testi che avete letto. Infine, confrontatevi con il vostro compagno/a. Se avete titoli che coincidono, c'è un problema!

Ha un figlio solo	Dorme poco	Legge tanto
Ama la tv	Spende	Fa volontariato
La carta d'identità	Si dedica allo shopping	È single o divorziato
È pigro a tavola	Si sposa in Comune	Ama i cani
Fa sport		È colto

FRANCESCO ROSSI

Gusti, abitudini spese e vita del cittadino "tipo", alla luce delle più recenti statistiche

Il nome da uomo più comune a Milano è Francesco Rossi (se fosse una donna, Giulia). Rossi è il cognome più diffuso insieme a Bianchi, Colombo (milanesissimo), Villa, Russo e Brambilla. Il milanese medio ha 45,4 anni (43 i maschi, 47,4 le femmine). Ha la licenza media superiore. Guarda due-tre ore al giorno la Tv, ascolta la radio, legge libri e giornali. È single. Spende tempo e denaro in eventi culturali e di intrattenimento più degli altri italiani.

Nel 2005 sono nati 12.261 bambini (residenti), l'età media delle partorienti è di 33,2 anni. Il 64% dei nuclei familiari milanesi non ha figli conviventi, il 20% ha un solo figlio, il 13% ne ha due e solo il 3% ha più di tre figli.

In un anno si sono divise 1.438 coppie. Nel 2006 il sorpasso storico del single sulle famiglie: 219.205 single contro 158.813 coppie con figli e 129.403 senza figli.

Il 75% dei milanesi usa i media per informazione e intrattenimento. Uno su due legge quotidiani. Il giornale straniero più letto è *The Guardian*.

In città vivono 150 mila cani, tutti molto "produttivi": secondo L'Amsa, ogni giorno sui marciapiedi si raccolgono dieci tonnellate di escrementi canini.

Si sposta molto

Per andare e tornare dal posto di lavoro il milanese impiega 51,8 minuti. Per spostarsi spende 255 euro al mese, specie per i costi legati all'auto. Autobus e taxi "costano" solo 17,59 euro.

Il 27 per cento dei milanesi fa volontariato saltuariamente. E sono 88.331 i volontari "assidui", esclusi però i donatori di sangue. Inoltre, in città 60 scuole pubbliche e 40 paritarie promuovono regolarmente forme di volontariato.

Ricicla

In un anno si raccolgono 240.850 tonnellate di rifiuti e 38 tonnellate di pile esaurite.

il milanese medio

Il 31,5% dei milanesi è diplomato, il 15% è laureato. A Milano il primato della partecipazione agli eventi culturali: 188 presenze per evento (127 a Roma).

Ogni milanese spende per abiti e scarpe 107,03 euro al mese, il 5,92% sul totale della spesa non alimentare.

L'83,2% dei milanesi dorme meno di 8 ore, il 49,3% studia e legge 2-4 ore, il 10% lavora più di 8 ore, il 25% dedica 1 ora ad attività culturali, il 33% dedica meno di 1 ora alle uscite con gli amici, il 33% non esce proprio.

Casa, quanto mi costi!

Affitto, mutuo e manutenzione sono le voci che incidono di più (21,8%) sui bilancio dei milanesi, per un valore di 470 euro mensili. Tre su 10 sognano una casa di lusso.

Da qualche anno è boom di cibi pronti (*take away*, rosticcerie) e precotti. Il 28% dei milanesi dedica al cibo dalle 2 alle 4 ore e, se non ha voglia di cucinare, può contare su 4.371 ristoranti.

Si "svena" per...

... la michetta, il pane più caro d'Italia con i suoi 4,65 euro al Kg. Record di spesa anche per eventi culturali e sportivi: 79 euro l'anno.

Due milanesi su tre la guardano da una alle tre ore al giorno, soprattutto attualità. Gerry Scotti è l'*anchor man* preferito.

La spesa media mensile è di 344,15 euro. Le voci: ortaggi (21,3%), carne (20,1%), pane e cereali (15,4%). Acquistati al supermercato (per il 78%).

La metà dei milanesi fa sport. Il 50% degli utenti delle palestre ha fra i 31 e 40 anni, il 70% le frequenta dalle 18 alla chiusura. Quasi tutti scelgono palestre con *beauty center*.

Nel 2005 ci sono stati 4.048 matrimoni: 2.339 con rito civile e 1.709 con rito religioso. L'età media degli sposi è di 34,5 anni per gli uomini e 32,3 per le donne.

Focus Extra (Testi e illustrazioni) n. 30 inverno 2007-2008

iii. Indica se le seguenti affermazioni sul milanese medio sono vere o false. Sottolinea nel testo le parti che giustificano le tue risposte.

	Vero	Falso
a. Ama i cibi pronti	☐	☐
b. Compra più pane che carne	☐	☐
c. Guarda la TV un'ora al giorno	☐	☐
d. La maggior parte lavora più di 8 ore al giorno	☐	☐
e. Va in palestra più la mattina che la sera	☐	☐
f. Pochi milanesi leggono quotidiani	☐	☐
g. Partecipa a eventi culturali	☐	☐
h. Spende molto per la casa	☐	☐

2 Quando ero giovane ...

2a Lavora con un compagno/a e svolgete le seguenti attività.

i. Prima di ascoltare i ricordi di Silvia che parla della sua infanzia e adolescenza, completate il testo con le parole mancanti.

- *Andavo* a scuola da sola e a piedi. Non *c'era* molto _____ per la strada.
- *Giocavo* con i miei _____ per la strada, senza la mamma o la baby sitter.
- Mia madre mi *diceva* di mettermi un pullover per non prendere freddo.
- Non *avevo* la Playstation, né altri _____ elettronici.
- Il _____ non *esisteva*, e nemmeno i social network e le chatroom.
- *Telefonavo* solo con il telefono fisso. Il _____ non *esisteva*.
- *Facevo* merenda con pane e Nutella o con pane, burro e marmellata.
- Quando *uscivo* con gli amici, *andavamo* a _____ in pizzeria. I fast food come McDonald's non *esistevano*.
- Non *bevevo* mai il tè.
- *Guardavo* la tv, ma quando *ero* piccola *era* solo in _____ e nero.
- *Ascoltavo* i dischi in vinile, e non *c'erano* i CD e i DVD.
- *Andavo* nel cinema vicino a _____ mia.
- *Andavo* ai _____ con gli amici, e *costavano* meno di oggi.
- *Facevo* le _____ scolastiche solo in Italia.
- Gli insegnanti mi *davano* molti _____ per casa.

IL VERBO "ESSERCI"
Presente
c'è   ci sono
Passato
c'era   c'erano

ii. Ascoltate il testo e controllate le vostre risposte nell'attività precedente.

2b Rileggi i ricordi dell'attività 2a. e svolgi le seguenti attività.

i. I verbi in corsivo nel testo sono all'imperfetto. Si usa per esprimere che cosa, in questi casi, secondo te? Barra le caselle corrette.

a. per parlare di abitudini nel passato ☐
b. per parlare di fatti storici conclusi ☐
c. per parlare di azioni ripetute nel passato ☐
d. per descrivere nel passato ☐
e. per esprimere un'intenzione ☐
f. per esprimere fatti immaginari ☐

ii. Completa la tabella con l'infinito dei verbi nel testo. Che cosa noti?

VERBO NEL TESTO	INFINITO
andavo, andavamo	
c'era, c'erano	esserci
giocavo	
diceva	
avevo	
esisteva, esistevano	
telefonavo	
facevo	
bevevo	
guardavo	
ero, era	essere
ascoltavo	
costavano	
davano	

iii. Lavora con un piccolo gruppo di compagni. Parlate delle vostre abitudini nel passato. Potete usare le espressioni nel riquadro.

PER PARLARE DI ABITUDINI NEL PASSATO

Quando ero piccolo/a ...
Quando avevo ... anni ...
Quando facevo le elementari ...
In vacanza/a scuola/a casa ...
Con gli amici ...

A colazione/pranzo/merenda/cena ...
La mattina/il pomeriggio/la sera/la notte ...
D'estate/d'inverno ...
D'abitudine/di solito/normalmente/generalmente

iv. Ora compara il tuo passato con il tuo presente, come nell'esempio.

Prima facevo nuoto *Ora gioco a calcio*

Quando ero piccolo/a non uscivo la sera *Ora esco*

2c Leggi una storiella di Gianni Rodari e svolgi le attività.

Uno e sette

Ho conosciuto un bambino che era sette bambini.

Abitava a Roma, si chiamava Paolo e suo padre era un tranviere.

Però abitava anche a Parigi, si chiamava Jean e suo padre lavorava in una fabbrica di automobili.

Però abitava anche a Berlino, e lassù si chiamava Kurt, e suo padre era un professore di violoncello.

Però abitava anche a Mosca, si chiamava Juri, come Gagarin, e suo padre faceva il muratore e studiava matematica.

Però abitava anche a Nuova York*, si chiamava Jimmy e suo padre aveva un distributore di benzina.

Quanti ne ho detti? Cinque. Ne mancano due:

uno si chiamava Ciú, viveva a Shangai e suo padre era un pescatore; l'ultimo si chiamava Pablo, viveva a Buenos Aires e suo padre faceva l'imbianchino.

Paolo, Jean, Kurt, Juri, Jimmy, Ciú e Pablo erano sette, ma erano sempre lo stesso bambino che aveva otto anni, sapeva già leggere e scrivere e andava in bicicletta senza appoggiare le mani sul manubrio.

Paolo era bruno, Jean biondo, e Kurt castano, ma erano lo stesso bambino. Juri aveva la pelle bianca, Ciú la pelle gialla, ma erano lo stesso bambino. Pablo andava al cinema in spagnuolo* e Jimmy in inglese, ma erano lo stesso bambino, e ridevano nella stessa lingua.

Ora sono cresciuti tutti e sette, e non potranno più farsi la guerra, perché tutti e sette sono un solo uomo.

Gianni Rodari, "Uno e sette", in *Favole al telefono*, © 1962 Giulio Einaudi editore s.p.a., Torino

GLOSSARIO

Nuova York: forma italiana per New York, molto usata nel passato

spagnuolo: spagnolo

i. Lavora con un compagno/a. Nel testo, uno di voi sottolinea tutti i nomi e le espressioni che si riferiscono a professioni, l'altro tutti i verbi all'imperfetto. Poi insieme discutete:

   a. Di che professioni si tratta? Consultate il dizionario se necessario.

   b. Da dove vengono i verbi all'imperfetto?

   c. Trovate esempi nel testo in cui l'imperfetto si usa per esprimere … Completa la tabella come nell'esempio. Non è necessario scrivere tutti gli esempi che trovate.

Azione continuata nel passato, che non sappiamo se e quando è finita	*Abitava a Roma*
Decrizione fisica	*Era bruno*

ii. Lavora con un compagno/a. Individualmente, preparate 5 domande sul testo per il compagno, poi scambiatevi le domande e rispondete. Infine, correggete le vostre risposte. Potete usare gli interrogativi nel riquadro.

| Di dove | Dove | Come | Cosa/Che cosa | Chi | Quale |

iii. Spiega brevemente e con le tue parole qual è secondo te la morale della storia, cioè il suo significato.

2d Lavora con un compagno/a. Svolgete insieme le seguenti attività.

i. Leggerete e farete attività su un testo sui ricordi scolastici. Prima di leggere, ripassiamo e ampliamo il vocabolario relativo alla scuola. Insieme guardate le parole nel riquadro, che compaiono nel testo, e discutete il significato. Vi diamo tutti i nomi al singolare.

studente	registro	sei	chiamare alla cattedra
professore	calcolare la media	voto	
inglese	sufficienza	giudizio	fare una domanda
valutazione	insufficienza	insegnante	pagella
quadrimestre	alunno	cinque e mezzo	promosso
classe	cinque	fischiare	

ii. Dividete le parole in categorie secondo criteri decisi da voi.

iii. Fate ipotesi sul contenuto del testo che leggerete. Di cosa parla?

2e Leggi il seguente brano e svolgi le attività.

i. Completa il brano con l'imperfetto dei verbi tra parentesi.

8 febbraio. Quando *(io/essere)* 1. _____ studente, il mio professore di inglese *(avere)* 2. _____ un modo tutto suo di fare le valutazioni di fine quadrimestre. Verso la fine di gennaio *(entrare)* 3. _____ in classe, *(aprire)* 4. _____ il registro e *(calcolare)* 5. _____ le medie di ognuno di noi. Tutto andava bene finché si trattava di una sufficienza piena, o un'insufficienza sicura (era il mio caso: tutti tre e quattro, non c'era problema). Ma se capitava un alunno (e capitava spesso) che aveva riportato, per esempio, un cinque e un sei, allora il nostro professore *(trovarsi)* 6. _____ in una situazione di grande imbarazzo. Bisogna infatti comprendere il suo rovello*: un conto è regalare o negare mezzo voto all'interno di un giudizio comunque sicuramente positivo, o decisamente negativo. Ma lì, in quel caso, il confine tra il cinque e il sei era una frontiera delicata, lì c'era la separazione di due mondi opposti. Quel confine tra il cinque e il sei è l'ossessione di molti insegnanti, è il canale di Otranto oppure peggio, la *borderline* tra la fame del Messico e l'opulenza del Texas. Bisogna capirli, poveracci, quei professori lì, mettiamoci nei loro panni*. Non è mica da poco la decisione che si trovano a prendere. Un alunno da cinque e mezzo è la peggiore disgrazia che gli possa capitare, ha l'ambiguità di tutti i posti di frontiera, dove si parlano lingue miste, la gente è un po' di qua e un po' di là, e tutto è così inquietante.

Cosa *(fare)* 7. _____ dunque il mio professore per uscire dalle ambasce*? Tirava fuori un fischietto. Tutti noi *(sapere)* 8. _____ cosa significava. Il prof. estraeva dalla tasca della sua giacca il minuscolo strumento, *(chiamare)* 9. _____ solennemente alla cattedra l'alunno il cui giudizio era oggetto di controversia, quindi *(fischiare)* 10. _____, forte, lungo: - Calcio di rigore, - decretava infine. A quel punto faceva una domanda, una sola: se *(tu/indovinare)* 11. _____, era sei, se *(tu/sbagliare)* 12. _____, era invece un cinque sulla pagella. Nel primo quadrimestre. A fine anno, ovviamente la partita *(essere)* 13. _____ più grossa: se l'azzeccavi* eri promosso, se *(tu/fare)* 14. _____ cilecca* ti toccava passare l'estate a studiare il genitivo sassone.

Sandro Onofri, *Registro di classe*, © 2000 Giulio Einaudi editore s.p.a., Torino

GLOSSARIO – I verbi sono dati all'infinito

rovello: ossessione, tormento

mettersi nei panni di qualcuno: mettersi nella posizione di qualcuno, al loro posto

uscire dalle ambasce: uscire da uno stato di angoscia, di preoccupazione

azzeccare: indovinare

fare cilecca: sbagliare

ii. La storia raccontata nel diario è simile o diversa da quella che avete immaginato? Come?

2f Ascolta il seguente testo e svolgi le attività.

i. Ascolta e completa il testo con le parole che mancano.

> Mamma non sedeva mai a tavola con noi.
>
> Ci serviva e 1. _____ in piedi. Con il piatto poggiato sopra il frigorifero. 2. _____ poco, e stava in piedi. Lei stava sempre in piedi. A cucinare. A lavare. A stirare. Se non stava in piedi, allora 3. _____ . La televisione la stufava. Quando 4. _____ stanca si buttava sul letto e 5. _____ .
>
> Al tempo di questa storia mamma 6. _____ trentatre anni. Era ancora bella. Aveva lunghi capelli neri che le arrivavano a metà schiena e li 7. _____ sciolti. 8. _____ due occhi scuri e grandi come mandorle, una bocca larga, denti forti e bianchi e un mento a punta. 9. _____ araba. Era alta, formosa [...].

Niccolò Ammaniti, *Io non ho paura*, © 2001 e 2007 Giulio Einaudi editore s.p.a., Torino

ii. Lavora con tre compagni/e. Avete capito il testo? Dimostratelo con un disegno. Due di voi illustrano il primo paragrafo, gli altri due il secondo, poi confrontate e commentate i due disegni.

iii. Leggete il brano. I verbi sono all'imperfetto, che in questo caso si usa per ...

   a. descrivere un'azione abituale nel passato
   b. _____ Rispondete voi!

iv. Prendi la fotografia di una persona famosa, o che conosci, che ritrae questa persona come era una volta. Descrivi questa persona nel passato.

v. Secondo te che immagine della donna italiana emerge da questo breve brano?

2g Lavora con un compagno/a. Guardate queste due fotografie di una famosa piazza di Roma, Piazza del Popolo. Una fotografia è molto vecchia, l'altra è recente. È cambiata la piazza? Descrivete somiglianze e differenze tra le due fotografie come nell'esempio.

NEL PASSATO
c'era un obelisco

OGGI
c'è ancora

Unità 12

3 La prima volta all'estero, tempo fa …

3a Lavora con un gruppo di compagni. Prima di leggere un brano sulla prima vacanza all'estero di due ragazzi, svolgete le seguenti attività.

i. Guardate queste immagini, che illustrano parole e situazioni che compaiono nel brano. Cosa potete dire su questa vacanza?

3b Leggi il brano e svolgi le attività.

> Siamo arrivati nel porto di Atene sotto il sole a picco* di mezzogiorno [...]. Guido era colpito quanto me da tutto quello che vedeva: le facce della gente e le scritte, il traffico confuso di camioncini e scooter e carretti, i marinai e gli agenti portuali e le persone in attesa, i viaggiatori di molte provenienze e destinazioni. Eravamo eccitati all'idea di essere fuori dall'Italia e in un posto che non conoscevamo affatto, senza ancora nessun programma definito.
>
> Quando finalmente siamo riusciti a scendere abbiamo portato la moto a mano, cauti di fronte all'assalto di suoni e immagini. C'era una quantità incredibile di giovani stranieri, a piccoli gruppi e a coppie e singoli, con zaini e sacchi a pelo sulle spalle, cappelli e fazzoletti in testa, sandali ai piedi. C'erano ragazze scandinave dalla pelle molto chiara e americani con custodie* di chitarre, ragazze francesi magre e interessanti, interi branchi* di tedeschi dai capelli lunghi. Si aggiravano tra le navi e le agenzie di viaggio e i bar con l'andatura* che doveva averli portati attraverso mezza Europa: leggermente curvi in avanti, frastornati dalla luce violenta, le grida brusche dei greci, i movimenti del porto.

Andrea De Carlo, *Due di due*, © 1989 RCS Libri S.p.A., Bompiani, Milan, Italy

GLOSSARIO

sole a picco: sole alto e molto forte

custodie: contenitori per conservare oggetti (in questo caso chitarre)

branchi: gruppi numerosi

andatura: modo di camminare

i. Rispondi alle seguenti domande sul brano.

1. I due giovani viaggiano ... Scegli l'opzione corretta.

    a. in nave e in motorino ☐   b. in nave e in moto ☐   c. in moto e in camioncino ☐

2. I due giovani hanno già deciso un itinerario.

    Vero ☐   Falso ☐

3. Menziona tre cose che colpiscono i due ragazzi. Sottolinea nel testo le espressioni che giustificano le tue risposte.

    a. _____

    b. _____

    c. _____

ii. Nel secondo paragrafo l'autore/viaggiatore descrive un gruppo di turisti. Fa' un disegno seguendo la sua descrizione.

iii. Lo scrittore usa due tempi: il **passato prossimo** e l'**imperfetto**. Lavora con un compagno/a. Sottolineate i verbi al passato prossimo e cerchiate quelli all'imperfetto. Secondo voi perché si usano due tempi diversi? Fate ipotesi e condividete le vostre idee con i compagni e con l'insegnante.

iv. Ora completate la tabella con esempi presi dal brano, come nell'esempio.

Esprimere un'azione passata che è avvenuta in un momento preciso e che è conclusa	*Siamo arrivati nel porto di Atene*
Esprimere uno stato d'animo	*Guido era colpito da ...*
Esprimere un'azione continuata nel passato, di cui non conosciamo l'inizio e la fine	*Un posto che non conoscevamo affatto*
Descrivere nel passato	*C'era una quantità di giovani stranieri*

v. Sei mai stato/a all'estero? Racconta la tua prima esperienza all'estero o in una località nel tuo Paese. Per esempio, puoi fare riferimento a: quando sei partito/a, dove sei andato/a, com'era il posto, com'era il clima, com'era la gente, chi hai conosciuto, cosa hai fatto una volta, cosa facevi sempre, ecc.

3c Nel brano che hai letto nell'attività 2f hai trovato l'esempio nel seguente riquadro.

> **IL TRAPASSATO PROSSIMO**
>
> *Tutto andava bene finché si trattava di una sufficienza piena [...]. Ma se capitava un alunno [...] che **aveva riportato**, per esempio, un cinque e un sei, allora il nostro professore ...*
>
> Il verbo in corsivo è al trapassato prossimo, che si usa per esprimere un'azione nel passato che è successa prima di un'altra azione passata. Guarda questi altri esempi:
>
> *Quando sono arrivata alla festa, il ragazzo che mi piace **era** già **andato** via...*
> *Paolo mi ha detto che alla festa **aveva incontrato** molte persone simpatiche.*
>
> Come si forma il trapassato prossimo?

3d Completa le seguenti frasi con la forma corretta del trapassato prossimo dei verbi tra parentesi.

a. Ero stanca perché *(dormire)* _____ poco.

b. Aveva mal di stomaco perché *(mangiare)* _____ troppo.

c. Siamo andati alla polizia perché dei ladri ci *(rubare)* _____ tutti i bagagli.

d. Ho perso gli orecchini che il mio ragazzo mi *(regalare)* _____ per il nostro anniversario...

e. Abbiamo fatto una corsa incredibile, ma quando siamo arrivati alla stazione il treno *(partire)* _____ .

f. Sono venuta all'appuntamento, ma voi *(andare)* _____ via.

g. Non ho passato gli esami perché a dire la verità *(studiare)* _____ poco.

h. Luisa era agitata perché *(vedere)* _____ un incidente per la strada.

i. Ti ho telefonato, ma tuo padre mi ha detto che *(andare)* _____ da qualche parte, non sapeva dove.

l. Marco era arrabbiatissimo perché *(perdere)* _____ le chiavi di casa.

A che punto sono?

In questa unità

mi è piaciuto …   non mi è piaciuto …

Dopo questa unità …

So …

descrivere il cittadino medio della mia città o del mio Paese

parlare delle mie abitudini nel passato

comparare il mio passato e il mio presente

comparare un luogo nel passato e nel presente

descrivere una persona nel passato

descrivere la prima volta che sono stato/a in un posto

formare e usare l'imperfetto indicativo per

- descrivere nel passato: persone, stato d'animo, luoghi, clima …
- parlare di abitudini nel passato
- esprimere un'azione continuata nel passato

usare il verbo *esserci* al passato

usare il passato prossimo e l'imperfetto

formare e usare il trapassato prossimo

Conosco …

molte cose sui gusti e sulle abitudini dell'italiano medio

una piazza di Roma ieri e oggi

Per migliorare posso … o

Per migliorare posso … o

La fame viene mangiando

Unità 13

In questa unità ...

- ripasserai e amplierai il lessico relativo al cibo e ai luoghi in cui si compra e si consuma
- amplierai il lessico relativo ai contenitori (attività nella Guida)
- amplierai il lessico relativo alla quantità (attività nella Guida)
- descriverai le tue abitudini alimentari
- descriverai un sito web
- darai istruzioni per preparare un piatto tipico
- amplierai la tua conoscenza della cultura gastronomica italiana e delle abitudini alimentari degli italiani
- comparerai le abitudini alimentari italiane con quelle del tuo Paese

- imparerai a usare la particella *ne*
- imparerai a usare il pronome relativo *cui*
- imparerai a riconoscere e a formare gli avverbi in *–mente*
- imparerai a usare il congiuntivo per introdurre una frase concessiva

1 Ti piace cucinare?

1a Entriamo nel tema e ripassiamo il lessico.

i. Lavora con un piccolo gruppo di compagni. Cosa avete mangiato e bevuto lo scorso fine settimana? Create una lista per il gruppo, poi dividete le parole nelle seguenti categorie.

CARNE	
PESCE	
DOLCI	
FRUTTA	
LATTICINI	
VERDURE	
BEVANDE	
ALTRO	

ii. Ora decidete se i cibi nella vostra tabella sono sani o no.

CIBI SANI	CIBI NON SANI

iii. Confrontate la lista di cibi con il resto della classe. Quali sono i cibi più popolari? Avete abitudini alimentari sane?

1b Lavora con un piccolo gruppo di compagni. Prima di leggere la descrizione di alcuni siti web, rispondete alle seguenti domande:

- Chi cucina a casa vostra?
- Quando cucinate?
- Per chi cucinate?
- Vi piace cucinare?
- Cosa sapete cucinare?
- Dove possiamo trovare una ricetta?

1c Leggi la descrizione di quattro siti di cucina e svolgi le attività.

i. Completa le quattro descrizioni con le parole nel riquadro, che ti diamo in disordine. Fa' attenzione a quando devi inserire un verbo o un nome. Poi confrontati con un compagno/a.

ricette	ricevere	sito	giorno	scoprire
letteratura	ingredienti	categoria	partecipare	sezioni
settimana	creare	cucina		

STAVOLTA CUCINO IO!
di Sonia Russo

PER PRINCIPIANTI www.cucinarefacile.com

Cucinare Facile presenta un ricco database di _____ suddivise per categoria, tra le quali ricercare* quella che ti interessa, inserendo semplicemente uno o più _____ nel box di ricerca, oppure scrivendo direttamente il titolo. Iscrivendoti al sito potrai caricare* le tue ricette attraverso l'apposito form che trovi nell'area di amministrazione e riceverai puntualmente una newsletter.

★ **Non eccelle per varietà di contenuti**

NON SOLO RICETTE www.ricettedintorni.net

Ricette suddivise per _____ e aggiornate ogni giorno. Ma non solo! Contiene anche tante curiose rubriche* sul mondo della cucina oltre alle sezioni dedicate agli approfondimenti [...]. La registrazione al sito permette di _____ un'area personale in cui inserire il proprio profilo, di _____ ogni _____ una newsletter aggiornata e di _____ attivamente al forum della community.

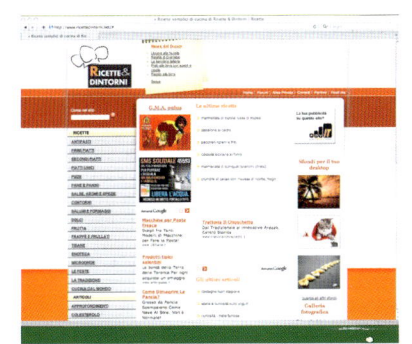

★★ **Vario e piacevolissimo**

LA CUCINA CHE VUOI www.bigfood.it

La home page di BigFood permette di _____ le news e le curiosità della settimana e la ricetta del _____. Approfondimenti su vari tipi di _____, dalla vegetariana a quella etnica, con migliaia di ricette divise per categoria, curiosità e stranezze dal mondo della cucina, i classici consigli della nonna, e la sezione video-ricette che raccoglie i video più cliccati su YouTube.

★★ **Coloratissimo e molto vario**

GIOVANE COME TE www.incucina.tv

Questo _____ è ricco di manuali e tutorial su temi culinari. Imperdibili le _____ dedicate alla pizza e alla cucina light [...]. Inoltre navigando sul sito trovi un magazine, le news su cinema e _____ culinaria, un motore di ricerca specializzato sui siti tematici e, la vera chicca*, una Web TV tematica.

★★★★ **Un'utile risorsa per chi è alle prime armi* [...]**

febbraio 2009

GLOSSARIO

ricercare: cercare

caricare: mettere sul sito

rubriche: sezioni dedicate a temi specifici

la vera chicca: la cosa più bella, speciale

alle prime armi: principiante assoluto, all'inizio di un'attività

ii. Su quale sito vai se vuoi ...? Metti un segno (✓) nelle caselle giuste.

	CUCINAREFACILE	RICETTEDINTORNI	BIGFOOD	INCUCINA
Trovare una ricetta in base a un ingrediente				
Ricevere una newsletter				
Inserire il tuo profilo				
Partecipare a un forum				
Vedere video di cucina				
Fare una lezione di cucina				

iii. Lavora con un compagno/a. Nelle quattro descrizioni ci sono alcune parole inglesi che possono essere sostituite con parole italiane.

Quali parole nel testo potete sostituire con quelle nel riquadro? Attenzione: in alcuni casi è necessario anche cambiare l'articolo.

In quali casi secondo voi è più bello usare l'italiano o l'inglese?

| comunità | lezioni | modulo | bollettino d'informazione | notizie |
| banca dati | rivista | | | leggera |

iv. Ora trova nel testo tutte le parole che hanno a che fare con il tema "informatica".

v. Usa il lessico che hai imparato per scrivere una breve presentazione di un sito che ti piace. Se possibile descrivi un sito relativo all'alimentazione, altrimenti puoi descrivere un sito sullo sport, sulla moda, sulla musica, ecc.

Unità 13

2 L'Italia gastronomica

2a Lavora con un piccolo gruppo di compagni. Tutti conoscete la pasta, uno dei piatti nazionali italiani conosciutissimi all'estero. Discutete:

- Vi piace la pasta?
- Con che frequenza la mangiate?
- Dove la mangiate?
- Quali formati di pasta conoscete?
- Quali sono i vostri sughi preferiti?

2b Lavora con un piccolo gruppo di compagni. Sapete come si cuoce la pasta? Lavorando insieme, scrivete le istruzioni per cuocere la pasta, passo dopo passo. Vi diamo alcune parole chiave nel riquadro, e per dare le istruzioni potete usare i verbi all'infinito.

| acqua | lasciar cuocere | riempire | scolare | mescolare | sale grosso |
| assaggiare | | salare | pentola | buttare | al dente |

2c Ora condividete le vostre istruzioni con il resto della classe. Quali vi sembrano le più giuste?

2d L'insegnante vi darà le istruzioni per cuocere la pasta, in disordine. Rimettetele in ordine. Ci sono parole nuove?

2e Ora ascolta le istruzioni e controlla.

2f Prima di leggere la ricetta degli spaghetti alla bolognese, svolgi le attività.

i. Scrivi il nome dei seguenti ingredienti sulla riga sotto ogni disegno, come nell'esempio.

a. _____ b. _____ c. _____ d. _____ e. *pancetta a dadini*

f. _____ g. _____ h. _____ i. _____ l. _____

ii. Lavora con un compagno/a. Conoscete il significato dei verbi nel riquadro? Se avete dubbi, usate il dizionario. Infine, associate dei nomi a ogni verbo.

tritare	aggiungere	salare	pepare	versare
fare appassire	mescolare	scolare	rimettere	servire

2g Leggi la ricetta per gli spaghetti alla bolognese e completala con le parole nel riquadro.

casseruola	carne	cipolla	al dente	ore
minuti	pomodoro	acqua	vino	parmigiano

Spaghetti alla bolognese

Ingredienti per 4 persone:

380 grammi di spaghetti
80 grammi di pancetta a dadini
1 carota
1 cipolla
1 costa di sedano
750 ml di passata di pomodoro
400 grammi di carne di manzo tritata
1 bicchiere di vino rosso
50 grammi di parmigiano grattugiato
sale, pepe, olio

Procedimento:

Tritate insieme la *(a)* _____, la carota e il sedano.
In una *(b)* _____ con dell'olio fate appassire il trito insieme alla pancetta per 15 *(c)* _____ circa.
Aggiungete ora la *(d)* _____ macinata.
Mescolate a fuoco vivo e aggiungete il *(e)* _____ (preferibilmente lo stesso che berrete per accompagnare la pasta).
Dopo 15 minuti circa, quando il vino sarà evaporato, aggiungete la passata di *(f)* _____.
Salate e pepate e continuate la cottura a fuoco lento per 2 *(g)* _____ circa.
Quando il vostro ragù alla bolognese sarà ristretto, cuocete la pasta in abbondante *(h)* _____ salata, scolatela *(i)* _____ e rimettetela nella pentola insieme al *(l)* _____.
Versate due terzi del ragù alla bolognese e mescolate. Servite la pasta alla bolognese distribuendo il ragù rimasto sui piatti.

Unità 13

3 Abitudini alimentari

3a Rispondete alle domande che l'insegnante vi darà.

3b Ora ascoltate l'intervista con un'italiana e controllate le vostre risposte. Quale gruppo ha totalizzato più riposte giuste? Cosa avete imparato di nuovo?

3c Lavora con un compagno/a. Svolgete le attività.

i. Guardate alcuni esempi tratti dall'intervista, che riportiamo nei seguenti riquadri e rispondete alle domande:

   a. Qual è la posizione della particella *ne*?

   b. Guardando le parole sottolineate negli esempi, che cosa esprime la particella *ne* in questi casi?

   c. Perché negli esempi nel secondo riquadro usiamo il pronome relativo *cui* e non *che*?

LA PARTICELLA "NE"

Io **ne** conosco diversi, specialmente fra quelli che hanno vissuto all'estero.

Sin da bambini i genitori ci insegnano ad arrotolare quei lunghi fili di pasta intorno alla forchetta in modo da poter**ne** mangiare molti di più tutti insieme.

Al Centro e al Sud produciamo e usiamo moltissimo olio d'oliva .... Al Nord Italia non se **ne** usa così tanto.

Noi toscani non mangiamo molto piccante, e quando usiamo il peperoncino non **ne** usiamo mai molto.

IL PRONOME RELATIVO "CUI"

Si poteva comprare solo a pezzi, in panetteria oppure nei negozi in **cui** vendono pizza da asporto.

Si trovano anche ristoranti in **cui** si può mangiare la pizza anche a pranzo, principalmente in posti in **cui** girano molti turisti

---

ii. Svolgi gli esercizi che l'insegnante ti darà.

3d Prima di leggere un testo che si intitola *Prima colazione: le 5 regole d'oro*, svolgi le seguenti attività.

   i. Quali sono, in ordine di tempo, i pasti della giornata? Metti il numero corretto nella casella che accompagna ogni pasto.

   ☐ Merenda   ☐ Colazione   ☐ Cena   ☐ Pranzo

   ii. Rispondi alle domande che l'insegnante ti darà.

   iii. Secondo te quali sono le 5 regole d'oro della prima colazione? Sceglile tra quelle che ti diamo nel riquadro.

abbondanza	completezza	freschezza	preparazione	regolarità	velocità
ambiente	equilibrio	piacevolezza	pulizia	varietà	

   iv. Lavora con un piccolo gruppo di compagni e parlate delle vostre abitudini riguardo la prima colazione.

   - Con quale frequenza fate colazione?
   - Quanto tempo dedicate alla colazione?
   - Con chi fate colazione?
   - Cosa mangiate e bevete a colazione?

3e Lavora con un compagno/a. L'articolo si intitola *Prima colazione: le 5 regole d'oro*. Quali parole vi aspettate di trovare? Mettetele nelle seguenti tre categorie, come nell'esempio.

NOMI	AGGETTIVI	VERBI
caffè	*importante*	*mangiare*

3f Leggi il primo paragrafo dell'articolo e verifica le tue risposte nell'attività 3d.ii. Ci sono informazioni che ti sorprendono? Quali sono le differenze tra gli italiani e le persone del tuo Paese?

3g Leggi il secondo paragrafo dell'articolo. Quali sono le informazioni più importanti sulla prima colazione?

Es. *La colazione fornisce l'energia necessaria per affrontare le attività della mattina.*

3h Finisci di leggere l'articolo e confronta le 5 regole d'oro con la tua colazione, così come l'hai descritta nell'attività 3d.iv. Come giudichi le tue abitudini? Pensi di cambiarle? Come?

Prima colazione: le 5 regole d'oro

Come iniziare bene la giornata? Ovviamente partendo da una sana e gustosa prima colazione: ecco quali sono le cinque regole d'oro secondo pediatri, nutrizionisti e dietologi italiani.

di A. A.

Un caffè e via (15 italiani su 100), cappuccio e brioche di corsa al bar (25 su 100), nulla (8 su 100). *Nonostante* 9 connazionali su 10 *dichiarino* di fare colazione regolarmente, a guardare con più attenzione i dati delle ricerche Eurisko sugli "Italiani e la prima colazione", 1 su 2 non può dirsi propriamente in linea con le raccomandazioni dei nutrizionisti. Se non altro sulla necessità di mangiare con calma e tranquillità: il 66% degli italiani dice, infatti, di dedicare alla prima colazione meno di 10 minuti, e in solitudine (il 55% mangia da solo). I virtuosi, che considerano la prima colazione "uno", se non forse "il" pasto più importante della giornata sono solo il 15%, che si siede a tavola con tutta la famiglia, *anche* se il 30% *dichiara* di fare una prima colazione qualitativamente e quantitativamente adeguata.

Dalla colazione l'energia necessaria per l'intera mattina

Secondo gli esperti, i benefici della prima colazione sono in parte attribuibili al consumo regolare del pasto in sé, in parte alle caratteristiche dei suoi componenti. La prima colazione fornisce, al termine del periodo di digiuno* notturno, l'energia necessaria per affrontare le attività della mattina, favorendo le performance intellettuale e fisica, e di tutta la giornata perché migliora la qualità nutrizionale complessiva della dieta. Ciò si riflette in una significativa riduzione del rischio di malattie cardiovascolari e di diabete [...] tra i soggetti che consumano con regolarità questo pasto. Inoltre, i carboidrati complessi consumati a colazione col pane, le fette biscottate, i biscotti, i cereali pronti per la prima colazione, le proteine e i grassi (apportati principalmente dal latte e dai derivati) conferiscono un indice glicemico* ridotto al pasto, modulano la sazietà e controllano l'appetito, permettendo una maggiore regolazione delle calorie assunte ai pasti successivi.

Per questo gli esperti (tra cui la Società Italiana di Pediatria, l'Associazione Italiana di Dietetica e Nutrizione Clinica e la Società Italiana Obesità) hanno voluto stilare in un documento scientifico quelle che sono le cinque regole d'oro per una buona colazione.

[...]

REGOLARITÀ

COMPLETEZZA

VARIETÀ

Se vogliamo riassumere le 5 regole d'oro per fare una buona prima colazione possiamo farlo così: regolarità, completezza, varietà, equilibrio e piacevolezza. La tua colazione rispetta questi cinque criteri? Prova a leggere qui sotto cosa racchiude ognuna delle cinque regole e poi... confrontale con il tuo pasto mattutino.

Regolarità

Una sana prima colazione deve essere consumata tutti i giorni, con regolarità. La prima colazione è uno dei pasti più importanti della giornata, *anche se* spesso ce lo *dimentichiamo*!

Completezza

Deve comprendere latte o derivati (yogurt), prodotti a base di cereali (pane, fette biscottate, cereali pronti per la prima colazione, biscotti o prodotti da forno) e frutta (fresca o sotto forma di spremuta e di succo). Solo così può apportare* tutti i nutrienti necessari per la crescita e il mantenimento delle funzioni dell'organismo.

Varietà

Gli altri pasti principali della giornata, il pranzo e la cena, sono caratterizzati da una grande varietà di composizione, soprattutto nella nostra tradizione alimentare. Allo stesso modo, la colazione deve avere una composizione il più possibile varia, secondo la combinazione delle differenti scelte alimentari, dei gusti e della preferenza del momento.[...]

Equilibrio

Secondo le linee guida per una sana alimentazione, una prima colazione adeguata deve apportare circa il 15-20% delle calorie giornaliere complessive. La quota calorica assoluta è variabile in relazione al fabbisogno energetico* individuale e quindi in base al sesso, all'età, al peso e allo stile di vita: sedentario o attivo.

Piacevolezza

Alla gratificazione, sia dal punto di vista del gusto sia della presentazione visiva, deve essere associato un contesto gratificante, soprattutto per i bambini, riservando alla prima colazione alcuni minuti di serenità nel contesto famigliare.

www.gingergeneration.it 19 luglio 2009

GLOSSARIO

digiuno: periodo di tempo senza mangiare

indice glicemico: la velocità con cui un alimento aumenta la quantità di glucosio nel sangue

apportare: portare

fabbisogno energetico: bisogno di energia, quantità di calorie necessaria

3i Rileggi l'articolo e svolgi le seguenti attività.

i. Nel testo, trova le parole che si riferiscono alle categorie "cibo" e "bevande".

CIBO	BEVANDE

ii. Nell'articolo hai trovato le espressioni "digiuno **notturno**", che significa "digiuno della notte", e "pasto **mattutino**", che significa "pasto della mattina". Cosa sono il "riposo **pomeridiano**" e "il programma **serale**"?

iii. Lavora con un compagno/a. Insieme create esempi con gli aggettivi mattutino/a, pomeridiano/a, serale e notturno/a.

iv. Lavora con un compagno/a. Nell'articolo avete trovato le parole "regolarmente", "propriamente", "qualitativamente", "quantitativamente" e "principalmente", che sono sottolineate.

   a. Queste parole sono avverbi. Tornate al testo guardatele nel loro contesto. Cosa significano in altre parole? Che funzione hanno? Potete anche consultare il dizionario per controllare cosa è un avverbio.

   b. Come si formano questi avverbi in -*mente*? Considerate che vengono dagli aggettivi "regolare", "proprio", "qualitativo" e "quantitativo". Vediamo quale coppia scopre prima la regola.

   c. Ora formate altri avverbi in -*mente* a partire dai seguenti aggettivi:

   1. tranquillo _____
   2. parziale _____
   3. complessivo _____
   4. intellettuale _____
   5. scientifico _____
   6. completo _____
   7. adeguato _____
   8. individuale _____
   9. assoluto _____
   10. particolare _____

v. Nell'articolo ci sono tre espressioni in corsivo. Guarda il riquadro.

INTRODURRE UNA FRASE CONCESSIVA

- *Nonostante* 9 connazionali su 10 *dichiarino* di fare colazione regolarmente, ... 1 su 2 non può dirsi propriamente in linea con le raccomandazioni dei nutrizionisti.

- I virtuosi, che considerano la prima colazione "uno", se non forse "il" pasto più importante della giornata sono solo il 15%, ... *anche se* il 30% *dichiara* di fare una prima colazione qualitativamente e quantitativamente adeguata.

- La prima colazione è uno dei pasti più importanti della giornata, *anche se* spesso ce lo *dimentichiamo*!

Dopo le congiunzioni **nonostante, sebbene, benché, malgrado**, si usa il congiuntivo.

Dopo la congiunzione **anche se** si usa l'indicativo.

Anche se + l'indicativo e *nonostante, sebbene* ecc. + il congiuntivo si equivalgono nel significato.

---

vi. Completa le seguenti frasi con l'indicativo o il congiuntivo dei verbi nel riquadro, che devi sistemare nelle frasi.

| adorare | considerare | essere | piacere |
| bere | dimenticare | offrire | seguire |

a. Anche se mi _____ cucinare, non lo faccio spesso perché non ho tempo.

b. Benché _____ sempre le ricette alla lettera, non mi vengono mai bene.

c. Sebbene il sito _____ un ricco database, non eccelle per varietà di contenuti.

d. Anche se mia sorella _____ la pasta, non la mangia spesso perché ha paura di ingrassare.

e. Malgrado gli italiani _____ volentieri il cappuccino, tendono a berlo solo la mattina.

f. Benché l'Italia _____ più famosa per il vino che per la birra, con la pizza gli italiani preferiscono la birra.

g. Sebbene solo il 15% degli italiani _____ la colazione il pasto più importante, il 30% dichiara di fare una prima colazione adeguata.

h. Anche se la gente se lo _____, la colazione è uno dei pasti più importanti.

Unità 13

4 DOVE MANGIAMO?

4a Lavora con un piccolo gruppo di compagni. Guardate queste immagini di luoghi in cui si può mangiare in Italia e discutete.

- Cosa si mangia in questi posti?
- In quali siete andati?
- Esiste un loro equivalente nel vostro Paese?
- Conoscete altri posti in cui possiamo mangiare?

1. BIRRERIA
2. Caffè Gelateria Pasticceria
3. BIBITE PANINI GELATI HOT DOGS
4. PIZZERIA FORNO A LEGNA
5. Sant'Eustachio il caffè
6. TRATTORIA PIZZERIA FIAMMETTA

4b Ristorante tradizionale o fast food? Lavora in un gruppo di 5 compagni. Riempite la tabella che l'insegnante vi darà.

4c Ora confrontate la vostra tabella con tutta la classe e preparate una statistica di quante persone sono a favore e quante contro i fast food, e perché.

4d Ascolta alcune persone che rispondono alla domanda *Sei a favore o contro i fast food? Perché?* e svolgi l'attività.

i. Ascolta il sondaggio un paio di volte. Quali tra le ragioni menzionate appaiono anche nel vostro sondaggio di classe?

4e Leggi la trascrizione del brano di ascolto, che l'insegnante ti darà, e svolgi le attività.

i. Quali sono gli aspetti positivi e gli aspetti negativi dei fast food secondo le persone intervistate?

ii. Nel testo ci sono alcune espressioni sottolineate. Associa l'espressione nella colonna di sinistra con il suo significato nella colonna di destra, guardandole nel loro contesto.

1. al massimo
2. in fondo
3. non faccio in tempo a
4. come si deve
5. in fretta

a. buono, adeguato
b. molto velocemente
c. alla fin fine
d. non più di
e. non ho tempo di, non riesco a

A che punto sono?

In questa unità

mi è piaciuto …   non mi è piaciuto …

Dopo questa unità …

So …

descrivere le mie abitudini alimentari

descrivere un sito web

dare istruzioni per preparare un piatto tipico

descrivere le abitudini alimentari e la gastronomia del mio Paese

parlare dei posti in cui mangio

parlare dei vantaggi e degli svantaggi dei fast food

descrivere le differenze tra un ristorante tradizionale e un fast food

esprimere un'opinione sui posti in cui si può mangiare

formare gli avverbi in -*mente* a partire dagli aggettivi

usare la particella *ne*

usare il pronome relativo *cui*

Conosco …

i luoghi in cui si mangia in Italia

il lessico relativo al cibo e alle ricette

il lessico relativo ai contenitori

il lessico relativo alle quantità

molte abitudini alimentari degli italiani

le regole importanti per cuocere la pasta

le differenze tra diversi posti in cui si può mangiare in Italia

Per migliorare posso … ○

Per migliorare posso … ○

Il mondo della comunicazione

Unità 14

In questa unità ...

- amplierai il lessico relativo ai mezzi di comunicazione
- amplierai il lessico relativo alla pubblicità
- amplierai il lessico relativo alla comunicazione attraverso il computer
- acquisirai informazioni sul rapporto dei giovani italiani con i media
- cercherai e presenterai informazioni sul rapporto dei giovani del tuo Paese con i media
- parlerai del tuo uso dei mezzi di comunicazione e del computer
- farai paragoni
- presenterai un mezzo di comunicazione che trovi efficace

- imparerai la formazione e l'uso del congiuntivo passato
- imparerai altri usi della particella *ne*

1 I mezzi di comunicazione

1a Entriamo nel tema.

i. Lavora con un piccolo gruppo di compagni. Quali mezzi di comunicazione possiamo usare per comunicare oralmente o per iscritto? Completate la tabella, poi confrontatela con la classe.

COMUNICAZIONE ORALE	COMUNICAZIONE SCRITTA
Telefono	E-mail

ii. Considerate i mezzi di comunicazione e discutete:

- Quali usate di più e perché
- Quali non usate, o usate poco, e perché
- Con quale frequenza li usate
- Con chi comunicate
- Cosa comunicate

iii. Usando i numeri da 1 a 7, indica quali dei seguenti mezzi di comunicazione usi di più, dal più usato al meno usato.

il cellulare ☐   internet ☐   la televisione ☐   la radio ☐

i libri ☐   i quotidiani ☐   i periodici ☐

1b Leggi un testo che si intitola *Giovani e media* e svolgi le attività.

Giovani e media

Secondo un'indagine condotta dal Censis nel 2008 sul rapporto con i media, emerge che i giovani italiani sono grandi consumatori di media e che passano da un mezzo all'altro con grande disinvoltura.

L'uso di internet da parte dei giovani italiani tra i 14 e i 29 anni ha fatto un enorme salto in avanti, ma in generale è cresciuto l'uso di tutti i mezzi di comunicazione. Praticamente tutti i giovani usano il cellulare (97,2%), il 74,1% legge almeno un libro all'anno (non contando i libri scolastici) e il 62,1% legge più di tre libri (il che, bisogna dire, è una piacevole sorpresa). Il 77,7% legge un quotidiano una o due volte alla settimana, e il 57,8% legge almeno tre giornali alla settimana. Vediamo anche che l'uso della televisione tradizionale è diminuito, passando dal 94,9% all'87,9%, mentre è aumentato l'uso della Tv satellitare, che è andato dal 25,2% al 36,9% dei giovani.

Le differenze tra ragazzi e ragazze nell'uso dei media sono sempre meno rilevanti, anche se non si sono completamente azzerate. L'indagine rivela che le ragazze, per esempio, ascoltano di più la radio rispetto ai ragazzi (il 90,3% contro l'83,1%) e leggono di più i periodici (il 55,2% contro il 45,3%), mentre i ragazzi leggono di più i quotidiani rispetto alle ragazze (l'80,4% contro il 74,6%) e guardano di più la Tv satellitare (il 39,9% contro il 33,6%). In relazione all'età, emerge che i giovani tra i 14 e i 18 anni tendono a non essere grandi consumatori di radio e quotidiani. Alla radio preferiscono di gran lunga i download di mp3 da internet, i telefonini usati come radio, ecc.

Infine, l'indagine del Censis ha preso in esame anche i giovani di altri Paesi europei in relazione alla lettura. Emerge che i giovani francesi e spagnoli usano internet meno dei loro coetanei europei (il 65,7% e il 69,5% rispettivamente) e leggono anche meno libri (rispettivamente il 48,1% e il 43,3%) dei tedeschi (60,7%), degli italiani (62,1%) e dei britannici (64,5%).

i. Trova nel testo le parole ed espressioni che equivalgono alle seguenti:

a. facilità _____
b. è aumentato _____
c. il telefonino _____
d. giornale _____
e. aumento _____
f. annullate _____
g. di molto _____

ii. Lavora con il gruppo con cui hai svolto le attività 1a.i e 1a.ii. Confrontate i risultati dell'indagine con le vostre risposte: in che cosa differite dai giovani italiani?

iii. Rileggi il testo e trova tutte le parole relative al tema "i media". Infine, dividi le parole che hai trovato in categorie a tua scelta (per esempio mezzi di comunicazione, verbi ecc.). Usa infine queste parole per creare i tuoi propri esempi.

iv. Completa le seguenti frasi, basate sul contenuto del testo, con *più* o *meno* e/o la preposizione *di* semplice o articolata.

   a. I giovani di un tempo consumavano media _____ di quelli di oggi.

   b. L'uso di internet è _____ grande rispetto a qualche anno fa.

   c. Le ragazze italiane ascoltano la radio _____ _____ ragazzi.

   d. I ragazzi italiani leggono periodici _____ _____ ragazze.

   e. I ragazzi italiani guardano la tv satellitare _____ _____ ragazze.

   f. I giovani tra i 14 e i 18 anni ascoltano la radio _____ _____ ragazzi _____ grandi.

   g. I giovani italiani leggono _____ libri _____ francesi e _____ spagnoli.

   h. I giovani italiani leggono _____ libri _____ tedeschi e _____ britannici.

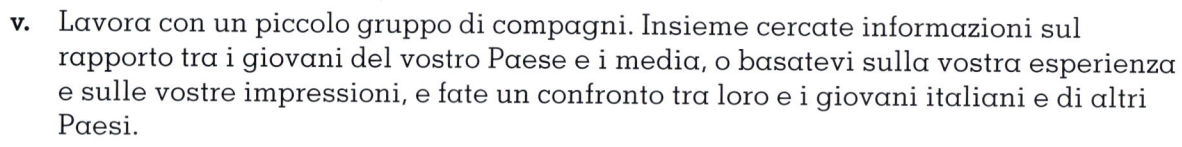

v. Lavora con un piccolo gruppo di compagni. Insieme cercate informazioni sul rapporto tra i giovani del vostro Paese e i media, o basatevi sulla vostra esperienza e sulle vostre impressioni, e fate un confronto tra loro e i giovani italiani e di altri Paesi.

2 L'onda, cioè Wave

2a Lavora con un piccolo gruppo di compagni. Prima di leggere un articolo su *Wave* di Google, svolgete le seguenti attività.

   i. Per che cosa usate i seguenti mezzi di comunicazione?

   • e-mail   • messenger   • social network

   ii. Leggete il titolo e l'introduzione dell'articolo e scrivete 15 parole che vi aspettate di trovare nel testo che leggerete di seguito.

Fatti travolgere dall'onda

TUTTO IN UNO Una super e-mail molto più divertente e interattiva, un messenger con funzioni mai viste e un social network più immediato e intuitivo: Wave, la nuova creatura presentata da Google, promette di mandare in pensione Facebook, Windows Live e gli altri "vecchi" della Rete. Ci riuscirà?

2b Lavora con un compagno/a. Leggete i seguenti quattro brevi testi e svolgete le attività.

i. Leggete velocemente i testi una prima volta e attribuite uno dei seguenti titoli a ciascuno di essi.

| SOCIAL NETWORK LA SFIDA AL CAMPIONE | E-MAIL LA VEDRAI COME FOSSE UN FILM |
| MESSENGER IN CHAT POTRAI FARE MAGIE | ADDIO WEB 2.0! |

ii. Completate i testi con i verbi al futuro nel riquadro accanto a ciascun testo. Poi discutete qual è la funzione del futuro: promettere, annunciare eventi futuri o prevedere?

di Eugenio Spagnuolo

1. _____

L'e-mail? I forum? Roba vecchia. Così vecchia che un'onda potrebbe seppellirli*. Si chiama proprio Wave (onda) la novità di Google (http://wave.google.com) destinata a rivoluzionare il nostro modo di comunicare. [...] Si annuncia come un "mostro", ibrido tra posta elettronica, chat, social network ... Che invece di vedere tutti separati come nel "vecchio web" ti _____ davanti in una sola pagina affollata* di messaggi, gadget, foto e video da condividere con i tuoi contatti. In diretta, se sono on line, oppure dopo: l'onda li _____ appena _____.

> sommergerà
> si collegheranno
> troverai

GLOSSARIO – I verbi sono dati all'infinito

seppellire: nascondere sotto terra, coprire   *affollata:* pienissima

2. _____

Vuoi mandare un'e-mail a un gruppo di amici? Trascina l'icona delle foto al centro dello schermo e comincia a scrivere. Il vostro botta e risposta _____ una Wavelet, cioè una parte di una wave che _____ riavvolgere* e rivedere come se fosse un film (c'è la funzione playback per questo), senza bisogno di andare a cercare una per una tutte le e-mail che vi siete scritti. Nella conversazione puoi inserire foto, video e tutti gli allegati che desideri. Ma c'è molto altro. Stai organizzando una cena in campagna per il prossimo weekend? Tra le righe della Wave c'è spazio anche per il gadget con le previsioni del tempo: così, quando "incontri" i tuoi amici per discutere il menu, [...] Google vi tiene aggiornati sulle condizioni meteo. Non solo: ti _____ trascinare una mappa nella pagina per spiegare a tutti come raggiungere la tua tana*. E in più, _____ gadget per giocare [...] e tanto spazio per archiviare documenti (più anche dei 10GB dell'attuale Gmail). Insomma: usare la posta elettronica _____ più divertente, interattivo, e soprattutto _____ molto più social di adesso.

> basterà
> sarà (2)
> potrete
> avrai
> diventerà

GLOSSARIO – I verbi sono dati all'infinito

riavvolgere: far tornare indietro, al punto iniziale

la tua tana: il tuo rifugio, la tua casetta

---

3. _____

D'accordo, mi dirai che c'è già Windows Live Messenger a farti telefonare, chattare con gli amici (compresi quelli di Facebook) o anche inviare e-mail. Vuoi mettere, però, la comodità di vedere tutto in una pagina, senza aprire mille finestre o dover andare a caccia di programmini "optional"? La chat di Google Wave (che _____ nella stessa finestra della e-mail) _____ dunque all'insegna dell'immediatezza, ma _____ anche altre funzioni originali. Qualche esempio? Con Rich Text puoi leggere quello che scrivono i tuoi amici esattamente mentre lo digitano, lettera per lettera […]. Se vuoi sorprendere i tuoi amici, ci sono pure i robot, personaggi virtuali da coinvolgere, all'occorrenza, nella chiacchierata. I tuoi amici li _____ per persone in carne e ossa: sono capaci persino di inserire nella conversazione i messaggi di un forum o il link a un blog! […]

avrà
scambieranno
troverai
sarà

4. _____

Tra i campioni che Wave vuole sfidare c'è […] pure Facebook. Già*, perché la nuova creatura di casa Google ha anche ambizioni di social network. […] Trovi che con Facebook sia un'impresa* inviare fotografie, video e altri allegati ai tuoi amici? Wave ti permetterà di farlo in un battito di ciglia: un clic sulla foto (o su quel che vuoi inviare), uno sul destinatario, trascini tutto al centro della pagina e il resto è fatto. […] Senza contare che, come ogni social network che si rispetti, anche Wave ti permetterà di informare i tuoi amici su quello che stai facendo, conoscere le loro novità, formare gruppi, aprire discussioni. E magari anche ritrovare i compagni di classe di cui avevi perso le tracce […]

Jack luglio 2009

GLOSSARIO

già: in questo caso ha valore di affermazione e significa *eh sì, è vero, proprio così*

impresa: azione difficile

iii. Nei testi ci sono molte parole relative alla comunicazione attraverso il computer. Associa ciascun verbo nella colonna di sinistra a un nome nella colonna di destra.

1. condividere   a. documenti
2. mandare   b. una finestra
3. trascinare   c. con gli amici
4. archiviare   d. un'icona
5. chattare   e. su una foto
6. aprire   f. un'e-mail
7. cliccare   g. foto e video

1. ___ 2. ___ 3. ___ 4. ___ 5. ___ 6. ___ 7. ___

iv. Prova a creare i tuoi propri esempi con queste nuove espressioni.

v. Scegli il significato corretto delle seguenti espressioni che trovi nei testi. Tra parentesi indichiamo il numero del testo relativo. Ti consigliamo di rileggere le frasi nel loro contesto.

1. il vostro botta e risposta (2)
   a. il vostro scambio ☐   b. il vostro litigio ☐   c. la vostra lettera ☐

2. vuoi mettere (3)
   a. non so dov'è ☐   b. non mi piace ☐   c. è molto meglio ☐

3. andare a caccia (3)
   a. desiderare ☐   b. perdere ☐   c. cercare ☐

4. essere all'insegna dell'immediatezza (3)
   a. essere molto lento ☐   b. essere molto veloce ☐   c. essere inutile ☐

5. all'occorrenza (3)
   a. se si vuole ☐   b. se è obbligatorio ☐   c. se c'è tempo ☐

6. persone in carne e ossa (3)
   a. persone reali ☐   b. persone immaginarie ☐   c. personaggi dei libri ☐

7. in un battito di ciglia (4)
   a. con gli occhi chiusi ☐   b. molto rapidamente ☐   c. da solo ☐

vi. Lavora con un compagno/a. Rileggete i brevi testi e sottolineate le novità più importanti di *Wave* che secondo voi hanno rivoluzionato il modo di comunicare. Poi presentatele ai vostri compagni.

vii. Conosci un nuovo mezzo di comunicazione che secondo te è superiore agli altri? Scrivi una breve presentazione includendo:

- il nome
- le novità rispetto al passato
- il costo
- il tipo di mezzo di comunicazione
- i vantaggi

2c Prima di ascoltare un'intervista con una persona che parla dell'uso del computer nella nostra vita, svolgi le attività.

i. Lavora con un compagno/a. Per che cosa è utile il computer nella nostra vita? Completate lo schema associando dei nomi ai verbi (es. *Scrivere e-mail*)

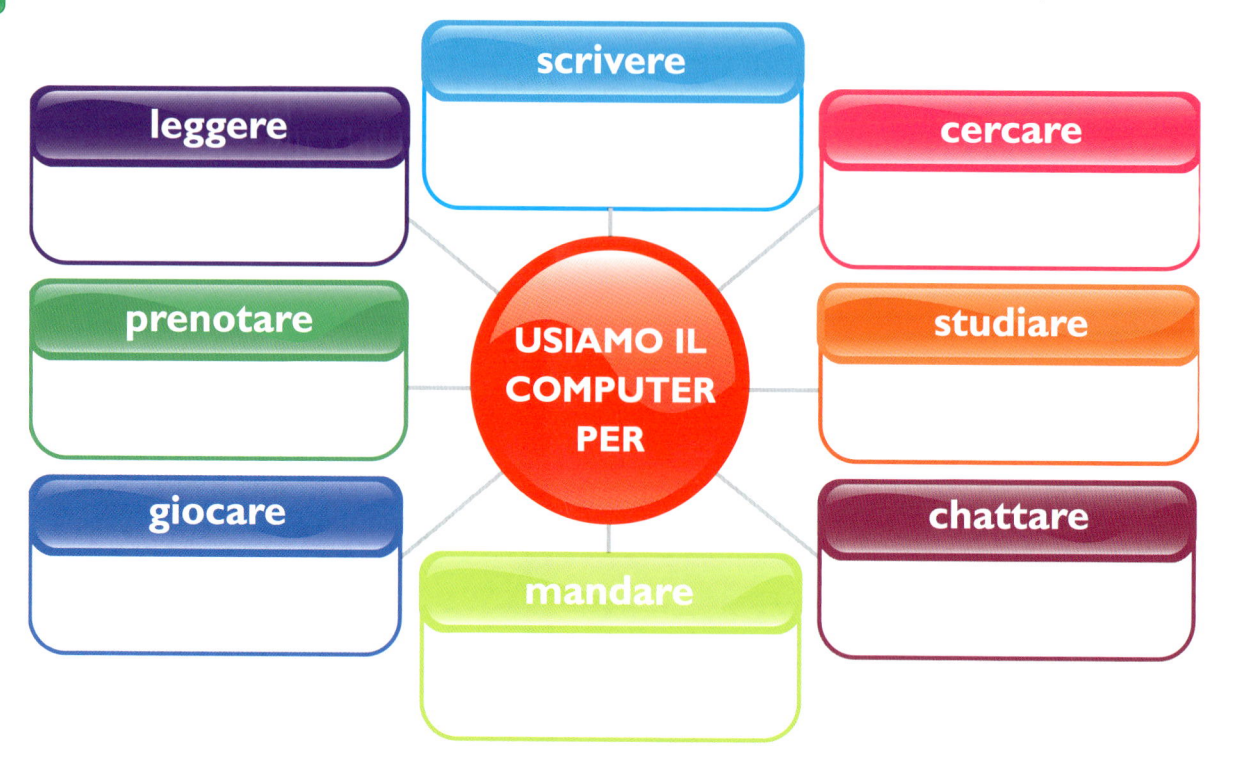

- scrivere
- leggere
- cercare
- prenotare
- studiare
- giocare
- chattare
- mandare

USIAMO IL COMPUTER PER

scaricare

ii. Ci sono altre cose che fate con il computer? Espandete lo schema aggiungendo altre azioni.

iii. Lavora con un gruppo di compagni. Rispondete brevemente alle domande che sentirete in un'intervista.

- Quanti anni avevi la prima volta che hai usato il computer?
- Secondo te nel mondo di oggi il computer è indispensabile? Perché?
- Quali sono i vantaggi di usare il computer per insegnare e per imparare?
- È necessario saper usare il computer per trovare un lavoro?
- Usare troppo il computer fa male alla salute?
- Secondo te quali novità ci saranno in futuro per quanto riguarda l'uso del computer?

2d Ascolta l'intervista e svolgi le attività.

i. Indica se le seguenti affermazioni sono vere o false.

La persona intervistata dice che ...

	Vero	Falso
a. ha usato il computer quando era molto giovane	☐	☐
b. lo ha subito trovato molto utile	☐	☐
c. organizzare corsi online è troppo costoso	☐	☐
d. ci sono molti progetti di scambio linguistico online	☐	☐
e. il computer è indispensabile in ogni professione	☐	☐
f. stare sempre davanti al computer non è dannoso	☐	☐
g. in futuro i programmi saranno più facili da usare	☐	☐
h. l'istruzione farà uso dei mondi virtuali in futuro	☐	☐

ii. Leggi la trascrizione dell'intervista e completala con le parole mancanti. Poi riascolta l'intervista per controllare le tue risposte.

iii. Lavora con il gruppo di compagni con cui hai svolto l'attività 2c.iii. In che cosa le vostre risposte corrispondono a quelle della persona intervistata?

2e Lavora con un compagno/a. Guardate gli esempi nel riquadro, che sono tratti dal testo dell'intervista, e svolgete le attività.

IL CONGIUNTIVO PRESENTE E PASSATO

Congiuntivo presente

Trovo che nel mondo in cui noi viviamo non saper usare il computer **sia** un gran rischio

Trovo che l'idea di potersi iscrivere a un corso condotto completamente online **sia** ottima

Credo che si **debbano** sicuramente fare delle pause

Congiuntivo passato

Mi pare che la prima volta che ho usato un computer **sia stata** nel '90

Credo che per questo la Open University **abbia avuto** un incredibile successo sin dall'inizio

Mi pare però che saper usare il computer **sia diventato** veramente necessario

---

i. Come si forma il congiuntivo passato?

ii. Considerando che in tutte le frasi negli esempi abbiamo un verbo al presente nella frase principale (*trovo che*, *mi pare che* ecc.), da che cosa dipende se usiamo il congiuntivo presente o passato nella frase secondaria?

iii. Completa le seguenti frasi con la forma corretta del congiuntivo presente o passato dei verbi tra parentesi.

　　a. Sembra che i giovani italiani (*essere*) _____ grandi consumatori di media e (*passare*) _____ da un mezzo all'altro con disinvoltura.

　　b. Pare che negli ultimi anni l'uso di internet da parte dei giovani (*fare*) _____ un salto in avanti e che in generale l'uso di tutti i mezzi di comunicazione (*crescere*) _____ molto.

　　c. Sembra che l'uso della televisione (*diminuire*) _____ rispetto al passato.

　　d. Sembra invece che l'uso della TV satellitare (*aumentare*) _____ rispetto al passato.

　　e. Pare che le ragazze (*ascoltare*) _____ la radio più dei ragazzi, ma che i ragazzi (*leggere*) _____ più quotidiani.

　　f. Sembra che i giovani francesi e spagnoli (*usare*) _____ internet meno dei loro coetanei europei.

2f

Lavora con un compagno/a. Guardate gli esempi nel riquadro, che sono tratti dal testo dell'intervista, e svolgete le attività.

L'USO DI "NE" (2)

Secondo te nel mondo di oggi il computer è indispensabile?

- **Ne** sono convinta ...

- Ormai quasi tutti i posti di lavoro **ne** richiedono la padronanza

---

　　i. A cosa si riferisce la particella *ne* negli esempi?

　　ii. Secondo voi in questi esempi *ne* si usa per

　　　　a. parlare di una quantità

　　　　b. sostituire una parola o una frase introdotta dalla preposizione *di*

　　　　c. indicare un luogo già menzionato

　　iii. Svolgi gli esercizi sulla particella *ne* che l'insegnante ti darà.

3 La pubblicità

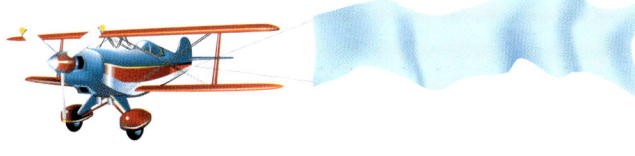

3a Per entrare nel tema, svolgi le seguenti attività.

i. Lavora con tutta la classe. Quali parole associate al termine "pubblicità"? L'insegnante le scriverà alla lavagna.

ii. Lavora con un compagno/a. Dividete le parole alla lavagna nelle seguenti categorie:

LUOGHI   PERSONE   MEZZI DI COMUNICAZIONE

COSE   VERBI   ALTRO

iii. Associa le parole nella colonna di sinistra con il loro significato nella colonna di destra, come nell'esempio.

1. lo slogan
2. lo spot pubblicitario
3. il cartellone pubblicitario
4. la marca
5. l'opuscolo pubblicitario
6. la reclame
7. il marketing
8. il consumatore
9. il prodotto

a. appello attraverso i mezzi di comunicazione per invogliare il pubblico a comprare qualcosa
b. la persona che compra e usa un prodotto
c. formula breve per pubblicità o propaganda
d. la cosa pubblicizzata
e. la casa produttrice di un prodotto
f. grande poster che pubblicizza qualcosa
g. strategie di vendita
h. foglio che pubblicizza un prodotto o un servizio
i. breve pubblicità alla radio o alla tv

1. ____ 2. _i_ 3. ____ 4. ____ 5. ____ 6. _a_ 7. ____ 8. ____ 9. ____

3b Leggi gli annunci che l'insegnante ti darà e svolgi le attività.

i. Completa gli annunci con le parole nel riquadro.

ii. Leggi di nuovo gli annunci e rispondi alle domande.

1. A chi si rivolge l'offerta? _____
2. In cosa consiste l'offerta? _____
   Cosa bisogna fare per partecipare? _____
3. Cosa succede il venerdì? _____
   _____
4. Qual è il prodotto pubblicizzato? _____
5. Qual è la condizione per ricevere lo sconto? _____

A che punto sono?

In questa unità

mi è piaciuto …   non mi è piaciuto …

Dopo questa unità …

So …

parlare del rapporto dei giovani del mio Paese con i media ○○

parlare del mio uso dei mezzi di comunicazione ○○

parlare del mio uso del computer ○○

presentare un mezzo di comunicazione che trovo efficace ○○

formare e usare il congiuntivo passato ○○

usare la particella *ne* ○○

Conosco …

il lessico relativo ai mezzi di comunicazione ○○

il lessico relativo alla pubblicità ○○

il lessico relativo alla comunicazione attraverso il computer ○○

il rapporto dei giovani italiani con i media ○○

il rapporto dei giovani del mio Paese con i media ○○

Per migliorare posso … ○

Per migliorare posso … ○

C'era una volta ...

Unità 15

In questa unità ...

- acquisirai informazioni su alcuni personaggi storici
- leggerai brevi biografie
- scriverai la biografia di un personaggio che ti piace
- leggerai alcune favole classiche

- imparerai a riconoscere i verbi al passato remoto
- imparerai quando si usa il passato remoto
- trasformerai un testo dal passato remoto al presente

1 Nerone

1a Lavora con un gruppo di compagni. Prima di leggere la biografia di Nerone, svolgete le attività.

  i. Sapete chi era Nerone? Cosa faceva?

  ii. Conoscete le seguenti parole? Consultate il dizionario se necessario:

| congiura | contrasto | incendio | innamorarsi | nemico | potere (nome) |
| regno | reprimere | ripudiare | sposare | tradimento | vendetta |

  iii. Che genere di storia vi immaginate di leggere?

1b Leggi la biografia di Nerone e svolgi le attività.

L'imperatore romano Nerone Claudio Cesare Augusto Germanico *nacque* ad Anzio (vicino a Roma) il 15 dicembre 37 d.C.* e *morì* a Roma il 9 giugno 68 d.C. *Diventò* imperatore nel 54 e *governò* per quattordici anni e cioè fino alla morte all'età di trent'anni.

Alla nascita il suo nome era Lucio Domizio Enobardo. Sua madre si chiamava Agrippina ed era la sorella dell'imperatore Caligola. Era conosciuta come una donna molto ambiziosa e nel 39 *fu* accusata di essere coinvolta in una congiura contro Caligola e *fu* mandata in esilio, mentre il piccolo Lucio *fu* affidato a una zia. Nel 41 Caligola *fu* assassinato e Agrippina *poté* tornare a Roma e riunirsi con suo figlio, che aveva quattro anni, attraverso il quale voleva soddisfare la sua sete di potere e di vendetta.

Nel 49 Agrippina *sposò* l'imperatore Claudio, che era suo zio, e *ottenne* da lui di far tornare il filosofo Seneca dall'esilio per farlo diventare il precettore* del figlio. Non solo: Nerone, che aveva solo dodici anni, *venne* fidanzato con la figlia di Claudio, Ottavia, che ne aveva solo otto.

Nerone *andò* al potere nel 54, all'età di diciassette anni. Il primo scandalo del suo regno *fu* il suo divorzio da Ottavia quando *si innamorò* della bellissima Poppea. Qualche anno dopo, nel 59, Poppea *fu* sospettata di essere coinvolta con Nerone nell'assassinio di Agrippina. Nel 62 Nerone *ripudiò* Ottavia e *sposò* Poppea. La reazione del popolo in favore di Ottavia *portò* Nerone a eliminare Ottavia, dopo averla ingiustamente accusata di tradimento.

Nel 63 Nerone e Poppea *ebbero* una figlia che *chiamarono* Claudia Augusta, che tuttavia *morì* appena nata. Nel 64 *scoppiò** quello che è conosciuto come il grande incendio di Roma. In quel momento Nerone era ad Anzio, ma *andò* immediatamente a Roma per verificare i danni e, sembra, per organizzare i soccorsi* e lo spegnimento dell'incendio. Nerone *accusò* i Cristiani di avere provocato l'incendio e alcuni *furono* arrestati e condannati a morte. Dopo la sua morte, Nerone *fu* lui stesso considerato responsabile di avere provocato l'incendio, ma non sapremo mai la verità.

In seguito all'incendio, Nerone *fece* costruire l'enorme residenza imperiale conosciuta come la Domus Aurea, che *diventò* la sua residenza privata. Il contrasto con il senato di Roma, già forte, *diventò* più acuto e nel 65 Caio Calpurnio Pisone *organizzò* una congiura contro Nerone, che la *represse* e *fece* uccidere anche Seneca e il poeta Lucano, accusati di essere coinvolti.

Nel 66 *morì* Poppea e l'anno dopo Nerone *viaggiò* fra le isole della Grecia, intrattenendo i suoi ospiti con la lira*, che amava molto suonare. Nel 68 le legioni stanziate in Gallia* e in Spagna si *ribellarono* all'imperatore e lo *costrinsero* a fuggire da Roma. Dichiarato nemico pubblico, Nerone si *suicidò*.

Unità 15

GLOSSARIO – I verbi sono dati all'infinito

d.C.: dopo Cristo
precettore: insegnante privato
scoppiare: succedere in modo forte e improvviso
soccorsi: aiuti
lira: antico strumento a corde
Gallia: regione dell'età antica che corrispondeva più o meno alla Francia di oggi

i. Lavora con un compagno/a. Nel testo ci sono dei verbi in corsivo. Sono in un nuovo tempo passato. Secondo voi per cosa usiamo questo tempo? Discutete, poi condividete le vostre idee con i compagni e con l'insegnante.

ii. Completa la seguente tabella con l'infinito dei verbi nel testo. Non è necessario saper formare questo tempo per capire il significato di un testo in cui è usato.

VERBO NEL TESTO	INFINITO
nacque	nascere
morì	
diventò	
governò	
fu	essere
poté	
sposò	
ottenne	
venne	
andò	
si innamorò	
ripudiò	
portò	
ebbero	avere
chiamarono	
scoppiò	
accusò	
furono	
fece	fare
organizzò	
represse	reprimere
viaggiò	
si ribellarono	
costrinsero	costringere
si suicidò	

iii. Secondo te quali verbi nella tabella sono irregolari? Da cosa lo capisci? Discuti con i compagni e con l'insegnante.

iv. Quale altro tempo passato è usato nel testo? Perché?

v. Completa la seguente scheda su Nerone. Attenzione: le informazioni nella tabella non seguono sempre lo stesso ordine che hanno nel testo.

LUOGO E DATA DI NASCITA	
NOME DELLA MADRE	
ANNO IN CUI DIVENTÒ IMPERATORE	
NOME DELLA PRIMA MOGLIE	
ANNO DEL SUO SECONDO MATRIMONIO	
ANNO DELL'INCENDIO DI ROMA	
GRUPPO ACCUSATO DELL'INCENDIO	
UN SUO PASSATEMPO	
DATA DELLA MORTE	
CAUSA DELLA MORTE	
ETÀ AL MOMENTO DELLA MORTE	

vi. Torna alle tue risposte nell'attività 1a: c'è qualcosa che vuoi cambiare o aggiungere dopo aver letto il testo?

v. Cerca informazioni e illustrazioni della Domus Aurea e portale in classe. Poi, tutti insieme, descrivete la casa di Nerone utilizzando le informazioni più importanti che avete trovato. Quali aggettivi usereste per descriverla?

Unità 15

1c Prima di leggere la biografia di un italiano famosissimo, Leonardo da Vinci, discuti con i compagni e con l'insegnante: cosa sapete di lui?

1d Leggi ora una brevissima biografia di Leonardo da Vinci e svolgi le attività.

i. Metti in ordine i paragrafi scrivendo il numero corretto in ogni casella.

ii. Lavora con un compagno/a. Osservate le parole scritte in neretto e provate a capire il loro significato osservandole nel contesto in cui sono.

[1] Leonardo nasce il 15 aprile 1452 a Vinci, un villaggio toscano di poche case attaccato a un castello medievale. È figlio illegittimo del notaio Piero e di una donna del popolo di nome Caterina. Vive nella casa del padre e della sua famiglia, dove cresce circondato dall'affetto.

[ ] Nel 1503 va a Firenze, dove **affresca**, con Michelangelo, il Salone del Consiglio Grande nel Palazzo della Signoria. Ma Leonardo non finisce la sua parte dell'**opera** perché è ossessionato dalla continua ricerca della perfezione e di nuove tecniche. Nello stesso anno **dipinge** la *Gioconda*, detta anche Monna Lisa, che ora si trova a Parigi.

[ ] Leonardo a Firenze **trascorre** dodici anni e diventa un protetto di Lorenzo de' Medici (1449-1492), che per lui rappresenta un esempio di cultura, diplomazia e tecnica della comunicazione. Lascia Firenze per andare a Milano, dove diventa un protetto del Duca di Milano Ludovico Sforza. Qui nascono **capolavori** come *La Vergine delle Rocce* (in due versioni), la statua di bronzo che rappresenta Francesco Sforza a cavallo e il **dipinto** dell'Ultima Cena, conosciuto come il *Cenacolo*.

[ ] Nel 1513 è invitato dal re di Francia ad andare ad Amboise, dove il nostro grande genio muore il 2 maggio 1519.

[ ] Nel 1499 fugge da Milano, invasa dalle **truppe** del re di Francia, e va a Mantova e poi a Venezia.

[ ] Quando ha circa sedici anni si trasferisce a Firenze, dove il padre lo manda alla **bottega** del pittore Verrocchio. Leonardo è infatti molto precoce per la sua età. È molto curioso e ha una vera **sete di conoscenza**. Tutti i campi lo attraggono: l'arte, la scienza, l'architettura, l'ingegneria, l'idraulica, ecc, e compie studi, opere e invenzioni di grandissima importanza.

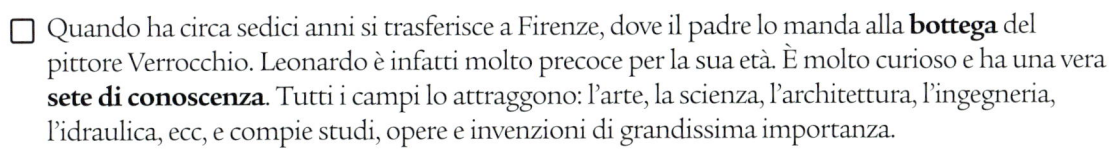

iii. Rileggi velocemente la biografia: in che cosa è diversa dal modo in cui è scritta quella di Nerone?

iv. Cerca una breve biografia, scritta in italiano e nel passato remoto, di un personaggio del passato che ti piace. Poi riscrivila trasformando i verbi al passato remoto nel presente. Poi scambia la tua biografia con un compagno/a e correggetela a vicenda.

v. Rileggi la biografia di Nerone (1a). Completa la tabella con alcuni eventi della sua vita e del suo tempo scrivendoli nel tempo presente accanto all'anno in cui sono successi, come nell'esempio.

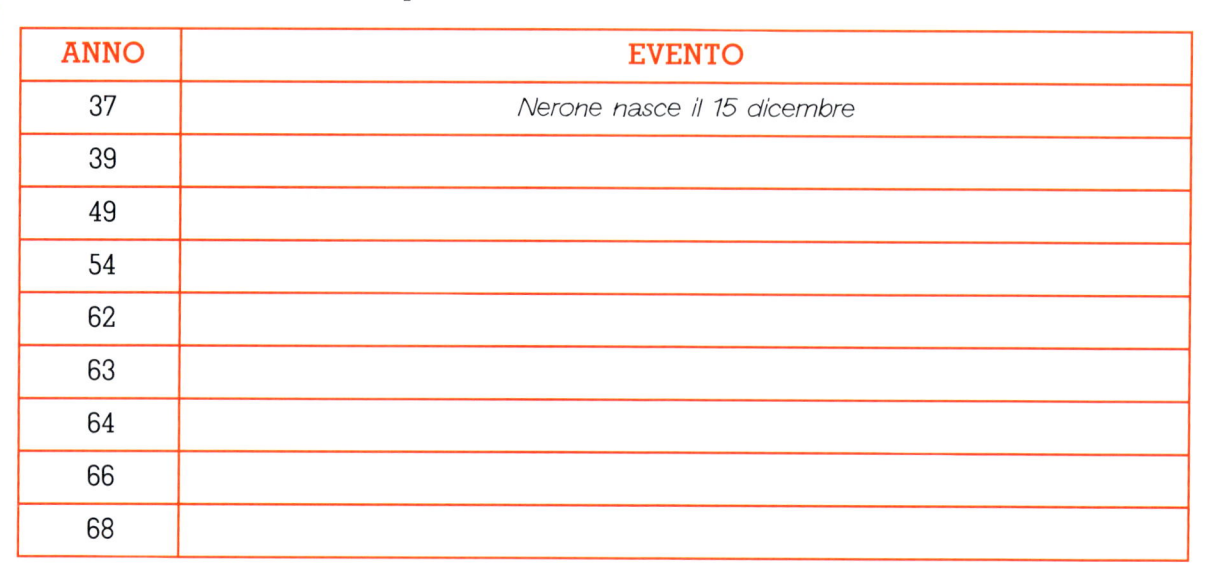

ANNO	EVENTO
37	*Nerone nasce il 15 dicembre*
39	
49	
54	
62	
63	
64	
66	
68	

1e Lavora con un compagno/a. Prima di leggere, svolgete le seguenti attività.

i. Sapete cosa è la Caesar salad? Quali sono i suoi ingredienti?

ii. Si mangia nel vostro Paese?

iii. Qual è la sua origine? Scoprite chi l'ha inventata.

1f Leggi un breve articolo sulla Caesar salad e svolgi le attività.

i. Sottolinea nel testo tutti i verbi al passato remoto. Quali due nuovi verbi ci sono? E qual è il loro infinito?

Giulio Cesare è nato per parto* cesareo

Non è vero. E neppure la "Caesar salad" prende il nome dall'imperatore romano.

Non è vero che Cesare nacque da parto cesareo, per la semplice ragione che a quei tempi questo tipo di parto era già praticato, ma comportava sempre la morte della madre. E invece la madre di Giulio Cesare, Aurelia Cotta, visse ancora a lungo. [...] E non è di Cesare [...] neppure la "Caesar salad", un'insalata nota con questo nome negli Stati Uniti. In questo caso l'inventore della ricetta (a base di lattuga, crostini, succo di limone, uova, pepe, formaggio parmigiano, salsa Worcestershire) era Cesare Cardini, piemontese e chef di ristoranti italiani a San Diego (Usa) e Tijuana (Messico).

Brevetto*. La sua ricetta, brevettata nel 1948, divenne famosa soprattutto perché il locale di Tijuana (in un albergo ancora oggi chiamato Hotel Caesar's) era frequentato da star di Hollywood.

Focus luglio 2009

GLOSSARIO

parto: l'atto di partorire, avere un bambino

brevetto: dichiarazione che attesta la paternità di un'invenzione

ii. Nel testo, trova l'equivalente delle seguenti parole ed espressioni.

   a. aveva come conseguenza _____

   b. per molto tempo _____

   c. conosciuta _____

   d. diventò _____

   e. stelle del cinema _____

iii. L'articolo conferma le vostre risposte nell'attività 1e? Quali differenze ci sono?

2 Favole

2a Lavora con un compagno/a. Prima di leggere due favole classiche, svolgete l'attività.

i. Cosa significano le parole nel riquadro? Attenzione: le parole sulla stessa riga sono in qualche modo collegate tra loro. Non usate il dizionario per il momento. Poi consultate i vostri compagni e infine discutete tutti insieme con l'insegnante.

una vite	un grappolo d'uva	acerbo		
vantarsi	sfidare	la sfida	scoppiare a ridere	
la gara	il percorso	dare il via	partire come un fulmine	il traguardo
fermarsi	sdraiarsi	un sonnellino		

2b Leggete le due favole di Esopo e completatele con i verbi al passato remoto, che sono in disordine nel riquadro.

disse	partì	si fermò	vide	volle
fu	si sdraiò	si svegliò		

La volpe e l'uva

Una volpe che aveva fame, quando *(a)* _____ su una vite dei grappoli sospesi, *(b)* _____ impadronirsene ma non poteva. Allontanandosi disse fra sé: "Sono acerbi". Così anche alcuni uomini, non potendo raggiungere i propri scopi per inettitudine, accusano le circostanze.

La lepre e la tartaruga

La lepre un giorno si vantava con gli altri animali: "Nessuno può battermi in velocità", diceva, "Sfido chiunque a correre come me".

La tartaruga, con la sua solita calma, *(c)* _____: "Accetto la sfida".

"Questa è buona!" esclamò la lepre; e scoppiò a ridere.

"Non vantarti prima di aver vinto", replicò la tartaruga, "Vuoi fare questa gara?". Così *(d)* _____ stabilito un percorso e dato il via.

La lepre *(e)* _____ come un fulmine: quasi non si vedeva più, tanto era già lontana. Poi *(f)* _____, e per mostrare il suo disprezzo verso la tartaruga *(g)* _____ a fare un sonnellino. La tartaruga intanto camminava con fatica, un passo dopo l'altro, e quando la lepre *(h)* _____, la vide vicina al traguardo. Allora si mise a correre con tutte le sue forze, ma ormai era troppo tardi per vincere la gara.

La tartaruga sorridendo disse: "Non serve correre, bisogna partire in tempo."

2c Ascolta le due favole e controlla le tue risposte.

2d Metti in ordine la seguente favola di Leonardo da Vinci, "Il ragno", riscritta in italiano moderno. Prima di svolgere l'attività, discuti con la classe il significato di queste due parole: "ragno" e "serratura". Ti diamo un aiuto: il ragno è un animale, e la serratura è una parte della porta.

andò ad infilarsi	la sua stanchezza.	Un ragno affannato
Fu così che	all'interno di una serratura	per alleviare
anziché trovare riposo vi morì stecchito.		

Leonardo da Vinci, *Favole*, a cura di Antonello Morea e Simona Magnini, Roma, Il Catamarano 2006

3 Notte ai grandi magazzini

3a Per entrare nel tema, lavora con un compagno/a e insieme svolgete le seguenti attività.

i. Quali reparti ci sono in un grande magazzino? Scriveteli nel riquadro.

GRANDE MAGAZZINO

ii. Elencate alcune cose che si possono comprare nei reparti che avete scritto nell'attività i.

iii. Immaginate di rimanere chiusi in un grande magazzino durante la notte: cosa fate?

3b Leggi un brano tratto da un racconto di uno scrittore italiano e svolgi le attività.

i. Leggi il testo una prima volta e trova tutti i verbi al passato remoto. Attenzione a non confonderlo con un altro tempo!

Evviva! I due ragazzi si tenevano per mano eccitati dall'avventura. Nei Grandi Magazzini c'era di tutto e tutto a loro disposizione, dal sabato al lunedì. Cominciarono dal cibo, e lei disse: Consumerò il caviale – e se ne servì abbondanti porzioni. Lui disse: Consumerò il salmone – e fece altrettanto*. Mangiarono e bevvero il meglio che c'era, e poi scrissero sui muri con una bomboletta spray: *Il Povero ha bisogno del Superfluo più che del Necessario*. (Non erano poveri, però) [...]

Al piano superiore, quello dell'arredamento, trovarono un letto con baldacchino, ci saltarono sopra ridendo, e per tutta la notte di sabato consumarono il superfluo e il necessario senza risparmio. La mattina della domenica si svegliarono tardi, pieni di vitalità e di molti desideri indeterminati e impellenti.

Nel reparto confezioni* si vestirono e travestirono* più volte da capo a piedi* secondo i mutevoli gusti del momento, con sari e chimoni caffetani mantelli e pellicce di varia fattura*, stivali cinghie bracciali e pendagli. Visitarono a uno a uno gli altri piani arraffando e scompigliando* tutto quello che gli capitava sottomano, e quando prendevano qualcosa dopo un po' la buttavano via perché c'era sempre qualcosa che li attirava di più. Si fermarono in un appartamento di lusso, ricostruito al quarto piano, e consumarono whisky a volontà, fracassarono* bicchieri mobili soprammobili con allegra noncuranza, fecero un bagno di schiuma e sali profumati [...], lui salì su una Kawasaki splendente, lei sulla fuoriserie decappottabile* nel Salone dell'Automobile. [...]

Il gioco sembrava riuscito. Ma la sera della domenica erano già stanchi, delusi e incattiviti per eccesso di consumo. [...] Aspettarono con impazienza l'ora di apertura.

Raffaele La Capria, "Surplus, lapsus o raptus?", in *I fiori giapponesi*, © 1989 Arnoldo Mondadori Editore S.p.A., Milano

---

GLOSSARIO – I verbi sono dati all'infinito

altrettanto: la stessa cosa

confezioni: abbigliamento

travestirsi: vestirsi con vestiti diversi dai propri per non essere riconoscibile

da capo a piedi: dalla testa ai piedi

di varia fattura: in vari modelli

arraffare e scompigliare: prendere e mettere in disordine

fracassare: rompere

fuoriserie decappottabile: automobile più lussuosa di quella del modello di serie e con il tetto apribile

ii. Quante parole e quali attività menzionate nelle attività 3a. compaiono anche nel brano?

iii. Nel brano ci sono delle liste di parole non separate dalla punteggiatura. Trovale e separale con una virgola.

iv. Quali brutte abitudini e comportamenti incivili sono menzionati nel brano? E quale di questi comportamenti è considerato tipico degli italiani?

_____

_____

_____

v. Che tipo di cose fanno i ragazzi rimasti soli nei Grandi Magazzini?

_____

_____

_____

vi. Come cambia lo stato d'animo dei due protagonisti nel corso del racconto?

_____

_____

_____

vii. Secondo te qual è, in poche parole, il messaggio del racconto?

_____

_____

_____

_____

A che punto sono?

In questa unità

mi è piaciuto …   non mi è piaciuto …

Dopo questa unità …

So …

riconoscere una biografia ○○

riconoscere una favola ○○

scrivere una breve biografia ○○

riconoscere i verbi al passato remoto ○○

quando si usa il passato remoto ○○

trasformare un testo dal passato remoto al presente ○○

Conosco …

la vita di alcuni personaggi famosi ○○

alcune favole classiche ○○

Per migliorare posso … ○

Per migliorare posso … ○

Il mondo in cui viviamo

Unità 16

In questa unità ...

- acquisirai informazioni sull'immigrazione in Italia
- parlerai dell'immigrazione nel tuo Paese
- amplierai il lessico relativo all'ambiente
- amplierai il lessico relativo alla criminalità
- scriverai un breve articolo di cronaca

- imparerai a usare la preposizione articolata *alla* (o *all'*) nel senso di "nello stile di"
- imparerai ad accordare il participio passato con i pronomi diretti
- imparerai a formare e usare i pronomi combinati
- farai ancora pratica sulla formazione delle parole

1 Gli stranieri in italia

1a Lavora con un piccolo gruppo di compagni. Prima di leggere un brano sul numero e sull'origine degli immigrati in Italia, rispondete alle seguenti domande.

i. Qual è la percentuale di stranieri in Italia? Scegliete l'opzione giusta.

   a. ☐ il 12,4%   b. ☐ il 9,2%   c. ☐ il 6,7%

ii. Gli immigrati in Italia vengono principalmente da sei Paesi. Quali sono secondo voi?

iii. Gli immigrati vivono principalmente in quattro regioni: quali? Scegliete l'opzione giusta.

   a. ☐ Sicilia, Lazio, Toscana e Valle d'Aosta
   b. ☐ Lazio, Lombardia, Piemonte e Veneto
   c. ☐ Puglia, Umbria, Toscana e Trentino Alto Adige

1b Leggete il testo e controllate le vostre risposte.

QUANTI SONO GLI IMMIGRATI E DA DOVE VENGONO?

Una statistica del 2009 rivela che in Italia vivono circa 4 milioni di stranieri. Almeno mezzo milione di questi sono clandestini. Questo significa che su circa 60 milioni di abitanti, gli stranieri rappresentano quasi il 6,7% della popolazione. Siamo forse il paese al mondo che attrae più immigrati. Grazie a questo flusso, la società italiana sta diventando sempre più multilingue e multiculturale. Uno su dieci degli immigrati è nato in Italia e gli stranieri provengono soprattutto da sei Paesi: Albania, Cina, Filippine, Marocco, Romania e Ucraina. Sono concentrati soprattutto al Centro-Nord, in particolare in Lazio, Lombardia, Piemonte e Veneto.

Unità 16

1c Lavora con un compagno/a. Cercate informazioni sugli stranieri nel vostro Paese:

- quanti sono in totale
- quale percentuale della popolazione rappresentano
- da dove vengono

1d Lavora con un gruppo di compagni. Prima di leggere un testo intitolato *I nuovi milanesi*, rispondete alle seguenti domande:

- In che settori lavorano gli stranieri nella vostra città o nel vostro Paese? Barrate le caselle.

agricoltura ☐	arte, musica e danza ☐	artigianato ☐	commercio ambulante ☐
edilizia ☐	gastronomia ☐	istruzione ☐	lavoro domestico ☐
moda ☐	ristorazione ☐	industria ☐	sport ☐
trasporti ☐			

altro (specificate) _____

- Quali aspetti delle culture straniere sono diventati popolari nel vostro Paese? Pensate, per esempio, al cibo, alla musica ecc.
- Quali sono i ristoranti etnici più popolari?

1 e Leggi il testo *I nuovi milanesi* e svolgi le attività.

i. Completa il testo con le preposizioni articolate nel riquadro.

| al | dai | del | della | dei | nei | nei | nelle | sui |

I nuovi milanesi

Kebab dalla tradizione gastronomica araba, moda all'orientale, musica etnica, *hammam* dove curare corpo e mente, negozi per prodotti insoliti, danze sensuali ... I 200 mila stranieri che vivono a Milano, il 14% _____ popolazione, hanno portato questo e molto altro. Basti pensare ai 400 ristoranti etnici che i milanesi hanno a disposizione [...] Secondo uno studio della Camera di Commercio di Milano, infatti, gli abitanti del capoluogo lombardo approfittano dei locali stranieri in media dieci volte all'anno. Tra i più gettonati, quelli con cucina araba e latino americana.

> *Moda all'orientale* significa "moda nello stile orientale".
>
> La preposizione articolata **alla** (**all'** davanti a una vocale) si usa con il significato di "nello stile di", "come"
>
> Ti diamo qualche altro esempio: *spaghetti alla bolognese, occhiali alla Blues Brothers...* Puoi continuare tu?

Tutti matti per* la salsa e i film africani ...

Ma non ci sono solo i ristoranti: frequentatissimo e ormai diventato un *must* milanese è il Festival Latino Americano, un'occasione per conoscere la cultura, il ballo, la musica, la gastronomia, l'artigianato _____ Paesi centro e sud americani. [...] Da Cuba _____ Perù, dalla Bolivia all'Ecuador, ogni nazione ha un proprio padiglione* con prodotti e sapori da scoprire. Un altro appuntamento storico di scambio culturale è il Festival _____ Cinema Africano, d'Asia e America Latina, anch'esso molto frequentato _____ milanesi.

Ma il contatto che i cittadini hanno con le culture straniere è fatto soprattutto di incontri per le strade, _____ tram, _____ supermercati, _____ case, sul posto di lavoro. Con le moltissime badanti e colf* che vengono assunte dalle famiglie e i numerosi lavoratori extracomunitari cui danno impiego gli imprenditori _____ settori dell'edilizia e dei trasporti [...] E ormai non è più raro avere vicini di casa stranieri. Rispetto al passato, sono infatti molti gli extracomunitari che affittano appartamenti o comprano immobili.

L'integrazione comincia sui banchi di scuola

Da qualche anno, le scuole sono il principale luogo di incontro tra milanesi ed extracomunitari: ben 24.965 alunni di origine straniera frequentano le scuole nel comune milanese [...]. È il 14,2% di tutti gli scolari. Per fare in modo che le diverse culture si conoscano e imparino a convivere, in tantissime scuole, dagli asili alle superiori, vengono sviluppati progetti finalizzati alla scoperta "dell'altro". [...]

Focus Extra, n. 30 inverno 2007/2008

GLOSSARIO

matti per: appassionatissimi di. Si dice anche "vado pazzo/a per la pizza"

padiglione: spazio chiuso per esporre

badanti e colf: le badanti sono le donne che vivono con persone anziane e si occupano di loro; "colf" è l'abbreviazione di "collaboratrici familiari", cioè persone che aiutano nei lavori domestici. La parola si usa anche al singolare.

ii. Riempi la griglia con le informazioni rilevanti sugli stranieri a Milano.

IN QUALI SETTORI LAVORANO	
QUALI ASPETTI DELLA LORO CULTURA SONO DIVENTATI POPOLARI A MILANO	
DOVE SI INCONTRANO MILANESI E STRANIERI	

iii. Nel testo ci sono due parole arabe, quali? Cosa significano? Queste cose ci sono anche nel tuo Paese?

iv. Nel testo, trova l'equivalente delle seguenti parole ed espressioni.

    a. Milano (par. 1) _____

    b. popolari (par. 1) _____

    c. stranieri immigrati (par. 2) _____

    d. proprietà, case o appartamenti (par. 2) _____

    e. più importante (par. 3) _____

    f. studenti (par. 3) _____

    g. studenti (par. 3) _____

v. A cosa si riferiscono i seguenti numeri e percentuali? Scrivi delle frasi come nell'esempio.

    a. 200 mila _____

    b. 14% *La percentuale di stranieri a Milano*

    c. 400 _____

    d. 24.965 _____

    e. 14,2% _____

vi. Lavora con lo stesso gruppo di compagni di prima. Confrontate il contenuto del testo e le vostre risposte nell'attività 1c. Quali sono le somiglianze e le differenze tra la situazione a Milano e quella nella vostra città o Paese?

PER PRESENTARE SOMIGLIANZE E DIFFERENZE

Come i milanesi, anche noi ...

Come a Milano, anche nella nostra città ...

Anche noi incontriamo gli stranieri per la strada ..., ma li incontriamo anche ...

A Milano gli stranieri lavorano ..., nella nostra città ....

Contrariamente a Milano, nella nostra città ...

I milanesi ..., invece noi ...

1f Scrivi i tuoi pensieri su uno di questi argomenti.

- Conosci degli stranieri nella tua città? Parla di uno/a di loro: chi è, da dove viene, che lingue parla, che lavoro fa, cosa fa nel tempo libero, cosa ti piace della sua cultura, ecc.

- Quali sono i vantaggi di vivere in una società multietnica?

- Immagina di andare a vivere in un altro Paese: dove vai? Perché? Cosa fai lì? Come cambia la tua vita?

1g Leggi la testimonianza di un ragazzo immigrato in Italia e svolgi le attività.

La mia casa è una Babele

Mi chiamo Ian, ho 18 anni, sono uno dei tanti pendolari, che la mattina si attarda nel dribblare altri pendolari. Chi vive a Roma, in questa mia grande città, può capire cosa intendo. Una spietata lotta per ritagliarsi quel centimetro cubo di spazio che ti permetterà di stare stretto nella metro come le acciughe in un barattolo. E poi scuola, amici, professori, insomma la mia vita. Anzi, una parte della mia vita. Torno a casa assieme a mia sorella, e sento mia madre parlare al telefono: "Hello? Who is speaking?", poi subito "Sì, te la passo". E si rivolge in luganda a mia sorella dicendole a mezza voce "È simù yò (è per te)". Ecco, questa è casa mia. Un crocevia delle lingue più diverse. Dentro quelle quattro mura i miei genitori mischiano il luganda, la lingua principale del mio Paese, l'Uganda, il lusoga, uno dei dialetti, oltre ovviamente all'italiano. Quel paese l'avrò visto due volte in vita mia. Non so la lingua di laggiù. So capire un po' di tutto, ma a parlare nemmeno per sogno. So solo l'italiano, e rispondo ai miei genitori sempre in italiano. Non perché lo abbia voluto. È una casualità, tutto qui. Potrei fare confusione, insomma le lingue sono tante. Ma una cosa è certa. Sento qualcosa che mi lega all'Uganda nel profondo, anche se qualcuno potrebbe non capirlo fino in fondo.

TOPGIRL luglio 2009

i. Rispondi alle seguenti domande sul testo.

   a. Descrivi la giornata tipica di Ian.
   _____
   _____

   b. Quali lingue si parlano a casa di Ian?
   _____

   c. Descrivi la relazione di Ian con il suo Paese di origine.
   _____
   _____

ii. Rileggi il seguente esempio nel riquadro, tratto dal testo che hai letto.

> ### I PRONOMI COMBINATI
>
> Torno a casa assieme a mia sorella, e sento mia madre parlare al telefono: "Hello? Who is speaking?", poi subito "Sì, **te la** passo".
>
> I pronomi indiretti seguiti dai pronomi diretti e dalla particella *ne* danno luogo ai **pronomi combinati**. Nell'esempio abbiamo il pronome indiretto **ti** seguito dal pronome diretto **la**. Come vedi, **ti** davanti a un pronome diretto diventa **te**.
>
> A chi si riferiscono i pronomi **te** e **la** nell'esempio?

iii. Consulta la lista completa dei pronomi combinati nella sezione Grammatica in fondo al libro. Poi svolgi gli esercizi che l'insegnante ti darà.

2 L'AMBIENTE

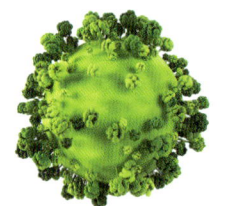

2a Entriamo nel tema. Indica con una crocetta quali delle seguenti cose fai per proteggere l'ambiente.

- Ricarico le pile ☐
- Uso le lampadine a basso consumo ☐
- Spengo gli stand-by ☐
- Uso borse di stoffa per la spesa ☐
- Spengo sempre le luci ☐
- A casa tengo la temperatura a 20° ☐
- Uso la posta elettronica ☐
- Bevo l'acqua del rubinetto ☐
- Elimino gli spifferi di casa ☐

2b Lavora con un piccolo gruppo di compagni e svolgete le attività.

- Fate una statistica per il gruppo in relazione alle misure di protezione dell'ambiente elencate nell'attività 2a.
- Indicate quali altre cose fate per proteggere l'ambiente. Usate il dizionario o chiedete all'insegnante se ci sono parole che non sapete.

2c Prima di leggere dei brevi testi su come proteggere l'ambiente, ti diamo alcuni termini che compariranno nei testi. Lavora con un compagno; insieme cercate di capire cosa significano, con l'aiuto del dizionario se necessario.

assestarsi	batterie ricaricabili	bene prezioso	borsa di plastica
consumare corrente	costi ambientali	differenza di costi	firma elettronica
inquinare	lampadine	dispositivi	pile "usa e getta"	rifiuti domestici
risparmio energetico	riutilizzare	scaldare	sprecare

2d Lavora con un compagno/a. Leggete alcuni consigli per la protezione dell'ambiente e svolgete le attività.

i. Leggete velocemente i brevi brani e date un titolo a ciascuno, scegliendolo tra i seguenti.

Bevi l'acqua del sindaco	Passa alle eco lampadine	Spesa nel cotone
Ricarica le pile, salvi l'ambiente	Spegni sempre le luci	Tieni la casa a 20°
Spegni gli stand-by	Usa la posta elettronica	

ii. Lavora con un compagno. Leggete quattro brani ciascuno e completateli con le parole nel riquadro. Poi confrontate i vostri testi e verificate di avere inserito i termini giusti.

batterie ricaricabili	differenza di costi	pile "usa e getta"	si assesta
bene prezioso	firma elettronica	rifiuti domestici	sprecarla
borse di plastica	inquinare	risparmio energetico	
consuma corrente	lampadine		
costi ambientali	dispositivi	scaldare	

GLI ECOTRUCCHI

1. _____
In media un europeo consuma 10 pile l'anno. E il 70% dei consumatori le getta tra i _____. Tutte le pile possono però essere sostituite da _____ (si vendono anche nei supermercati, insieme al caricatore): si riutilizzano da 500 a 1.000 volte e permettono un risparmio superiore al 60% rispetto alle _____.

2. _____
A partire dal 2011 le normali _____ a incandescenza saranno fuorilegge (l'Australia le ha già vietate da 2 anni). Dovranno essere sostituite con quelle a _____. [...] A parità di ore di utilizzo, una lampadina tradizionale costa circa 100 euro di corrente, una a risparmio energetico poco più di 30 (e dura 10 volte di più). Contate le lampadine che avete in casa ...

3. _____
Televisori, radiosveglie, lettori dvd e ricevitori satellitari non sono mai "spenti" se collegati a una presa di corrente: sono in stand-by, una modalità che permette l'accensione "rapida", ma _____ (e denaro). [...] Bisognerebbe staccare sempre la spina, oppure collegare gli apparecchi a una ciabatta* con sensori a infrarossi [...]. Costa sui 30 €: quanto gli stand-by annuali di una famiglia.

4. _____
In Italia usiamo circa 200.000 tonnellate di _____ ogni anno. Per trasportare la spesa sono comode, ma sono molto inquinanti e per produrle sono necessarie 430.000 tonnellate di petrolio, che immettono CO_2 nell'atmosfera e potrebbero essere usate per scopi più importanti. Senza contare quanto possono _____, se gettate nell'ambiente. [...] Ma perché non usare una borsa di stoffa? In cotone, pesa pochi grammi, si piega stando in una borsetta, si usa più volte e si può lavare.

5. _____
Il consiglio vale in casa, e soprattutto negli uffici dove spesso rimangono accesi senza interruzioni computer, luci, condizionatori, stampanti anche quando non c'è più nessuno. In commercio esistono anche particolari _____ che spengono automaticamente gli impianti quando non "sentono" più la presenza di qualcuno.

6. _____

Per consumare meno energia, ma avere lo stesso comfort in casa, basta portare la temperatura a 20° e _____ solo le stanze dove si soggiorna. Nelle altre [...] si può limitare la temperatura a 16°C, ottima anche per le stanze da letto durante la notte. Tenendo chiusa la porta della stanza e le tapparelle* abbassate, la temperatura _____ sui 18°C grazie al calore del corpo.

7. _____

La posta tradizionale deve essere trasportata ed è fatta di carta (come il fax): quella elettronica, invece, è istantanea e non prevede questi _____. Ma come certificare la propria identità? La normative è ancora agli inizi, ma è già possibile ottenere una _____ da enti autorizzati, come le Poste.

8. _____

L'acqua è un _____... ma quanto costa? Moltissimo, se in bottiglia. E pochissimo se esce dal rubinetto di casa [...]: quindi è fin troppo facile _____, per esempio lasciandola aperta quando ci si insapona sotto la doccia. La _____, però, dà un vantaggio: basta bere l'acqua del rubinetto, di ottima qualità in quasi tutte le città italiane. Ed evitando i costi della plastica per imbottigliarle* e della benzina per trasportarle.

Focus dicembre 2008

GLOSSARIO – I verbi sono dati all'infinito

ciabatta: presa elettrica multipla ▶

tapparelle: persiane fatte con stecche di legno, di metallo o di materiale plastico. Negli edifici moderni si usano per escludere la luce da una stanza, al posto delle tende. ▶

imbottigliare: mettere in bottiglia

iii. Lavora con un gruppo di compagni. In questa sezione avete incontrato molti verbi che si usano per parlare dell'ambiente. Associate più nomi possibile ai seguenti verbi (senza guardare il libro o gli appunti!). Attenzione: avete quattro minuti di tempo. Vince il gruppo che ha totalizzato il maggior numero di associazioni corrette.

bere	
chiudere	
consumare	
inquinare	
ricaricare	
riciclare	
risparmiare	
spegnere	
staccare	
usare	

iv. Lavora con un compagno/a. Nella colonna di sinistra ti diamo altri verbi, in quella di destra dei nomi. Associa ogni verbo al nome corretto.

1. rispettare   a. i mezzi pubblici
2. smaltire   b. con i pannelli solari
3. scaldare   c. gli spazi verdi
4. controllare   d. i rifiuti
5. usare   e. prodotti biologici
6. mangiare   f. prodotti fatti con materiali riciclati
7. comprare   g. il centro delle città
8. chiudere   h. la provenienza dei prodotti

1. ____ 2. ____ 3. ____ 4. ____ 5. ____ 6. ____ 7. ____ 8. ____

3 La criminalità

3a Lavora con un compagno/a e svolgete le seguenti attività.

i. Per entrare nel tema, leggete alcuni titoli di giornale. In ciascuno, sottolineate i seguenti elementi con colori diversi. Attenzione: non tutti i titoli contengono tutti gli elementi.

- il nome di un reato
- il nome della persona che commette il reato
- il verbo che esprime un'azione criminosa

Rapina al supermarket. Presi quindicimila euro

Rincorre e blocca scippatore da shopping   **«Saremo amici» Poi lo ricatta**

«Rapimento lampo»: imprenditore liberato dopo sei ore

Furto con coltelli nella ditta di slot machine

Banca senza soldi. Ruba 100 euro in moneta

Omicidio Risso: 28 anni al romeno   **Borseggi sui bus, dieci linee a rischio**

ii. Ora associa ogni crimine al relativo disegno, come nell'esempio.

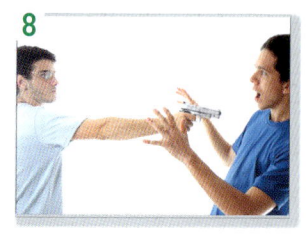

a. borseggio _____   b. furto _____   c. omicidio _____   d. rapimento _____

e. rapina _____   f. ricatto _____   g. scippo _____

h. spaccio di droga _____   i. taccheggio _____

iii. Espandiamo il lessico. Completate la tabella con il nome della persona che commette il reato e con il verbo che esprime l'azione criminosa. Cosa notate nella formazione delle parole?

REATO	PERSONA	VERBO
il borseggio	il borseggiatore	
il furto	il ladro	
l'omicidio	l'omicida	uccidere
il rapimento		
la rapina	il rapinatore	
il ricatto		
lo scippo		
lo spaccio di droga	lo spacciatore	
il taccheggio		

3b Cosa è successo? Leggi le seguenti notizie e riempi la griglia riassuntiva. Non preoccuparti se non capisci tutte le parole.

ARTICOLO	CHI	CHE COSA	DOVE	QUANDO
1				
2				
3				
4				
5				

1. Omicidio Risso: 28 anni al romeno

COMO - Florin Ghergheles, 20enne rumeno latitante, è stato condannato in contumacia* a 28 anni per l'omicidio di Claudio Risso, il titolare del negozio «Sach» di via Milano a Como, ucciso nel maggio 2005. [...] Detenuto a Cagliari, ieri è comparso in Tribunale per ripetere quanto già disse a suo tempo nel ricostruire quanto avvenne quel fine settimana nell'appartamento sopra il negozio situato a due passi dal PalaGiustizia. Il delitto maturò nell'ambito di una rapina in casa.

CORRIERE DELLA SERA 13 febbraio 2010

2. «Saremo amici» Poi lo ricatta

Prima ha finto* di diventare suo amico incontrandolo al parco mentre portavano a passeggio il cane, poi ha iniziato a minacciarlo di morte, si è presentato sotto la sua abitazione chiedendo mille euro per lasciarlo in pace. La vittima, con l'aiuto dei carabinieri, ha teso una trappola* all'estorsore che, al momento della consegna del denaro, è stato arrestato. Nei guai un 36enne di Gavardo (Brescia) che, in auto, aveva una mazza da baseball e sostanza stupefacente.

CORRIERE DELLA SERA 7 febbraio 2010

3. Banca senza soldi Ruba 100 euro in moneta

L'aveva progettata da tempo. Un colpo facile. I dipendenti che si spaventano e aprono lo sportello. E poi via di corsa. Una rapina che, magari, ti cambia anche la vita. Senza rischiare neanche troppo. Armato di coltello assalta una banca ma in cassa non ci sono soldi e così è costretto a fuggire con 100 euro in monete. È accaduto poco prima delle 13.30 di ieri alla filiale della Banca Popolare in piazza Lodi. Il bandito, presumibilmente un italiano di circa 40 anni, ha fatto irruzione nell'istituto di credito* e ha minacciato un cassiere con un coltello da cucina. In quel momento però le casse della banca erano vuote e il malvivente è stato costretto a scappare accontentandosi solo delle monete da 2 euro che è riuscito a racimolare da un cassetto. Sul posto è intervenuta la polizia.

CORRIERE DELLA SERA 26 gennaio 2010

4. Furto con coltelli nella ditta di slot machine

Entrano, coltelli alla mano, nell'azienda che affitta slot machine, costringono i dipendenti dell'amministrazione ad aprire la cassaforte e se ne vanno con diecimila euro. È accaduto nel pomeriggio di ieri, intorno alle 17, in via Falassina quando tre uomini, probabilmente italiani, hanno messo a segno il colpo* prima di dileguarsi* a bordo di un furgone che li attendeva all'uscita dell'impresa.

CORRIERE DELLA SERA 26 gennaio 2010

5. Rincorre e blocca scippatore da shopping

Ha visto due ragazzini che scappavano, e dietro i poliziotti che li rincorrevano [...]. Così un uomo in macchina, notata la scena, [...] s'è messo a seguire i giovani in fuga. È riuscito a raggiungerne uno, l'ha bloccato, l'ha caricato in auto e consegnato alla polizia. È avvenuto tutto intorno alle tre e mezza di ieri pomeriggio, quando una donna che camminava su un marciapiedi di corso Buenos Aires, già abbastanza affollato nella domenica di saldi, ha sentito uno strattone. La signora, 70 anni, si è resa conto che due ragazzi le stavano rubando il portafogli. Li ha visti fuggire. Poco dopo sono arrivati due poliziotti del commissariato Città Studi, che svolgevano il servizio di pattuglia a piedi contro i venditori abusivi. Gli agenti si sono messi a cercare i due ragazzi e li hanno agganciati* poco lontano, vicino a piazzale Loreto. Mentre li inseguivano, sono stati però notati dal cittadino in macchina, che senza pensarci ha provato a dare una mano ai poliziotti. In auto ha ovviamente raggiunto per primo i ragazzi in fuga ed è riuscito a bloccarne uno, un minorenne romeno.

CORRIERE DELLA SERA 4 gennaio 2010

GLOSSARIO – I verbi sono dati all'infinito

condannare in contumacia: condannare qualcuno in sua assenza

fingere: simulare, fare finta

tendere una trappola: preparare un inganno di nascosto

istituto di credito: banca

mettere a segno un colpo: compiere un'azione criminale con successo

dileguarsi: sparire fuggendo

agganciare: prendere, fermare qualcuno

3c Rileggi velocemente gli articoli e svolgi le seguenti attività.

i. Nel testo, sottolinea tutte le parole che hanno a che fare con il tema "criminalità e giustizia".

ii. Lavora con un compagno/a. Confrontatevi sulle parole che avete sottolineato, poi dividetele in categorie a vostra scelta, giustificando tale scelta.

iii. Ora create delle situazioni e scrivete delle frasi usando parole dalle diverse categorie che avete creato.

iv. Lavora con un compagno/a. Rileggete le seguenti espressioni nel riquadro, che sono sottolineate negli articoli. Le parole tra parentesi indicano a cosa si riferiscono i pronomi in neretto. Osservate le frasi e discutete: cosa succede al participio passato quando il verbo è preceduto da un pronome diretto di terza persona, singolare o plurale?

> **I PRONOMI DIRETTI CON IL PARTICIPIO PASSATO**
>
> L'aveva progettat**a** (la rapina)
>
> L'ha bloccat**o** (il giovane)
>
> L'ha caricat**o** in auto (il giovane)
>
> L'ha consegnat**o** alla polizia (il giovane)
>
> **Li** ha visti fuggire (i ragazzi)
>
> **Li** hanno agganciati (i ragazzi)

v. Completa il participio passato nelle seguenti frasi con la desinenza corretta. Poi, per ogni frase indica a chi si riferisce il pronome in neretto.

   a. Un rumeno è stato condannato per l'omicidio di Claudio Risso. L'ha uccis___ nel maggio 2005. _____

   b. Prima è diventato suo amico portando il cane a passeggio nel parco, poi l'ha minacciat___ di morte. _____

   c. Un malvivente armato di coltello è entrato in una banca e l'ha assaltat___. _____

   d. Ha guardato nelle casse della banca e **le** ha trovat___ vuote. _____

   e. I banditi sono entrati in un'azienda di slot machine, hanno riunito i dipendenti e **li** hanno costrett___ ad aprire la cassaforte. I dipendenti l'hanno apert___ e vuotat___ e hanno dato tutti i soldi ai tre uomini. Un complice su un furgone **li** ha portat___ via dopo il colpo. _____

   f. Due ragazzi in motorino hanno fermato una donna e l'hanno scippat___. Un uomo ha visto i due scippatori e **li** ha rincors___. I poliziotti, immediatamente informati, **li** hanno inseguit___ e arrestat___. _____

3d Ora cerca un articolo di cronaca su un giornale in lingua italiana on line e trova nel testo le seguenti informazioni, osservando anche come sono introdotte.

- che cosa è successo
- quando è successo
- dove è successo
- chi è coinvolto
- perché è successo
- qual è, in sintesi, la ricostruzione dei fatti, dall'inizio alla fine. Ci sono anche degli antefatti, cioè delle cose importanti che sono successe prima del fatto stesso?
- quali sono le conseguenze del fatto
- qual è il commento di chi scrive

3e Lavora con un compagno/a. Usando il lessico e le strutture che avete imparato, scrivete un articolo di cronaca su un fatto di cui avete sentito parlare, a vostra scelta.

Articolo di cronaca

A che punto sono?

In questa unità

mi è piaciuto …   non mi è piaciuto …

Dopo questa unità …

So …

parlare dell'immigrazione nel tuo Paese

scrivere un breve articolo di cronaca

usare la preposizione articolata *alla* (o *all'*) nel senso di "nello stile di"

accordare il participio passato con i pronomi diretti

formare e usare i pronomi combinati

formare nuove parole

Conosco …

alcune informazioni importanti sull'immigrazione in Italia

il lessico relativo all'ambiente

il lessico relativo alla criminalità

Per migliorare posso …

Per migliorare posso …

Salute e benessere

Unità 17

In questa unità ...

- amplierai il lessico relativo al corpo e alle malattie più comuni
- descriverai i sintomi di una malattia
- darai consigli ed esprimerai propositi in relazione alla salute
- parlerai dei benefici di qualcosa per la salute
- imparerai alcune espressioni idiomatiche con le parti del corpo
- esprimerai ipotesi possibili e ipotesi impossibili
- scriverai uno slogan

- imparerai a formare e usare l'imperativo di cortesia (con il "Lei")
- imparerai a formare e usare il congiuntivo imperfetto e trapassato
- imparerai a formare e usare il condizionale passato
- imparerai a formare e usare il periodo ipotetico della possibilità
- imparerai a formare e usare il periodo ipotetico dell'impossibilità
- amplierai la tua conoscenza e farai pratica dell'accordo tra nome e aggettivo
- imparerai altri usi del congiuntivo

1 Una vita sana

1a Entriamo nel tema. Riempi la seguente tabella con cose e attività che fai e che secondo te fanno bene o male alla salute, come nell'esempio.

FA BENE	FA MALE
camminare	fumare

1b Confronta la tua tabella con quella di un compagno/a. Cosa avete in comune? Poi svolgete queste attività:

- Datevi consigli (es. *dovresti smettere di fumare, mangiare meno* ecc.)
- Indicate i vostri propositi per migliorare il vostro stile di vita (es. *smetterò di mangiare troppo spesso al fast food*)

1c Lavora con un compagno/a. Quali parole conoscete in relazione al tema "salute"?

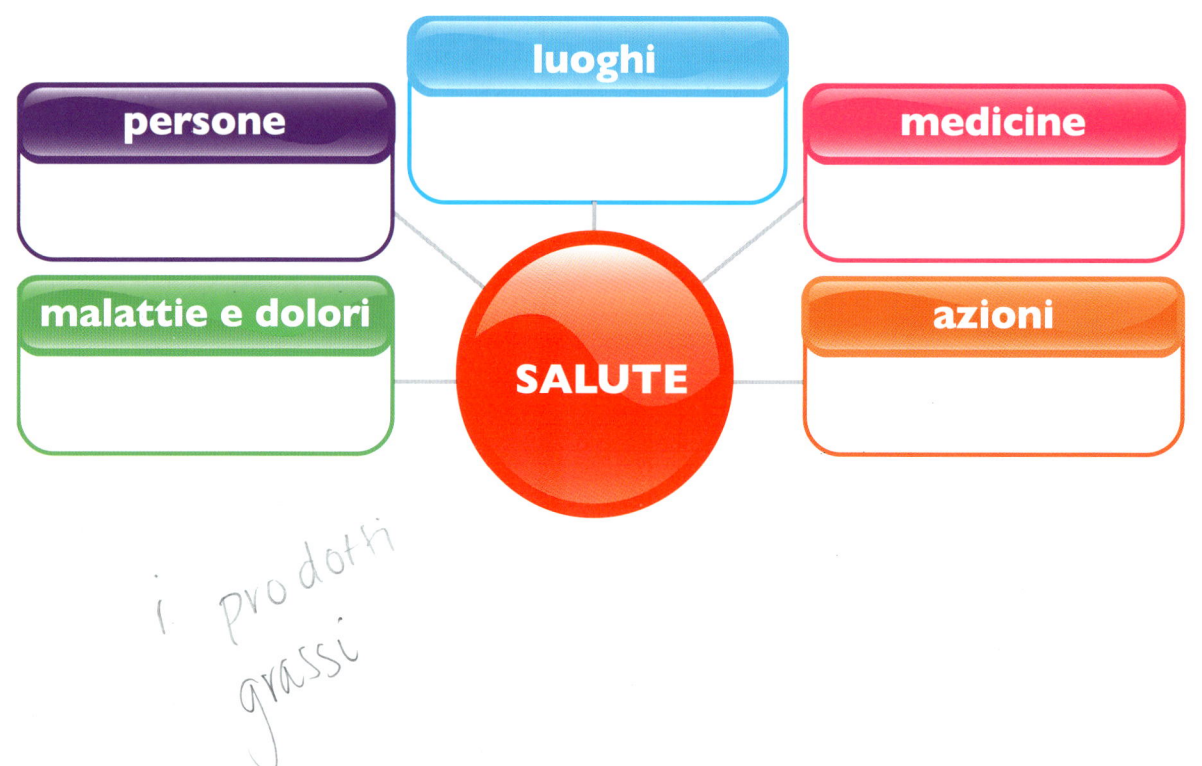

- persone
- luoghi
- medicine
- malattie e dolori
- azioni
- SALUTE

carboidrati

i prodotti grassi

1d Leggi i consigli che un medico dà a un paziente per dormire meglio e completa ogni spazio con una parola. Poi confrontati con un compagno. Siete d'accordo?

1. *Crei* un ambiente dove dormire bene (letto _____, camera _____, né troppo fredda né troppo calda).

2. *Per quanto* _____ *vada* a dormire e *si svegli* alla stessa ora, anche il fine settimana.

3. *Si rilassi* prima di andare a letto ed *eviti* attività che richiedono uno sforzo _____ o mentale. Per esempio, *beva* un tè alle erbe, *faccia* un _____ ma non la doccia, *ascolti* un po' di musica soft. Se non riesce a dormire, *si alzi* e *faccia* qualcosa di rilassante. *Torni* a letto solo quando si sente _____.

4. *Faccia* attività fisica con regolarità, preferibilmente tre volte alla _____.

5. *Non esca* tutte le _____ e *non faccia* troppo spesso le ore piccole.

6. *Non ceni* troppo _____ la sera, per non andare a letto appesantito.

7. *Riduca* la caffeina, evitando di bere troppo tè o caffè.

8. *Stia* attento al fumo e all'alcool, che hanno effetti negativi sul _____.

9. *Non dorma* durante il _____ perché i sonnellini possono influire negativamente sul sonno notturno.

10. *Non prenda* sonniferi, perché possono _____ assuefazione.

1 e Ascolta i consigli del medico e controlla le tue risposte nell'attività precedente.

1 f I verbi in corsivo nel testo sono all'**imperativo di cortesia** (con il "Lei"), che si usa per dare consigli, ordini e istruzioni. Svolgi le attività.

i. Metti gli imperativi nella categoria giusta. Come si forma l'imperativo di cortesia dei verbi regolari? E quali sono i verbi irregolari?

VERBI REGOLARI IN -ARE	VERBI REGOLARI IN -ERE	VERBI REGOLARI IN -IRE	VERBI IRREGOLARI

ii. Come si forma l'imperativo negativo di cortesia?

L'IMPERATIVO DI CORTESIA DI ALCUNI VERBI IRREGOLARI

Andare	vada	Dire	dica	Stare	stia
Avere	abbia	Essere	sia	Uscire	esca
Bere	beva	Fare	faccia	Venire	venga
Dare	dia	Ridurre	riduca		

iii. Ora lavora con un gruppo di compagni. Scegliete uno dei seguenti compiti. Date consigli a qualcuno che

- vuole dimagrire
- ha spesso mal di testa
- è molto stressato
- è molto pigro
- ha il raffreddore
- ama prendere il sole

2 ALLERGIE

2a Ascolta la prima parte di un'intervista con una persona che soffre di allergie e svolgi le attività.

i. Completa le seguenti frasi con una delle opzioni date.

1. L'allergia di Susanna all'alcool dura da
   a. circa un anno   b. quando era piccola   c. circa dieci anni

2. Si è accorta dell'allergia attraverso l'abitudine di
   a. frequentare le degustazioni di vini   b. brindare a Capodanno
   c. bere un prosecco la sera

3. Secondo i test allergici, Susanna
   a. è risultata subito allergica all'alcool   b. non era allergica a niente
   c. era allergica a tante cose

4. Quando aveva 15-16 anni, Susanna ha scoperto di essere allergica anche
   a. a un antibiotico   b. al fieno   c. al peperoncino

ii. Riascolta la prima parte dell'intervista e indica quali dei seguenti sintomi e disturbi sono menzionati.

difficoltà a respirare ☐	mal di testa ☐	prurito ☐
eczema ☐	naso bloccato ☐	raffreddore ☐
mal di denti ☐	nausea ☐	sangue dal naso ☐
mal di pancia ☐	occhi che lacrimano ☐	starnuti ☐
mal di schiena ☐	orticaria ☐	svenimenti ☐
mal di stomaco ☐	pressione bassa ☐	vomito ☐

iii. In italiano ci sono molte espressioni idiomatiche con le parti del corpo. Svolgi l'attività che l'insegnante ti darà.

2b Ascolta la seconda parte dell'intervista e svolgi le attività.

i. Indica se le seguenti affermazioni sono vere o false.

	Vero	Falso
a. Susanna ha scoperto la sua allergia ad alcuni alimenti perché aveva sempre mal di stomaco.	☐	☐
b. Gli italiani stanno molto attenti alla salute.	☐	☐
c. Susanna ha scoperto un'intolleranza ai cereali.	☐	☐
d. Ha preso farmaci contro le intolleranze al cibo.	☐	☐
e. Non ha mai più mangiato i cibi a cui si è scoperta intollerante	☐	☐
f. Se mangia troppa pasta si sente stanca.	☐	☐
g. Molti bambini nascono già allergici.	☐	☐

ii. Oggi si soffre di allergie più di un tempo. Quali delle seguenti cause sono menzionate?

a. la contaminazione dei prodotti alimentari ☐
b. la dieta poco variata ☐
c. l'eccessivo uso di farmaci ☐
d. i forti cambiamenti nel clima ☐
e. l'indebolimento del sistema immunitario ☐
f. l'inquinamento atmosferico ☐
g. i prodotti chimici usati nelle coltivazioni ☐
h. i continui sbalzi di temperatura ☐
i. l'uso eccessivo della tecnologia in agricoltura ☐

2c Lavora con un compagno/a. Guardate le coppie di esempi nel riquadro e svolgete le attività.

IL CONGIUNTIVO IMPERFETTO

a. Credo che **sia** un normale raffreddore.
b. Credevo che **fosse** un normale raffreddore.

a. I dermatologi sono contentissimi che io **sia** lì
b. I dermatologi furono felicissimi che io **fossi** lì

a. Nonostante non **abbia** sintomi particolari, seguo una dieta ...
b. Nonostante non **avessi** sintomi particolari, ho seguito una dieta ...

INOLTRE ...

IL CONGIUNTIVO CON LE ESPRESSIONI CHE ESPRIMONO UNO STATO D'ANIMO

Sono triste che tu **vada** via

Siamo felici che l'esame **sia andato** così bene

I dermatologi furono contentissimi che io **fossi** lì

IL CONGIUNTIVO CON LE ESPRESSIONI IMPERSONALI

L'importante è che non ti **vengano** nuove allergie

È giusto che lui **abbia ricevuto** la sua parte di responsabilità

Bisogna che lui **faccia** in fretta, altrimenti arriverà in ritardo

Negli esempi a. nel riquadro si usa il congiuntivo presente, negli esempi b. il congiuntivo imperfetto, di cui troverai la formazione nella sezione Grammatica in fondo al libro.

i. Fate ipotesi sul perché negli esempi a. usiamo il congiuntivo presente e in quelli b. il congiuntivo imperfetto. Prendete in considerazione

- il tempo della frase principale
- la relazione cronologica tra l'azione nella frase principale e quella nella frase secondaria.

ii. Svolgete gli esercizi che l'insegnante vi darà. Poi confrontatevi e correggetevi a vicenda.

2 d Lavora con un compagno/a. Guardate gli esempi nel riquadro e svolgete le attività.

IL PERIODO IPOTETICO DELLA POSSIBILITÀ

Se qualcuno ti **invitasse** a una degustazione di vini, cosa **faresti**?

Se qualcuno mi **invitasse**, **accetterei** e **mi preparerei** per la serata

Se **mangiassi** pizza e pasta tutto il giorno, non mi **succederebbe** niente di particolare

Se **avessi** dei figli, **sarei** davvero preoccupata e **passerei** gran parte del tempo a cercare prodotti sani.

---

i. Quelli nel riquadro sono esempi di periodo ipotetico della possibilità. Provate a rispondere alle seguenti domande.

- Il periodo ipotetico è una struttura formata da due parti: quali?
- Quali forme verbali si usano in queste due parti?

ii. Svolgete gli esercizi che l'insegnante vi darà. Poi confrontatevi e correggetevi a vicenda.

IL PERIODO IPOTETICO DELLA POSSIBILITÀ

3 Passeggiare con il cane fa bene alla salute

3a Lavora con un piccolo gruppo di compagni. Prima di leggere un breve articolo, rispondete alle seguenti domande.

- Avete un cane?
- Quante volte al giorno lo portate a passeggio, e per quanto tempo ogni volta?
- Secondo voi portare a spasso il cane fa bene alla salute? In che modo?
- Quanto tempo dedicate allo sport ogni settimana?

3b Leggi l'articolo e svolgi le attività.

i. Completa l'articolo con le parole nel riquadro.

| beneficio | inglesi | paragonabile | regolare | risultato |
| cliente | mediamente | piacere | ricerca | volte |

Passeggiare con il cane fa bene alla salute

Secondo una *(a)* _____ condotta dall'azienda inglese Bob Martin, il tempo che passiamo a passeggio con il nostro cane fa bene alla salute perché garantisce un'attività fisica *(b)* _____.

Considerando che chi ha un cane generalmente lo porta fuori almeno due volte al giorno, il *(c)* _____ che si ottiene da tale attività è *(d)* _____ a quello ottenuto dal *(e)* _____ di una palestra. Chi porta fuori il cane addirittura tre *(f)* _____ al giorno effettua fino a otto ore di moto alla settimana, mentre in palestra, in media, si passa meno tempo: circa un'ora e venti minuti alla settimana.

Se consideriamo che generalmente gli *(g)* _____ non sono grandi fanatici della palestra e ci passano *(h)* _____ 1 ora e mezza alla settimana, mentre considerano un *(i)* _____ portare fuori il cane, possiamo capire il *(l)* _____ della ricerca.

ii. Le vostre risposte coincidono con il contenuto dell'articolo? Siete d'accordo? Pensate che una ricerca simile nel vostro Paese avrebbe lo stesso risultato?

4 Vietato fumare!

4a Lavora con un gruppo di compagni. Prima di leggere un testo su un servizio pubblico contro il fumo, rispondete alle domande.

- Pensate a una persona che fuma. Quante sigarette fuma?
- Conoscete una persona che ha smesso di fumare? Come ha fatto?
- Quali sono i danni del fumo? Fate qualche esempio.
- Nel vostro Paese ci sono iniziative antifumo? Fate qualche esempio.

4b Leggi un testo su un servizio antifumo che l'insegnante ti darà, e svolgi le attività.

i. Completa gli aggettivi nel testo con la parte finale. Attenzione agli aggettivi in –co: cosa succede?

ii. Lavora con un compagno/a. Immaginate di essere un medico e date dei consigli per smettere di fumare a un paziente e presentateli alla classe.

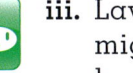

iii. Lavora con un compagno/a. Immaginate di partecipare a un concorso per il migliore slogan antifumo da mettere sui pacchetti di sigarette, come richiesto dalla legge. Poi votate il migliore slogan della classe.

iv. Sei d'accordo sul divieto di fumare nei luoghi pubblici? Perché? Scrivi i tuoi motivi.

Ascolta la prima parte di una conversazione tra due persone che parlano del loro rapporto con il fumo e svolgi le attività.

i. Riempi la griglia indicando con un segno (✓) a quale persona si riferiscono le seguenti affermazioni. In alcuni casi si riferiscono a entrambe le persone.

	SILVIA	SUSANNA
Fuma una sigaretta ogni tanto		
Non sa fumare		
Ha cominciato a fumare da giovane		
Sua nonna e suo padre fumavano moltissimo		
Suo padre ha fumato la pipa per un po'		
Sua madre ha smesso di fumare		
Sua madre non ha mai fumato		
Le piace fumare le rare volte che gioca a carte		
Fumava sigarette colorate		

ii. Silvia menziona alcune persone, azioni ed età. Completa la tabella.

CHI	COSA	ETÀ
Silvia	Ha cominciato a fumare	
	Ha cominciato a fumare	
Sua nonna		71 anni
Sua nonna	È morta	
	Ha smesso di fumare	

iii. Quali dei seguenti problemi relativi al fumo vengono menzionati nella conversazione?

- bronchite cronica ☐
- cuore debole ☐
- denti gialli ☐
- mal di testa ☐
- naso chiuso ☐
- polmonite ☐
- respiro corto ☐
- tachicardia ☐
- tosse ☐

4d Ascolta la seconda parte della conversazione e svolgi le attività.

i. Quali ragioni a favore del divieto di fumare nei luoghi pubblici sono menzionate tra le seguenti?

   a. non è elegante avere la sigaretta in mano ☐
   b. il rispetto per quelli che non fumano ☐
   c. stare in un ambiente più sano ☐
   d. il fumo sporca le pareti nei locali pubblici ☐
   e. l'aria era irrespirabile ☐
   f. la gente fuma meno ☐
   g. è diminuito il pericolo di incendi ☐

ii. Ora tocca a te esprimere un'opinione. Tu sei a favore o contro il divieto di fumare nei luoghi pubblici? Perché? Quali regole ci sono nel tuo Paese in relazione al fumo nei luoghi pubblici?

4e Ascolta la terza e ultima parte della conversazione e svolgi le attività.

i. Completa le frasi con l'opzione corretta tra quelle date.

1. Susanna ha l'impressione che

   a. i giovani irlandesi fumino più di quelli italiani
   b. i giovani italiani fumino più di quelli irlandesi
   c. i giovani in generale fumino meno di un tempo

2. Silvia pensa di non aver mai sviluppato il vizio del fumo anche perché

   a. non aveva il tempo di fumare
   b. le sigarette costavano troppo, quindi non le comprava
   c. non doveva fumare di nascosto

3. Susanna

   a. comprava le sigarette dal tabaccaio
   b. trovava le sigarette in casa
   c. fumava le sigarette delle amiche

4. Susanna dice che

   a. i minorenni non dovrebbero comprare le sigarette liberamente
   b. non ricorda che ai giovani in passato fosse proibito comprare sigarette
   c. le leggi contro il fumo sono troppo severe

ii. Susanna dice che "il proibizionismo non serve" a molto. Sei d'accordo con lei? Perché? Rispondi facendo riferimento alla tua esperienza personale.

4f Lavora con un compagno/a. Guardate gli esempi nei seguenti riquadri e svolgete le attività.

IL CONGIUNTIVO TRAPASSATO

Dopo che ha smesso di fumare non ha mai più toccato le carte, nonostante **fosse stato** un bravissimo giocatore di bridge.

IL PERIODO IPOTETICO DELL'IMPOSSIBILITÀ

Se non **avesse fumato**, **sarebbe** probabilmente **vissuta** molto più a lungo

Se non **avessero introdotto** il divieto di fumare nei luoghi pubblici, probabilmente li **avrei frequentati** sempre di meno

Se l'**avessi vista**, **avrei detto** qualcosa!

Se i miei genitori mi **avessero visto** con una sigaretta a quell'età penso che mi **avrebbero** proprio **dato** un bel ceffone!

Se me l'**avessero proibito**, **avrei fatto** di tutto per fumare.

---

i. Rispondete alle seguenti domande.

- La forma verbale in neretto nel primo esempio è nel congiuntivo trapassato. Come si forma? Quando si usa, secondo voi?

- Guardate gli esempi nella seconda parte del riquadro. Quali forme verbali si usano nelle due parti che formano il periodo ipotetico dell'impossibilità?

- Perché questa struttura si chiama "periodo ipotetico dell'impossibilità"?

ii. Svolgete gli esercizi che l'insegnante vi darà. Poi confrontatevi e correggetevi a vicenda.

A che punto sono?

In questa unità

mi è piaciuto …   non mi è piaciuto …

Dopo questa unità …

So …

descrivere i sintomi di una malattia

dare consigli ed esprimere propositi in relazione alla salute

parlare dei benefici di qualcosa per la salute

scrivere uno slogan

esprimere ipotesi possibili

esprimere ipotesi impossibili

formare e usare l'imperativo di cortesia (con il *Lei*)

formare e usare il congiuntivo imperfetto e trapassato

formare e usare il condizionale passato

formare e usare il periodo ipotetico della possibilità

formare e usare il periodo ipotetico dell'impossibilità

Conosco …

il lessico relativo al corpo e alle malattie più comuni

alcune espressioni idiomatiche con le parti del corpo

Per migliorare posso …

Per migliorare posso …

Grammatica

L'ARTICOLO

L'articolo determinativo

	SINGOLARE	PLURALE	CON ...
MASCHILE	IL	I	i nomi che cominciano con una consonante
	LO	GLI	i nomi che cominciano con s + consonante, ps, gn, x, y, z
	L'	GLI	i nomi che cominciano con una vocale o con la h
FEMMINILE	LA	LE	i nomi che cominciano con una consonante
	L'	LE	i nomi che cominciano con una vocale o con la h

L'articolo indeterminativo

	SINGOLARE	CON ...
MASCHILE	UN	i nomi che cominciano con una consonante, con una vocale o con la h
	UNO	i nomi che cominciano con s + consonante, ps, gn, x, y, z
FEMMINILE	UNA	i nomi che cominciano con una consonante
	UN'	i nomi che cominciano con una vocale o con la h

IL NOME

Il genere

I nomi possono essere di due generi: **maschile** e **femminile**. Vediamo come sono suddivisi.

I nomi in -o

In nomi che terminano in **-o** sono quasi tutti maschili: *uomo, ragazzo, compleanno*, ecc. Un'eccezione è *la mano*, che è femminile.

I nomi in -a

I nomi che terminano in **-a** sono generalmente femminili, ma ci sono eccezioni: quasi tutte le parole che terminano in *-ema* (*il problema, lo schema, il sistema, il tema* ecc.), *il poeta*, ecc.

Alcuni nomi in **-a** possono essere sia maschili sia femminili: i nomi che terminano in *-ista* (*il/la turista, il/la farmacista*, ecc.), *il/la collega*, ecc.

I nomi in -e

I nomi che terminano in **-e** sono abbastanza equamente divisi tra maschili e femminili, ma con la pratica ne distinguerai il genere. Per aiutarti tieni presente che:

- i nomi in *-ale*, *-ile* e *-ore* sono generalmente **maschili**: *il giornale, il campanile, il colore.*

- i nomi maschili in *-tore* formano il corrispondente femminile in *-trice*: *l'attore/l'attrice, il pittore/la pittrice,* ecc.

- i nomi in *-gione*, *-sione* e *-zione* sono generalmente **femminili**: *la regione, la pensione, la stazione.*

- i nomi che terminano in *-ante* possono essere sia maschili sia femminili: *il/la cantante, l'insegnante,* ecc.

I nomi in -i

I nomi in **-i** sono generalmente femminili (e spesso terminano in **-si**): *la crisi, l'analisi, la metropoli.* Ci sono delle eccezioni: *l'alibi, il bisturi, il brindisi.*

I nomi in -tà e -tù

I nomi che terminano in **-tà** e **-tù** sono femminili: *la città, l'attività, l'età, la gioventù,* ecc.

I nomi in consonante

I nomi che terminano con una consonante sono generalmente maschili: *lo sport, lo yogurt, l'autobus, il bar, il computer,* ecc. Ci sono alcune eccezioni, come *e-mail*.

La formazione del plurale

Il plurale si forma come indicato nella seguente tabella.

DESINENZA SINGOLARE	DESINENZA PLURALE	ESEMPIO
-o	-i	il ragazzo - i ragazzi la mano - le mani
-a (femminile)	-e	la ragazza - le ragazze
-a (maschile)	-i	il problema - i problemi
-e	-i	il giornale - i giornali la regione - le regioni

Il plurale di alcuni nomi **non cambia**, come indicato nella seguente tabella.

CATEGORIA	ESEMPIO
i nomi che terminano con una vocale accentata	l'attività - le attività il caffè - i caffè
i nomi che terminano con una consonante	lo sport - gli sport il bar - il bar
le abbreviazioni	il cinema - i cinema la bici - le bici la moto - le moto la radio - le radio
i nomi che terminano in -i	la crisi - le crisi l'alibi - gli alibi
i monosillabi	il re - i re

Nella seguente tabella vediamo come si forma il plurale dei nomi in **-co/-ca** e **-go/-ga**. Nel plurale si aggiunge una **h** per mantenere il suono della **c** e della **g**, con alcune eccezioni.

SINGOLARE	PLURALE	
parco, tedesco	parchi, tedeschi	
amico, nemico, medico	amici, nemici, medici	Questi nomi in **-co** formano il plurale in modo irregolare
amica, tedesca	amiche, tedesche	
albergo	alberghi	
psicologo	psicologi	Questo nome in **-go** forma il plurale in modo irregolare

I nomi in **-cia** e **-gia** formano il plurale come segue.

SINGOLARE	PLURALE	
la faccia la spiaggia	le facce le spiagge	La *i* cade nel plurale se le desinenze **-cia** e **-gia** al singolare sono precedute da una consonante
la camicia la valigia la farmacia	le camicie le valigie le farmacie	La *i* nel plurale si mantiene se le desinenze **-cia** e **-gia** al singolare sono precedute da una vocale o quando l'accento cade sulla *i* (come nel terzo esempio)

Ci sono poi altri **plurali irregolari**. Vediamone alcuni.

SINGOLARE	PLURALE
l'uomo	gli uomini
l'uovo	le uova
· il labbro	le labbra
· il braccio	le braccia
· il dito	le dita

La formazione delle parole: i prefissi

I prefissi sono particelle che si mettono davanti a una parola per formarne un'altra. Vediamone alcuni.

PREFISSO	ESEMPIO
anti-	anticamera
auto-	autosufficiente
con-	connazionale
extra	extralusso
iper-	ipermercato
ipo-	ipocalorico
mono-	monouso
post-	postdatato
pre-	prevedere
stra-	straricco

I seguenti prefissi si usano per formare il **contrario** di una parola.

PREFISSO	ESEMPIO
a-	asociale
dis-	disabile
in- *	inesperto
mal-	maleducato
s-	sfortunato

* Il prefisso **in-** diventa **im-** davanti alle parole che cominciano con **b**, **m** e **p** (es. *impossibile, immateriale*), **ir-** davanti alle parole che cominciano con la **r** (es. *irregolare*) e **il-** davanti alle parole che cominciano con la **l** (es. *illegale*).

La formazione delle parole: i suffissi

I suffissi sono particelle che si aggiungono alla fine di una parola per formarne un'altra o per alterarla. Vediamone alcuni.

Dal verbo al nome: i suffissi -zione, -enza, -o, -mento

Questi suffissi, aggiunti a un verbo, formano il nome corrispondente. Vediamo alcuni esempi:

-zione: *consumare/consumazione; fabbricare/fabbricazione*

-enza: *conoscere/conoscenza; ricorrere/ricorrenza*

-o: *arrivare/arrivo; giocare/gioco*

-mento: *pagare/pagamento; collegare/collegamento*

I suffissi di alterazione

Alcuni suffissi si usano per "alterare", cioè modificare una parola. I suffissi più comuni sono i seguenti:

Accrescitivi

Il suffisso **-one/-ona** (plur. **-oni/-one**) è tra i suffissi che si usano per indicare che una cosa è grande: *ombrellone, casona*.

Diminutivi

I suffissi **-etto/-etta** (plur. **-etti/-ette**) e **-ino/-ina** (plur. **-ini/-ine**) sono tra i suffissi che si usano per indicare che una cosa è piccola, sottile ecc.: *lettino, specchietto*.

Dispregiativi

Il suffisso **-accio** si usa per indicare che una cosa è brutta, cattiva, ecc.: *che tempaccio!*

L'AGGETTIVO

L'accordo dell'aggettivo con il nome

L'aggettivo serve a dare informazioni su un nome. Si accorda con il nome che accompagna nel genere (maschile o femminile) e nel numero (singolare o plurale). Gli aggettivi si dividono in tre gruppi:

- gli aggettivi in **-o** (4 terminazioni)
- gli aggettivi in **-e** (2 terminazioni)
- gli aggettivi **invariabili** (1 terminazione)

AGGETTIVO	MASCHILE SINGOLARE	FEMMINILE SINGOLARE	MASCHILE PLURALE	FEMMINILE PLURALE
ALTO	alto	alta	alti	alte
GIOVANE	giovane	giovane	giovani	giovani
BLU	blu	blu	blu	blu

Attenzione! Spesso nome e aggettivo terminano con la stessa vocale, ma non sempre. Vediamo qualche esempio:

un uomo alto	una donna alta
un uomo intelligente	una donna intelligente
i ragazzi italiani	le ragazze italiane
i ragazzi irlandesi	le ragazze irlandesi

Vediamo quindi che per accordare l'aggettivo non è sufficiente guardare con quale lettera termina il nome. Dobbiamo considerare:

- se il nome è maschile o femminile
- se il nome è singolare o plurale
- a quale gruppo appartiene l'aggettivo che vogliamo accordare

All'inizio bisogna pensare un po', ma con la pratica diventa sempre più automatico.

Gli aggettivi *bello* e *quello*

Gli aggettivi **bello** e **quello** si comportano come articoli e davanti a un nome si modificano come segue.

BELLO	QUELLO	NOME
bel	quel	ragazzo
bella	quella	ragazza
bello	quello	zaino
bell'	quell'	orologio (m.), agenda (f.)
bei	quei	ragazzi
belle	quelle	ragazze
begli	quegli	amici
begli	quegli	zaini

Gli aggettivi possessivi

Gli aggettivi possessivi concordano in genere e numero con il nome a cui si riferiscono e generalmente sono preceduti dall'articolo determinativo.

	MASCHILE SINGOLARE	FEMMINILE SINGOLARE	MASCHILE PLURALE	FEMMINILE PLURALE
io	il mio libro	la mia casa	i miei amici	le mie cose
tu	il tuo libro	la tua casa	i tuoi amici	le tue cose
lui/lei/Lei	il suo libro	la sua casa	i suoi amici	le sue cose
noi	il nostro libro	la nostra casa	i nostri amici	le nostre cose
voi	il vostro libro	la vostra casa	i vostri amici	le vostre cose
loro	il loro libro	la loro casa	i loro amici	le loro cose

Attenzione!

- Davanti ai **nomi di famiglia al singolare**, gli aggettivi possessivi **mio**, **tuo**, **suo**, **nostro** e **vostro** NON sono preceduti dall'articolo: *mio padre, tua madre, sua sorella, nostro fratello, vostro zio*. Con **loro**, invece, l'articolo resta: *il loro padre*. Anche con i nomi di famiglia al plurale si usa l'articolo: *i miei genitori, i suoi fratelli*, ecc.

- Con i nomi *mamma, papà, bambino/a, fidanzato/a* e *compagno/a* si usa l'articolo: *la mia mamma, il suo bambino*, ecc.

- Quando i nomi di famiglia sono alterati o accompagnati da un aggettivo si usa l'articolo: *il mio fratellino, la mia zietta, il mio fratello maggiore*, ecc.

- In alcune espressioni l'aggettivo possessivo segue il nome a cui si riferisce: *amore mio!, Dio mio!, mamma mia!*, vieni *a casa mia?*, abito *per conto mio*, ecc.

Gli aggettivi indefiniti

Gli aggettivi indefiniti indicano persone o cose non specifiche, non definite. Vediamo i più importanti.

AGGETTIVO INDEFINITO	ESEMPIO
ALCUNO/A/I/E	Ho comprato **alcuni** libri
ALTRO/A/I/E	Avete questa felpa in **altri** colori?
MOLTO/A/I/E	Ho **molte** cose da fare
TANTO/A/I/E	Non ho **tanto** tempo a disposizione
TROPPO/A/I/E	Non inviterò **troppe** persone alla festa
POCO/POCA/POCHI/POCHE	Al cinema c'era **poca** gente
PARECCHIO/A/I/E	Non lo vedo da **parecchio** tempo
TUTTO/A/I/E	Faccio una passeggiata **tutti** i giorni
NESSUNO/A	Non ho fatto **nessuna** fatica

I seguenti aggettivi indefiniti sono **invariabili**. Sono sempre seguiti da un nome al **singolare**, anche se il significato è plurale.

AGGETTIVO INDEFINITO	ESEMPIO
OGNI	Faccio una passeggiata **ogni** giorno
QUALCHE	Vediamo **qualche** esempio
QUALUNQUE/QUALSIASI	Farei **qualunque** cosa per te

Attenzione!

- *Tutto* è sempre seguito dall'articolo: *tutti i giorni, tutte le volte*

- *Alcuno/Nessuno* perdono la **o** finale davanti a un nome maschile che comincia per consonante: *in nessun caso, alcun dubbio*

- *Alcuno/a* al singolare si usa solo in frasi negative: *non c'è alcun problema*

- *Molto/Tanto/Parecchio/Troppo* sono invariabili quando accompagnano un verbo o un aggettivo, mentre concordano in genere e numero con un nome: *Roma è molto bella, Stella parla troppo, C'è molto traffico, Sulla spiaggia c'è parecchia gente, Luisa ha tanti problemi*, ecc.

I gradi dell'aggettivo

Il comparativo

Il grado comparativo si usa per paragonare due elementi, che si chiamano **primo** e **secondo termine di paragone**.

Ci sono tre tipi di comparativo: di **maggioranza**, di **minoranza** e di **uguaglianza**.

Comparativo di maggioranza: il primo termine di paragone possiede una qualità in misura maggiore rispetto al secondo termine: *Marina è **più** alta **di** Silvia*.

Comparativo di minoranza: il primo termine di paragone possiede una qualità in misura minore rispetto al secondo termine: *Silvia è **meno** alta **di** Marina*.

Comparativo di uguaglianza: il primo termine di paragone possiede una qualità in misura uguale rispetto al secondo termine: *Marina è alta **come** Cecilia*.

Attenzione!

- Nel comparativo di maggioranza e di minoranza il secondo termine di paragone viene introdotto dalla preposizione *di*.

- Quando i due termini di paragone sono due verbi o due aggettivi, il secondo termine di paragone viene introdotto da *che*: *camminare è meglio che prendere l'autobus; questo film è più divertente che ben fatto*.

Il superlativo

Ci sono due tipi di superlativo: il **superlativo relativo** e il **superlativo assoluto**.

Superlativo relativo: si usa per indicare che una persona e una cosa possiede una qualità al massimo grado all'interno di un gruppo, di una categoria di cose o persone. Si forma con *l'articolo + più/meno + aggettivo + di (del, della, ecc.)* ...: *Marco è **il più** simpatico **della** classe*.

Superlativo assoluto: si usa per indicare che una persona o una cosa possiede una qualità al massimo grado, senza fare confronti con altre persone o cose. *Monica è **molto bella** / Monica è **bellissima***. Oppure possiamo premettere all'aggettivo qualificativo i prefissi: *arci, extra, iper, stra, super, ultra*: *Monica è **strabella**/**superbella**, ecc.*

Comparativi e superlativi irregolari

Il comparativo e il superlativo di alcuni aggettivi sono irregolari. Vediamo i più importanti.

AGGETTIVO	COMPARATIVO	SUPERLATIVO RELATIVO	SUPERLATIVO ASSOLUTO
piccolo	minore	il minore	minimo
grande	maggiore	il maggiore	massimo
buono	migliore	il migliore	ottimo
cattivo	peggiore	il peggiore	pessimo
alto	superiore	il superiore	supremo
basso	inferiore	l'inferiore	infimo

Anche alcuni avverbi hanno un comparativo irregolare, come illustrato nella seguente tabella.

AVVERBIO	COMPARATIVO
bene	meglio
male	peggio
molto	più
poco	meno

L'AVVERBIO

L'avverbio è un elemento invariabile che accompagna un verbo o un aggettivo, modificandone il significato.

Gli avverbi di tempo

Indicano quando avviene un'azione. I più importanti sono: *ieri, oggi, domani, adesso, mai, raramente, spesso, sempre, presto, tardi, prima, dopo, subito, stamattina, stasera, stanotte*, ecc.

Gli avverbi di luogo

Indicano dove avviene un'azione. I più importanti sono: *lì, là, qui, qua, su, giù, davanti, dietro, sopra, sotto, fuori, dentro, vicino, lontano, altrove, ovunque, dappertutto*, ecc.

Gli avverbi di quantità

Gi avverbi di quantità più importanti sono: *molto, poco, tanto, parecchio, abbastanza, troppo*.

Gli avverbi di modo

Indicano come avviene un'azione. I più importanti sono: *piano, forte, bene, male, volentieri, malvolentieri*, ecc.

Molti avverbi di modo si formano aggiungendo il suffisso **-mente** al femminile degli aggettivi in **-o**; per gli aggettivi in **-e** è sufficiente aggiungere **-mente** alla forma singolare: *proprio/propriamente; semplice/semplicemente*.

Attenzione! Se un aggettivo finisce in **-le** e **-re**, si toglie la **e** finale e si aggiunge il suffisso **-mente**: *regolare/regolarmente; principale/principalmente*.

IL VERBO

Il modo indicativo

Il modo indicativo comprende il presente, il futuro semplice, il futuro anteriore, il passato prossimo, l'imperfetto, il trapassato prossimo e il passato remoto.

Il presente indicativo

I verbi regolari

I verbi italiani sono divisi in tre gruppi, detti "coniugazioni", in base alla terminazione: **-are**, **-ere**, **-ire**. Per formare il presente dei verbi regolari bisogna togliere **-are**, **-ere** o **-ire** dall'infinito e aggiungere desinenze diverse some indicato nella tabella.

	PARL-ARE	SCRIV-ERE	DORM-IRE
io	parlo	scrivo	dormo
tu	parli	scrivi	dormi
lui/lei/Lei	parla	scrive	dorme
noi	parliamo	scriviamo	dormiamo
voi	parlate	scrivete	dormite
loro	parlano	scrivono	dormono

I verbi regolari in -care e -gare

I verbi della prima coniugazione in **-care** e **-gare** aggiungono la **h** davanti alle desinenze della seconda persona singolare e della prima persona plurale per mantenere il suono della **c** e della **g**.

	GIOCARE		PAGARE
io	gioco	io	pago
tu	giochi	tu	paghi
lui/lei/Lei	gioca	lui/lei/Lei	paga
noi	giochiamo	noi	paghiamo
voi	giocate	voi	pagate
loro	giocano	loro	pagano

I verbi in -ire che prendono -isc-

Alcuni verbi in -ire prendono -isc in parte della coniugazione, come illustrato nella seguente tabella.

	FINIRE
io	finisco
tu	finisci
lui/lei/Lei	finisce
noi	finiamo
voi	finite
loro	finiscono

Altri verbi comuni che formano il presente in questo modo sono: *capire, costruire, diminuire, distribuire, guarire, inserire, interferire, pulire, preferire, restituire, spedire*.

Alcuni verbi irregolari

	ANDARE	DARE	FARE	STARE	AVERE
io	vado	do	faccio	sto	ho
tu	vai	dai	fai	stai	hai
lui/lei/Lei	va	dà	fa	sta	ha
noi	andiamo	diamo	facciamo	stiamo	abbiamo
voi	andate	date	fate	state	avete
loro	vanno	danno	fanno	stanno	hanno
	ESSERE	BERE	RIMANERE	DOVERE	POTERE
io	sono	bevo	rimango	devo	posso
tu	sei	bevi	rimani	devi	puoi
lui/lei/Lei	è	beve	rimane	deve	può
noi	siamo	beviamo	rimaniamo	dobbiamo	possiamo
voi	siete	bevete	rimanete	dovete	potete
loro	sono	bevono	rimangono	devono	possono
	SAPERE	VOLERE	SCEGLIERE	MORIRE	DIRE
io	so	voglio	scelgo	muoio	dico
tu	sai	vuoi	scegli	muori	dici
lui/lei/Lei	sa	vuole	sceglie	muore	dice
noi	sappiamo	vogliamo	scegliamo	moriamo	diciamo
voi	sapete	volete	scegliete	morite	dite
loro	sanno	vogliono	scelgono	muoiono	dicono
	USCIRE	VENIRE			
io	esco	vengo			
tu	esci	vieni			
lui/lei/Lei	esce	viene			
noi	usciamo	veniamo			
voi	uscite	venite			
loro	escono	vengono			

Il presente dei verbi riflessivi e reciproci

I **verbi riflessivi** esprimono un'azione che il soggetto compie su se stesso o che lo riguarda. La **forma reciproca** esprime un'azione che si svolge tra due o più persone (*vedersi, incontrarsi,* ecc.). Riconosciamo i verbi riflessivi e reciproci dal fatto che l'infinito finisce in **-si**. Ogni forma verbale è preceduta dal **pronome riflessivo** corrispondente: *mi, ti, si, ci, vi, si.*

	LAV-ARSI	METT-ERSI	VEST-IRSI
io	mi lavo	mi metto	mi vesto
tu	ti lavi	ti metti	ti vesti
lui/lei/Lei	si lava	si mette	si veste
noi	ci laviamo	ci mettiamo	ci vestiamo
voi	vi lavate	vi mettete	vi vestite
loro	si lavano	si mettono	si vestono

Il futuro

Il futuro semplice

Uso

Il futuro semplice si usa per fare annunci, previsioni, promesse e supposizioni, per indicare un'azione che deve ancora accadere e per esprimere propositi.

Nella lingua parlata, spesso per indicare un'azione futura si usa il presente indicativo al posto del futuro.

Formazione: verbi regolari

Per formare il futuro semplice dei verbi regolari si toglie **-are, -ere, -ire** e si aggiungono le desinenze come illustrato nella seguente tabella.

	PARL-ARE	SCRIV-ERE	DORM-IRE
io	parlerò	scriverò	dormirò
tu	parlerai	scriverai	dormirai
lui/lei/Lei	parlerà	scriverà	dormirà
noi	parleremo	scriveremo	dormiremo
voi	parlerete	scriverete	dormirete
loro	parleranno	scriveranno	dormiranno

Attenzione!

- I verbi in **-are** cambiano la **a** in **e**

- I verbi in **-care** e **-gare** aggiungono una **h**:
  giocherò, giocherai, giocherà, giocheremo, giocherete, giocheranno
  pagherò, pagherai, pagherà, pagheremo, pagherete, pagheranno

- I verbi in **-ciare** e **-giare** perdono la *i*:
  comincerò, comincerai, comincerà, cominceremo, comincerete, cominceranno
  mangerò, mangerai, mangerà, mangeremo, mangerete, mangeranno

Formazione: verbi irregolari

	ANDARE	AVERE	BERE	CADERE	DARE
io	andrò	avrò	berrò	cadrò	darò
tu	andrai	avrai	berrai	cadrai	darai
lui/lei/Lei	andrà	avrà	berrà	cadrà	darà
noi	andremo	avremo	berremo	cadremo	daremo
voi	andrete	avrete	berrete	cadrete	darete
loro	andranno	avranno	berranno	cadranno	daranno
	DOVERE	**FARE**	**POTERE**	**RIMANERE**	**SAPERE**
io	dovrò	farò	potrò	rimarrò	saprò
tu	dovrai	farai	potrai	rimarrai	saprai
lui/lei/Lei	dovrà	farà	potrà	rimarrà	saprà
noi	dovremo	faremo	potremo	rimarremo	sapremo
voi	dovrete	farete	potrete	rimarrete	saprete
loro	dovranno	faranno	potranno	rimarranno	sapranno
	STARE	**TENERE**	**VEDERE**	**VENIRE**	**VIVERE**
io	starò	terrò	vedrò	verrò	vivrò
tu	starai	terrai	vedrai	verrai	vivrai
lui/lei/Lei	starà	terrà	vedrà	verrà	vivrà
noi	staremo	terremo	vedremo	verremo	vivremo
voi	starete	terrete	vedrete	verrete	vivrete
loro	staranno	terranno	vedranno	verranno	vivranno
	VOLERE				
io	vorrò				
tu	vorrai				
lui/lei/Lei	vorrà				
noi	vorremo				
voi	vorrete				
loro	vorranno				

Il futuro anteriore

Uso

Il futuro anteriore si usa per esprimere un'azione futura che succederà prima di un'altra azione futura. Spesso si trova dopo **appena, dopo che, quando.**

Quando **avrò finito** gli esami andrò in vacanza

Dopo che **avrai finito** di studiare potrai uscire

Appena **sarai tornato** ceneremo insieme

Formazione

Il futuro anteriore si forma con il futuro semplice di *avere* o *essere* + *il participio passato* del verbo.

Il passato prossimo indicativo

Uso

Il passato prossimo si usa per esprimere

- un'azione finita e avvenuta in un passato recente: *ieri sono andato al cinema.*

- un'azione avvenuta in un passato lontano ma che ha ancora effetti sul presente: *mio nonno ha comprato la nostra casa al mare 30 anni fa.*

Formazione

Il passato prossimo è un tempo composto formato dal presente del verbo **essere** o **avere** e dal participio passato del verbo. Il **participio passato** dei verbi regolari si forma togliendo la desinenza *-are*, *-ere* o *-ire* dall'infinito e sostituendola con *-ato, -uto,* o *-ito,* come illustrato nella seguente tabella.

VERBO	PARTICIPIO PASSATO
parl**are**	parl**ato**
ricev**ere**	ricev**uto**
dorm**ire**	dorm**ito**

▶ Alcuni verbi formano il participio passato in modo **irregolare**. Vediamo i più comuni.

VERBO	PARTICIPIO PASSATO	VERBO	PARTICIPIO PASSATO
accendere	acceso	**piangere**	pianto
aprire	aperto	**prendere**	preso
bere	bevuto	**proporre**	proposto
chiedere	chiesto	**raccogliere**	raccolto
chiudere	chiuso	**rispondere**	risposto
correggere	corretto	**rompere**	rotto
decidere	deciso	**scegliere**	scelto
dire	detto	**scendere**	sceso
essere	stato	**scoprire**	scoperto
fare	fatto	**scrivere**	scritto
fingere	finto	**spegnere**	spento
leggere	letto	**succedere**	successo
mettere	messo	**tendere**	teso
morire	morto	**vedere**	visto
nascere	nato	**venire**	venuto
offrire	offerto	**vincere**	vinto
perdere	perso	**vivere**	vissuto

▶ Guarda questi esempi:

*Ieri Giulia e Marco **hanno mangiato** una pizza*

*La settimana scorsa Maria **ha finito** gli esami*

*Ieri Giulia e Marco **sono andati** al cinema*

*Paola **è arrivata** ieri sera*

Vediamo che il participio passato dei verbi con **avere** finisce sempre in **-o**, mentre il participio passato dei verbi con **essere** si comporta come un aggettivo e concorda con il soggetto del verbo (cioè la persona o la cosa che compie l'azione).

Avere o essere?

Prendono **avere**:

- tutti i verbi transitivi, cioè i verbi che rispondono alla domanda *chi, che cosa?* e che sono quindi seguiti da un oggetto diretto.

- alcuni verbi intransitivi come *camminare, passeggiare, ballare, nuotare, viaggiare*.

Prendono **essere** quasi tutti i verbi intransitivi, che cioè non sono seguiti da un oggetto diretto. Tra questi abbiamo:

- i verbi di **movimento**: *andare, arrivare, venire*, ecc.

- i verbi di **stato**: *stare, rimanere*, ecc.

- i verbi di **cambiamento**: *diventare, nascere, morire*, ecc.

- i verbi **riflessivi**: *alzarsi, vestirsi*, ecc.

- i verbi **impersonali**: *piacere, succedere*, ecc.

L'imperfetto

Uso

L'imperfetto si usa

- per descrivere persone, luoghi, clima, situazioni, stati d'animo, ecc. nel passato: *il sole splendeva; faceva caldo; mia madre era piccola e magra; mi sentivo tristissimo.*

- per esprimere un'azione abituale o ripetuta nel passato: *da bambina andavo sempre al mare in Calabria.*

- per esprimere un'azione continuata nel passato, di cui non conosciamo l'inizio e la fine: *ieri sera alle 9 dormivo già* (non sappiamo a che ora si è addormentato, né fino a quando ha dormito).

- dopo la parola **mentre**: *mentre io studiavo mio fratello guardava tranquillamente la TV!*

Formazione: verbi regolari

Per formare l'imperfetto dei verbi regolari bisogna togliere **-are**, **-ere** o **-ire** dall'infinito e aggiungere desinenze diverse come indicato nella tabella.

	PARL-ARE	SCRIV-ERE	DORM-IRE
io	parl**avo**	scriv**evo**	dorm**ivo**
tu	parl**avi**	scriv**evi**	dorm**ivi**
lui/lei/Lei	parl**ava**	scriv**eva**	dorm**iva**
noi	parl**avamo**	scriv**evamo**	dorm**ivamo**
voi	parl**avate**	scriv**evate**	dorm**ivate**
loro	parl**avano**	scriv**evano**	dorm**ivano**

Formazione: verbi irregolari

	BERE	DIRE	ESSERE	FARE
io	bevevo	dicevo	ero	facevo
tu	bevevi	dicevi	eri	facevi
lui/lei/Lei	beveva	diceva	era	faceva
noi	bevevamo	dicevamo	eravamo	facevamo
voi	bevevate	dicevate	eravate	facevate
loro	bevevano	dicevano	erano	facevano

Il passato prossimo e l'imperfetto

Guarda questi esempi:

1. Mentre **guardavo** un film ieri sera, mio padre **ha telefonato** proprio in un momento di grande suspense!

▶ Il verbo all'imperfetto esprime un'azione in corso, interrotta da un'altra avvenuta in un momento preciso, ed espressa con il passato prossimo.

2. Quest'anno **ho acceso** il riscaldamento in ottobre perché **faceva** freddo.

▶ Il verbo al passato prossimo esprime un'azione conclusa e avvenuta in un momento preciso nel passato, mentre l'imperfetto esprime la descrizione di una situazione.

3. Quando **sono arrivato** alla festa sabato sera, qualcuno **ballava**, altri **mangiavano** e **bevevano**, altri **chiacchieravano**.

▶ Il verbo al passato prossimo esprime un'azione conclusa e avvenuta in un momento preciso nel passato, mentre l'imperfetto esprime azioni in corso.

4. Ieri **ho dovuto** fare la spesa al supermercato (l'ho fatta)
   Ieri **dovevo** fare la spesa al supermercato, ma poi non sono riuscita a uscire (avevo l'intenzione di farla, ma poi non l'ho fatta)

▶ Con i verbi modali **dovere**, **potere** e **volere** si usa il passato prossimo se l'azione è accaduta; si usa l'imperfetto se si vuole esprimere un'incertezza (l'azione alla fine non è accaduta, oppure non sappiamo se è accaduta o no).

5. ***Ho saputo*** *che Paolo si è trasferito a Londra*
   Sapevo *che Paolo si è trasferito a Londra*

▶ Il verbo **sapere** si usa al passato prossimo per indicare il momento in cui si è acquisita un'informazione attraverso altri; si usa all'imperfetto per indicare che questa informazione si aveva già da un periodo di tempo indeterminato.

6. *Alla festa **ho conosciuto** molte persone*
   *Quando sono andata a vivere a Dublino **conoscevo** già molte persone*

▶ Il verbo **conoscere** si usa al passato prossimo per indicare che abbiamo incontrato qualcuno per la prima volta; si usa all'imperfetto per indicare che si conosceva qualcuno da un periodo di tempo indeterminato.

IL TRAPASSATO PROSSIMO

Uso

Il trapassato prossimo si usa per esprimere un'azione nel passato che è avvenuta prima di un'altra azione passata: *quando sono arrivato era tardi, e Carla **aveva** già **cenato**; quando ho telefonato, **eravate usciti** da un'ora.*

Formazione

Il trapassato prossimo si forma con l'imperfetto indicativo di **avere** o **essere** + il **participio passato** del verbo.

Il passato remoto indicativo

Uso

Il passato remoto si usa per esprimere un'azione finita e avvenuta in un passato lontano, che non ha alcun effetto sul presente. Si usa usato principalmente nella lingua scritta, in particolare in letteratura, nelle favole, nelle biografie, nei racconti storici: *Leonardo da Vinci nacque nel 1452; l'Unità d'Italia avvenne nel 1861.*

Nel Sud e in Toscana si usa molto anche nella lingua parlata.

Formazione: verbi regolari

Per formare il passato remoto dei verbi regolari bisogna togliere -are, -ere o -ire dall'infinito e aggiungere desinenze diverse come indicato nella tabella.

	PARL-ARE	RICEV-ERE	DORM-IRE
io	parl**ai**	ricev**ei** (ricev**etti**)	dorm**ii**
tu	parl**asti**	ricev**esti**	dorm**isti**
lui/lei/Lei	parl**ò**	ricev**é** (ricev**ette**)	dorm**ì**
noi	parl**ammo**	ricev**emmo**	dorm**immo**
voi	parl**aste**	ricev**este**	dorm**iste**
loro	parl**arono**	ricev**erono** (ricev**ettero**)	dorm**irono**

Formazione: verbi irregolari

Nella seguente tabella riportiamo la coniugazione dei verbi irregolari più importanti. Noterai che in molti casi sono irregolari solo la prima persona singolare e la terza persona singolare e plurale.

	DARE	FARE	STARE	AVERE	BERE
io	diedi	feci	stetti	ebbi	bevvi
tu	desti	facesti	stesti	avesti	bevesti
lui/lei/Lei	diede	fece	stette	ebbe	bevve
noi	demmo	facemmo	stemmo	avemmo	bevemmo
voi	deste	faceste	steste	aveste	beveste
loro	diedero	fecero	stettero	ebbero	bevvero
	CHIEDERE	CHIUDERE	CONOSCERE	COSTRINGERE	DECIDERE
io	chiesi	chiusi	conobbi	costrinsi	decisi
tu	chiedesti	chiudesti	conoscesti	costringesti	decidesti
lui/lei/Lei	chiese	chiuse	conobbe	costrinse	decise
noi	chiedemmo	chiudemmo	conoscemmo	costringemmo	decidemmo
voi	chiedeste	chiudeste	conosceste	costringeste	decideste
loro	chiesero	chiusero	conobbero	costrinsero	decisero
	ESSERE	LEGGERE	METTERE	MORIRE	NASCERE
io	fui	lessi	misi	morii	nacqui
tu	fosti	leggesti	mettesti	moristi	nascesti
lui/lei/Lei	fu	lesse	mise	morì	nacque
noi	fummo	leggemmo	mettemmo	morimmo	nascemmo
voi	foste	leggeste	metteste	moriste	nasceste
loro	furono	lessero	misero	morirono	nacquero
	PRENDERE	RISPONDERE	SAPERE	SCRIVERE	SPENDERE
io	presi	risposi	seppi	scrissi	spesi
tu	prendesti	rispondesti	sapesti	scrivesti	spendesti
lui/lei/Lei	prese	rispose	seppe	scrisse	spese
noi	prendemmo	rispondemmo	sapemmo	scrivemmo	spendemmo
voi	prendeste	rispondeste	sapeste	scriveste	spendeste
loro	presero	risposero	seppero	scrissero	spesero
	TENERE	VEDERE	VENIRE	VIVERE	VOLERE
io	tenni	vidi	venni	vissi	volli
tu	tenesti	vedesti	venisti	vivesti	volesti
lui/lei/Lei	tenne	vide	venne	visse	volle
noi	tenemmo	vedemmo	venimmo	vivemmo	volemmo
voi	teneste	vedeste	veniste	viveste	voleste
loro	tennero	videro	vennero	vissero	vollero

Il modo congiuntivo

È un modo verbale che si usa per esprimere qualcosa di soggettivo e possibile, non certo. Al contrario, l'indicativo è il modo verbale della certezza e dell'oggettività. Guarda questi esempi:

È una buona idea (una cosa certa oggettiva)

Pensi che sia una buona idea? (un'opinione personale, soggettiva, quindi non certa)

Uso

Il congiuntivo si usa con

- i verbi che esprimono un'**opinione**: *credo che, penso che, mi sembra che, ecc.*
- i verbi che esprimono **speranza**, **desiderio** e **volontà**: *spero che, mia auguro che, desidero che, voglio che, ecc.*
- i verbi che esprimono un **dubbio**: *non sono sicuro che, dubito che, ecc.*
- i verbi che esprimono un'**emozione** e uno **stato d'animo**: *sono contento che, mi dispiace che, ho paura che, ecc.*
- le **espressioni impersonali**: *bisogna che, è giusto che, è importante che, ecc.*
- **alcune congiunzioni** come: *purché, a condizione che, a patto che, benché, sebbene, malgrado, nonostante, prima che, senza che, affinché, a meno che.*

Formazione

Il congiuntivo ha quattro tempi: **presente, passato, imperfetto** e **trapassato**. Vediamo come si formano.

Il congiuntivo presente dei verbi regolari

	PARL-ARE	RICEV-ERE	DORM-IRE
io	parli	scriva	dorma
tu	parli	scriva	dorma
lui/lei/Lei	parli	scriva	dorma
noi	parliamo	scriviamo	dormiamo
voi	parliate	scriviate	dormiate
loro	parlino	scrivano	dormano

Il congiuntivo presente di alcuni verbi irregolari

	ANDARE	DARE	FARE	STARE	AVERE
io	vada	dia	faccia	stia	abbia
tu	vada	dia	faccia	stia	abbia
lui/lei/Lei	vada	dia	faccia	stia	abbia
noi	andiamo	diamo	facciamo	stiamo	abbiamo
voi	andiate	diate	facciate	stiate	abbiate
loro	vadano	diano	facciano	stiano	abbiano
	ESSERE	**BERE**	**RIMANERE**	**DOVERE**	**POTERE**
io	sia	beva	rimanga	debba	possa
tu	sia	beva	rimanga	debba	possa
lui/lei/Lei	sia	beva	rimanga	debba	possa
noi	siamo	beviamo	rimaniamo	dobbiamo	possiamo
voi	siate	beviate	rimaniate	dobbiate	possiate
loro	siano	bevano	rimangano	debbano	possano
	SAPERE	**VOLERE**	**SCEGLIERE**	**MORIRE**	**DIRE**
io	sappia	voglia	scelga	muoia	dica
tu	sappia	voglia	scelga	muoia	dica
lui/lei/Lei	sappia	voglia	scelga	muoia	dica
noi	sappiamo	vogliamo	scegliamo	moriamo	diciamo
voi	sappiate	vogliate	scegliate	moriate	diciate
loro	sappiano	vogliano	scelgano	muoiano	dicano
	USCIRE	**VENIRE**			
io	esca	venga			
tu	esca	venga			
lui/lei/Lei	esca	venga			
noi	usciamo	veniamo			
voi	usciate	veniate			
loro	escano	vengano			

Il **congiuntivo presente** si usa per esprimere un'azione contemporanea o posteriore rispetto a quella della frase principale, che è espressa nell'indicativo presente o futuro o nell'imperativo.

<u>Credo</u> che Paolo **sia** al cinema (in questo momento)

<u>Spero</u> che Paolo **arrivi/arriverà** presto (deve ancora arrivare)

<u>Spererò</u> che non **sia** troppo tardi

<u>Immagina</u> che Sandro **vinca** la lotteria: cosa farebbe?

Il congiuntivo passato

Si forma con il **congiuntivo presente** di *avere* o *essere* + il **participio passato** del verbo. Si usa per esprimere un'azione accaduta prima di quella della frase principale, che è espressa nell'indicativo presente o futuro o nell'imperativo.

<u>Credo</u> che Paolo **sia arrivato** ieri

<u>Spero</u> che Paolo **sia** già **arrivato**

<u>Spererò</u> che Giulia **sia arrivata** in tempo

<u>Immagina</u> che Sandro **abbia avuto** ragione per una volta

Il congiuntivo imperfetto dei verbi regolari

	PARL-ARE	SCRIV-ERE	DORM-IRE
io	parl**assi**	scriv**essi**	dorm**issi**
tu	parl**assi**	scriv**essi**	dorm**issi**
lui/lei/Lei	parl**asse**	scriv**esse**	dorm**isse**
noi	parl**assimo**	scriv**essimo**	dorm**issimo**
voi	parl**aste**	scriv**este**	dorm**iste**
loro	parl**assero**	scriv**essero**	dorm**issero**

Il congiuntivo imperfetto di alcuni verbi irregolari

	BERE	DARE	DIRE	ESSERE
io	bevessi	dessi	dicessi	fossi
tu	bevessi	dessi	dicessi	fossi
lui/lei/Lei	bevesse	desse	dicesse	fosse
noi	bevessimo	dessimo	dicessimo	fossimo
voi	beveste	deste	diceste	foste
loro	bevessero	dessero	dicessero	fossero
	STARE			
io	stessi			
tu	stessi			
lui/lei/Lei	stesse			
noi	stessimo			
voi	steste			
loro	stessero			

Il **congiuntivo imperfetto** si usa per esprimere un'azione contemporanea o posteriore rispetto a quella della frase principale, che è espressa in un tempo passato o nel condizionale.

<u>Credevo</u> che Paolo **fosse** al cinema

<u>Ho aspettato</u> che Paolo **arrivasse**

<u>Vorrei</u> che **venisse** il sole!

Il congiuntivo trapassato

Si forma con il **congiuntivo imperfetto** di *avere* o *essere* + il **participio passato** del verbo. Si usa per esprimere un'azione accaduta prima di quella della frase principale, che è espressa in un tempo passato o nel condizionale.

<u>Credevo</u> che Paolo **fosse arrivato** il giorno prima

<u>Vorrei</u> che gli esami **fossero andati** bene!

Le concordanze del congiuntivo

Per stabilire quale tempo del congiuntivo usare, bisogna considerare il tempo usato nella frase principale e il rapporto temporale tra la frase principale e la frase dipendente (quella in cui abbiamo il congiuntivo). Guarda le seguenti tabelle.

FRASE PRINCIPALE	FRASE DIPENDENTE	RAPPORTO TEMPORALE
Credo che	sia al cinema	contemporaneità
Credo che	Paolo sia arrivato ieri	anteriorità
Spero che	Paolo arrivi/arriverà presto	posteriorità

FRASE PRINCIPALE	FRASE DIPENDENTE	RAPPORTO TEMPORALE
Credevo che	fosse al cinema	contemporaneità
Credevo che	Paolo fosse arrivato il giorno prima	anteriorità
Speravo che	Paolo arrivasse/sarebbe arrivato presto	posteriorità

Attenzione! Per esprimere la posteriorità si usano il congiuntivo presente o il futuro indicativo dopo una frase principale al presente, mentre si usano il congiuntivo imperfetto o il condizionale passato dopo una frase principale al passato.

Il modo condizionale

È un modo verbale che ha due tempi: **presente** e **passato**.

Uso

Il **condizionale presente** si usa per

- dare consigli: *al tuo posto* **andrei** *dal medico.*

- fare una richiesta in modo gentile: **potresti** *chiudere la porta?*

- esprimere un desiderio: **mi piacerebbe** *fare il giro del mondo.*

- fare ipotesi: *lanciandomi con il paracadute* **avrei** *una paura terribile!*

- riportare un fatto non confermato: *secondo i testimoni l'assassino* **sarebbe** *un giovane sui vent'anni.*

Il **condizionale passato** si usa per

- esprimere un'opinione su un fatto passato: *non sei riuscito a farlo?* **Avresti dovuto** *chiedermi aiuto.*

- esprimere un desiderio che non si è realizzato: **mi sarebbe** *tanto* **piaciuto** *venire, ma non mi è stato possibile.*

- riportare un fatto passato non confermato: *i rapinatori* **sarebbero fuggiti** *con un bottino di 500.000 euro.*

- esprimere il futuro nel passato: *Lorenzo mi ha detto* **che sarebbe venuto.**

Formazione: il condizionale presente dei verbi regolari

Per formare il condizionale presente bisogna togliere **-are, -ere, -ire** dall'infinito del verbo e aggiungere le desinenze come illustrato nella seguente tabella.

	PARL-ARE	SCRIV-ERE	DORM-IRE
io	parl**erei**	scriv**erei**	dorm**irei**
tu	parl**eresti**	scriv**eresti**	dorm**iresti**
lui/lei/Lei	parl**erebbe**	scriv**erebbe**	dorm**irebbe**
noi	parl**eremmo**	scriv**eremmo**	dorm**iremmo**
voi	parl**ereste**	scriv**ereste**	dorm**ireste**
loro	parl**erebbero**	scriv**erebbero**	dorm**irebbero**

Attenzione!

- I verbi in **-are** cambiano la **a** in **e**.

- I verbi in **-care** e **-gare** aggiungono una **h**:
  giocherei, giocheresti, giocherebbe, giocheremmo, giochereste, giocherebbero
  pagherei, pagheresti, pagherebbe, pagheremmo, paghereste, pagherebbero

- I verbi in **-ciare** e **-giare** perdono la **i**:
  comincerei, cominceresti, comincerebbe, cominceremmo, comincereste, comincerebbero
  mangerei, mangeresti, mangerebbe, mangeremmo, mangereste, mangerebbero

Formazione: il condizionale presente dei verbi irregolari

	ANDARE	AVERE	BERE	CADERE	DARE
io	andrei	avrei	berrei	cadrei	darei
tu	andresti	avresti	berresti	cadresti	daresti
lui/lei/Lei	andrebbe	avrebbe	berrebbe	cadrebbe	darebbe
noi	andremmo	avremmo	berremmo	cadremmo	daremmo
voi	andreste	avreste	berreste	cadreste	dareste
loro	andrebbero	avrebbero	berrebbero	cadrebbero	darebbero
	DOVERE	**FARE**	**POTERE**	**RIMANERE**	**SAPERE**
io	dovrei	farei	potrei	rimarrei	saprei
tu	dovresti	faresti	potresti	rimarresti	sapresti
lui/lei/Lei	dovrebbe	farebbe	potrebbe	rimarrebbe	saprebbe
noi	dovremmo	faremmo	potremmo	rimarremmo	sapremmo
voi	dovreste	fareste	potreste	rimarreste	sapreste
loro	dovrebbero	farebbero	potrebbero	rimarrebbero	saprebbero
	STARE	**TENERE**	**VEDERE**	**VENIRE**	**VIVERE**
io	starei	terrei	vedrei	verrei	vivrei
tu	staresti	terresti	vedresti	verresti	vivresti
lui/lei/Lei	starebbe	terrebbe	vedrebbe	verrebbe	vivrebbe
noi	staremmo	terremmo	vedremmo	verremmo	vivremmo
voi	stareste	terreste	vedreste	verreste	vivreste
loro	starebbero	terrebbero	vedrebbero	verrebbero	vivrebbero
	VOLERE				
io	vorrei				
tu	vorresti				
lui/lei/Lei	vorrebbe				
noi	vorremmo				
voi	vorreste				
loro	vorrebbero				

Formazione: il condizionale passato

Il condizionale passato si forma con il **condizionale presente** di *avere* o *essere* + il **participio passato** del verbo.

Il periodo ipotetico

Il periodo ipotetico è una struttura composta da due frasi: una frase dipendente, introdotta da *se*, in cui si esprime un'ipotesi, e una frase principale in cui si esprime la conseguenza di tale ipotesi. L'ordine delle due frasi è intercambiabile.

Ci sono tre tipi di periodo ipotetico: della realtà, della possibilità e dell'impossibilità.

1. **Periodo ipotetico della realtà:** si usa per esprimere un'ipotesi realistica e si forma con *se* + **presente/futuro indicativo** nella frase dipendente e il **presente/futuro indicativo** nella frase principale.

FRASE DIPENDENTE	FRASE PRINCIPALE
Se studi/studierai	*passi/passerai l'esame*
Se mi invita/inviterà alla festa	*ci vado/andrò*

2. **Periodo ipotetico della possibilità:** si usa per esprimere un'ipotesi possibile e si forma con *se* + il **congiuntivo imperfetto** nella frase dipendente e il **condizionale presente** nella frase principale.

FRASE DIPENDENTE	FRASE PRINCIPALE
Se studiassi	*passeresti l'esame*
Se mi invitasse alla festa	*ci andrei*

3. **Periodo ipotetico dell'impossibilità:** si usa per esprimere un'ipotesi non realizzabile, impossibile, e si forma con *se* + il **congiuntivo trapassato** nella frase dipendente e il **condizionale passato** nella frase principale.

FRASE DIPENDENTE	FRASE PRINCIPALE
Se avessi studiato	*avresti passato l'esame*
Se mi avesse invitato alla festa	*ci sarei andato*

▶ Nella lingua parlata si tende a usare l'imperfetto indicativo per esprimere il periodo ipotetico dell'impossibilità.

Se studiavi passavi l'esame   *Se mi invitava alla festa ci andavo*

Il modo imperativo

Uso

L'imperativo si usa per dare consigli, istruzioni e ordini.

Formazione

L'imperativo è un modo verbale. Possiamo distinguere l'**imperativo informale** e l'**imperativo formale**, o **di cortesia**. Vediamo come si forma.

Imperativo informale regolare

L'imperativo informale di *tu, noi* e *voi* è quasi sempre uguale al presente indicativo, con l'eccezione dell'imperativo della seconda persona singolare (*tu*) dei verbi in **-are**, come è illustrato nella seguente tabella.

	PARLARE	SCRIVERE	DORMIRE
TU	parl**a**	scriv**i**	dorm**i**
NOI	parl**iamo**	scriv**iamo**	dorm**iamo**
VOI	parl**ate**	scriv**ete**	**dormite**

Imperativo informale irregolare

Alcuni verbi formano l'imperativo informale di alcune persone in modo irregolare. Vediamo i più comuni.

	TU	NOI	VOI
ANDARE	va'/vai	andiamo	andate
AVERE	abbi	abbiamo	abbiate
DARE	da'/dai	diamo	date
DIRE	di'	diciamo	dite
ESSERE	sii	siamo	siate
FARE	fa'/fai	facciamo	fate
STARE	sta'/stai	stiamo	state
USCIRE	esci	usciamo	uscite

Imperativo informale negativo

L'imperativo informale negativo di 2a persona singolare *(tu)* si forma con **non** + l'**infinito** del verbo: *non fare, non andare, ecc.*

L'imperativo informale negativo di 1a e 2a persona plurale (**noi** e **voi**) si forma mettendo **non** prima della forma affermativa: *non andiamo, non parlate, ecc.*

LA FORMA IMPERSONALE

La forma impersonale è composta da *si* + la **terza persona singolare** del verbo.

In Italia si mangia molta pasta   *Si fa sport per mantenersi in forma*

Se il verbo è seguito da un nome plurale, la forma impersonale è composta da *si* + la **terza persona plurale** del verbo.

In Italia si mangiano molti spaghetti   *A Natale si fanno i regali*

La forma impersonale dei verbi riflessivi è composta da *ci* + *si* + la **terza persona singolare** del verbo.

In Italia ci si sposa meno di un tempo   *D'estate ci si lava più spesso perché fa caldo*

Quando il verbo è seguito da un aggettivo, la forma impersonale è composta da *si* + la **terza persona singolare** del verbo *essere* + l'**aggettivo al plurale**.

LA FORMA PASSIVA

Nella forma passiva il soggetto non compie l'azione ma la riceve, la subisce.

Tempi semplici

La forma passiva dei tempi semplici è composta dai verbi *essere* o *venire* + il **participio passato** del verbo.

*I voti **sono/vengono assegnati** dalla commissione*

*Questa palestra **è/viene frequentata** da molti giovani*

Tempi composti

La forma passiva dei tempi composti è composta dal verbo **essere** + il **participio passato** del verbo.

*I voti **sono stati assegnati** dalla commissione*

*Questa palestra è sempre **stata frequentata** da molti giovani*

Come vediamo dagli esempi, la persona o la cosa che compie l'azione è introdotta dalla preposizione **da** (o dalle preposizioni articolate *dal, dallo*, ecc.).

Il verbo andare + il participio passato

Questa costruzione ha valore passivo ed esprime un dovere, un consiglio o una raccomandazione.

*Il vino bianco **va bevuto** fresco*   *Questo film **va visto***

Le forme progressive

Uso

Le forme progressive si usano per esprimere azioni in corso nel momento in cui si parla o si scrive.

Formazione

Le forme progressive sono composte dal verbo *stare* all'**indicativo presente**, **imperfetto** o **futuro** + il **gerundio** del verbo.

*Non posso uscire adesso, **sto studiando***

*Quando mi ha telefonato **stavo dormendo***

*Quando arriverai **starò preparando** la cena*

▶ Per formare il gerundio bisogna togliere **-are, -ere, -ire** e aggiungere le desinenze come segue:

parlare > parl- > parl**ando**

scrivere > scriv- > scriv**endo**

dormire > dorm- > dorm**endo**

LE PREPOSIZIONI

Preposizioni semplici

Le preposizioni semplici sono: **di, a, da, in, con, su, per, tra/fra.**

Preposizioni articolate

Quando le preposizioni semplici **di, a, da, in** e **su** incontrano l'articolo determinativo, formano le preposizioni articolate, come illustrato nella seguente tabella.

	IL	LO	LA	L'	I	GLI	LE
DI	del	dello	della	dell'	dei	degli	delle
A	al	allo	alla	all'	ai	agli	alle
DA	dal	dallo	dalla	dall'	dai	dagli	dalle
IN	nel	nello	nella	nell'	nei	negli	nelle
SU	sul	sullo	sulla	sull'	sui	sugli	sulle

Alcuni usi delle preposizioni

DI:

- per indicare il possesso: *il motorino **di** mio fratello*
- per indicare il materiale di cui è fatto qualcosa: *la maglietta **di** cotone*

A:

- per indicare una direzione, una destinazione: *vado **a** Roma, **al** cinema, **allo** stadio*
- per indicare a che ora si verifica un fatto: *torno **a** mezzanotte, ci vediamo **alle** due*
- per descrivere alcune caratteristiche di un oggetto: *il quaderno **a** quadretti*

DA:

- per indicare origine, provenienza: *il treno viene **da** Milano*
- per indicare la destinazione, quando questa è una persona: *vado a cena **da** mio fratello, **dal** dentista*
- per indicare la durata di un'azione che è cominciata nel passato ed è ancora in corso: *studio l'italiano **da** cinque anni*
- per indicare l'inizio di un'azione (in correlazione con **a**): *pranzo **dall'**una **alle** due*
- nella forma passiva, per indicare la persona o la cosa che compie l'azione: *i voti vengono dati **dalla** commissione*
- per indicare il valore, il peso o la misura di un oggetto: *una banconota **da** 50 euro, un pesce **da** 3 chili*
- per indicare la funzione di un oggetto: *scarpe **da** ginnastica, racchetta **da** tennis*
- seguita da un infinito, per indicare la necessità di fare qualcosa: *ho molte cose **da** fare, a Roma ci sono molti monumenti **da** vedere*

- prima dei verbi all'infinito che seguono i verbi come *andare*, *tornare*, ecc.: *vado a lavorare*

IN:

- per indicare il tempo che serve per fare qualcosa: *sono arrivato **in** 10 minuti*
- per indicare un anno o un secolo: ***nel** 2010, **nel** XXI secolo*
- per indicare il mezzo di trasporto che usiamo, *vado a scuola **in** bicicletta, **in** autobus*. Attenzione! Si usa *in* con tutti i mezzi di trasporto, ma si dice ***a** piedi*
- per indicare la destinazione o il luogo in cui si è: *sono **in** farmacia, vado **in** macelleria, andiamo **in** discoteca?*

Attenzione!

Per indicare la destinazione o dove si è si usa sempre **IN** con: le regioni, le nazioni, le isole grandi, i continenti, le parti della casa, quasi tutti i negozi, i nomi *banca, biblioteca, campagna, centro, chiesa, classe, discoteca, montagna, palestra, ufficio, vacanza*.

Per indicare la destinazione o dove si è si usa sempre **A** con: le città, le isole piccole, i nomi *aeroporto (all'), bar (al), casa, cinema (al), lago (al), letto, lezione, mare (al) scuola, stadio (allo), stazione (alla), supermercato (al), teatro, zoo (allo)*.

CON:

- per indicare la persona con cui si fa qualcosa: *vado al cinema **con** Sara*
- per indicare il mezzo che usiamo per compiere un'azione: *mangio la minestra **con** il cucchiaio*
- per indicare il modo in cui si fa qualcosa: *lo faccio **con** piacere*

SU:

- per indicare l'argomento di cui si parla: *sto leggendo un libro **sul** calcio*
- per esprimere il significato di "sopra": *le chiavi sono **sul** tavolo*

PER:

- per indicare un luogo che si attraversa: *andando verso Sud passerò **per** Roma*
- per indicare la durata di un'azione: *ho studiato inglese **per** 5 anni*
- per indicare una causa: *non sono uscito **per** la pioggia torrenziale*
- per indicare perché si fa qualcosa, lo scopo di un'azione: *studio l'inglese **per** trovare un lavoro migliore*

TRA/FRA:

- per esprimere il significato di "in mezzo a due o più cose o persone": *ero seduto **tra/fra** Marta e Laura*
- per indicare il tempo che ci separa da un'azione che deve realizzarsi: *il treno arriva **tra/fra** 10 minuti*

Il partitivo

La preposizione articolata formata dalla preposizione semplice *di* + l'**articolo determinativo** si usa anche per formare il **partitivo**, che si usa per esprimere una quantità indefinita, una parte di qualcosa, come vediamo nei seguenti esempi.

*Vorrei **del** prosciutto crudo*   *Mi hanno regalato **dei** libri*

I PRONOMI

I pronomi diretti

I pronomi diretti si usano per sostituire la cosa o la persona che segue direttamente il verbo, per non ripeterla. Rispondono quindi alla domanda *chi?*, *che cosa?*.

I pronomi diretti sono i seguenti.

IO	mi
TU	ti
LUI	lo
LEI	la
LEI (formale)	La
NOI	ci
VOI	vi
LORO (masch.)	li
LORO (femm.)	le

Attenzione!

- I pronomi *lo*, *la* e *La* possono diventare *l'* davanti a una parola che comincia per vocale: da quanto tempo aspetti l'autobus? ***L'***aspetto da 25 minuti!

- I pronomi diretti plurali *li* e *le* non prendono mai l'apostrofo.

L'accordo del participio passato con i pronomi diretti

Quando i pronomi diretti *lo*, *la*, *li*, *le* precedono un tempo composto (passato prossimo, trapassato prossimo, ecc.) il participio passato del verbo si accorda con il pronome e quidi finice in **-o, -a, -i, -e.**

*Un ragazzo ha scippato una donna, ma un uomo **l'ha** bloccat**o** (il ragazzo)*

*Un bandito fa una rapina in banca. **L'**aveva progettat**a** da tempo (la rapina)*

*Due giovani hanno scippato una ragazza, ma alcuni passanti **li** hanno bloccat**i** (i giovani)*

*Una banda di ladri ha rubato tutte le scarpe in un magazzino, ma la polizia **le** ha recuperat**e** (le scarpe)*

I pronomi indiretti

I pronomi diretti si usano con i verbi che hanno una costruzione indiretta, cioè **verbo + a + nome**. Rispondono quindi alla domanda *a chi?*. I pronomi indiretti sono i seguenti.

IO	**mi**
TU	**ti**
LUI	**gli**
LEI	**le**
LEI (formale)	**Le**
NOI	**ci**
VOI	**vi**
LORO	**gli**

Come vedi, i pronomi diretti e i pronomi indiretti differiscono solo nella terza persona singolare e nella terza persona plurale.

Alcuni verbi che si usano solo con i pronomi indiretti sono, per esempio: **bastare, interessare, mancare, piacere, sembrare, servire, telefonare, voler vene.**

Gli basteranno i soldi?	*Ti interessa la politica?*	*Mi manchi tanto...*
Ci piace viaggiare	*Non mi sembra vero!*	*Mi serve la macchina.*
Gli telefono più tardi	*Ti voglio bene*	

Ci sono poi verbi che si usano con i pronomi diretti (per una cosa) e indiretti (per una persona): per esempio: **chiedere qualcosa** (*diretto*) **a qualcuno** (*indiretto*).

Altri verbi molto comuni con questa costruzione sono:

comprare	*cucinare*	*dare*	*dire*	*domandare*	*fare*	*insegnare*
lasciare	*leggere*	*mandare*	*mostrare*	*ordinare*	*parlare*	*portare*
preparare	*presentare*	*prestare*	*promettere*	*raccontare*	*regalare*	*ricordare*
ripetere	*rubare*	*scrivere*	*spedire*	*spiegare*	*vendere*	

I pronomi combinati

Quando i pronomi indiretti sono seguiti dai pronomi diretti **lo, la, li, le** e dalla particella **ne** danno luogo ai pronomi combinati.

*"Buongiorno, c'è Susanna?" "Sì, **te la** passo". (Passo lei, Susanna, a te)*

Quando i pronomi indiretti incontrano un pronome diretto o la particella **ne**, avvengono i seguenti cambiamenti.

mi				me lo, me la, me li, me le, me ne
ti		lo		te lo, te la, te li, te le, te ne
gli/le/Le	+	la	=	glielo, gliela, glieli, gliele, gliene
ci		li		ce lo, ce la, ce li, ce le, ce ne
vi		le		ve lo, ve la, ve li, ve le, ve ne
gli		ne		glielo, gliela, glieli, gliele, gliene

▶ La stessa cosa succede se i pronomi riflessivi sono seguiti da un pronome diretto: *me lo, te lo, se lo, ce lo, ve lo, se lo,* ecc.

Posizione dei pronomi

I pronomi precedono il verbo quando questo è coniugato, mentre vanno dopo l'infinito, con cui formano una sola parola.

Se compro la Nutella, la mangio tutta!   *Non compro la Nutella per non mangiarla tutta*

Gli regalo un ipod per il suo compleanno   *Penso di regalargli un ipod per il suo compleanno*

Con i verbi **dovere, potere, sapere** e **volere** il pronome può andare prima del verbo coniugato o dopo l'infinito.

*Bello questo film... **Lo posso prendere** / **Posso prenderlo** in prestito?*

*Questa sera non **le posso telefonare** / **posso telefonarle***

I pronomi relativi

I pronomi relativi si usano per unire due frasi che hanno un elemento in comune. Per esempio:

*Ho parlato con Giulia. Giulia mi ha raccontato cosa è successo = Ho parlato con Giulia, **che**/**la quale** mi ha raccontato cosa è successo.*

▶ Il pronome relativo più usato è **che**, che si usa per sostituire nomi maschili, femminili, singolari e plurali.

La forma invariabile **che** può essere sostituita dalle seguenti forme variabili:

maschile singolare: *il quale*

femminile singolare: *la quale*

maschile plurale: *i quali*

femminile plurale: *le quali*

È importante riconoscere le forme **il quale, la quale, i quali, le quali**, ma nell'italiano parlato **che** si usa molto di più.

▶ Quando il pronome **che** è preceduto da una preposizione, diventa **cui**: *la città **in** cui vivo mi piace molto; la società **per cui** lavoro è americana.*

▶ Esiste anche il pronome relativo **chi**, che è sempre singolare e significa "(tutti) quelli che", "le persone che", ecc.

***Chi va** piano **va** sano e **va** lontano*   *Non sopporto **chi arriva** sempre in ritardo*

LA PARTICELLA "CI"

Per sostituire un'espressione di luogo

Usiamo la particella **ci** per non ripetere un luogo già menzionato.

*Quando vai in vacanza? **Ci** vado il mese prossimo (in vacanza)*

*Stasera non mi va di andare al cinema. **Ci** sono già stato tre volte questa settimana! (al cinema)*

Per sostuituire cose o persone già menzionate

Con i verbi che sono seguiti dalle preposizioni *a, con, in, su,* la particella *ci* si usa per non ripetere cose o persone già menzionate.

*Giochi spesso **a** tennis?* **Ci** *gioco due volte alla settimana*

*Vai d'accordo **con** il tuo capo? Sì,* **ci** *vado molto d'accordo*

*Credi **nei** nostri politici? No, non* **ci** *credo per niente!*

*Posso contare **su** di te? Certo,* **ci** *puoi contare*

I verbi "volerci" e "metterci"

Volerci *si usa nella terza persona singolare* ***ci vuole*** *e nella terza persona plurale* ***ci vogliono****. Significa è necessario, sono necessari.*

Per andare in centro ***ci vuole*** *mezz'ora   Per andare in centro* ***ci vogliono*** *venti minuti*

Metterci *significa impiegare, spendere e si usa in tutte le persone.*

Per andare al lavoro ***ci metto*** *un'ora*

Mia sorella ***ci ha messo*** *due ore a preparare la cena*

Posizione di "ci"

La particella *ci* si mette prima del verbo. Con i verbi *dovere, potere, sapere* e *volere*, che sono seguiti da un infinito, *ci* si può mettere prima del verbo o dopo l'infinito: *Vieni al cinema? Mi dispiace,* **non ci posso venire** / **non posso venirci.**

Attenzione! Davanti alla terza persona singolare del verbo essere, *ci* diventa *c':* c'è molto traffico.

LA PARTICELLA "NE"

Per esprimere una quantità

Usiamo la particella *ne* per esprimere una quantità, una parte di un tutto. Risponde quindi alla domanda "quanto"?

Quanto vino bevi? **Ne** *bevo circa un bicchiere al giorno*

Fumi molte sigarette? No, **ne** *fumo pochissime*

Quanti figli ha Paola? **Ne** *ha tre*

Per sostuituire cose o persone già menzionate

Con i verbi che sono seguiti dalle preposizioni *di* e *da,* la particella *ne* si usa per non ripetere cose o persone già menzionate.

Cosa pensi del nostro governo? Non **ne** *parliamo!! (non parliamo* **di** *questo, cioè del governo)*

Sei stato in palestra? **Ne** *torno proprio adesso (torno proprio ora* **dalla** *palestra)*

*Sei andato alla festa? No, non **ne** avevo voglia (non avevo voglia **di** andare alla festa)*

*Il libro mi è piaciuto molto e **ne** ho tratto un brano utile per la mia ricerca (ho tratto un brano **dal** libro)*

Posizione di "ne"

La particella **ne** si mette prima del verbo. Con i verbi *dovere, potere, sapere* e *volere*, che sono seguiti da un infinito, **ne** si può mettere prima del verbo o dopo l'infinito: *Non **ne posso** parlare / Non posso **parlarne**.*